Educational Psychology

教育心理学

西口利文・髙村和代 編

Nishiguchi Toshifumi & Takamura Kazuyo

ナカニシヤ出版

はじめに

教育という活動は，人間の営みが展開される環境においてこそ確認することができる現象である。人間が生活する環境のもとで，われわれ一人ひとりは教育という活動と関わりながら，自らの能力を高めていくとともに，その環境でふさわしいとされる態度や行動様式を身につけていくのである。

子どもは，親や養育者からのしつけを受け，就学すると教師からの指導を受ける。これらは紛れもなく子どもが教育を受けている例である。生涯教育という言葉もあるように，大人になってからも，企業での研修を受けたり，自らの知識や技能を高めるための講座を受けたりすることは珍しいことではない。また，一方が教育者で，もう一方が学習者であるというような固定的な関係のみによって，教育が成立しているわけではない。同じ目的をもった仲間同士が学び合うような，お互いが教育者でもあり学習者でもあるという相互的な教育関係もある。さらに，個人が自ら学んでいくという姿は，自己教育という言葉で説明されることもある。

教育という活動に関わることを通じて，一人ひとりの人間には，内面や行動の変化が伴うことになる。そのため，教育の現状ならびに成果について科学的に理解するうえで，人間の内面および行動を扱う心理学という学問の役割は大きい。

心理学は，人間の心について探究する学問として，科学において重要な立場を維持しながら発展を遂げてきた。そして，その発展とともに，特定の現象に焦点を当てたさまざまな心理学の分野が出現することとなった。心理学の多岐にわたる分野の一つが，教育心理学である。教育心理学は，人間の「教える」「学ぶ」という営為について科学的に扱うが，あくまで心理学における概念ならびに研究手法に基づいて追究する学問と位置づけられる。

本書は，教育心理学の初学者が，その概要を理解するために作成されたテキストである。特に，教育の最前線の場である学校での教育活動にターゲットを置き，教育に関する理論の紹介，ならびに理論の応用といった教育心理学からの知見について，できるだけ網羅的に紹介していくことにしたい。

本書の構成であるが，まずは序章として「教育心理学の成り立ち」が置かれ，教育心理学の源流，意義，研究方法，研究領域の概要についてまとめている。その後は，大きくは二部構成になっている。第１部は「現象の理解としての教育心理学」，第２部は「現場への応用としての教育心理学」である。序章でも触れているが，それぞれは，教育心理学の二つの意義を反映したかたちとなっている。

第１部は，心理学的に明らかにされてきた一般的な事実あるいは法則のうち，教育の場を理解するのに資する知見をまとめたものである。「発達」と「学習」は，教育心理学の基幹的なテーマであり，それぞれ第１章から第３章の中で紹介している。また，学校での教育活動では，学習者のやる気を指す「動機づけ」にどうしても目を向けなければならず，第４章で紹介する。ならびに，個性の伸張という教育における重要な課題に関わるテーマとして，「パーソナリティ」に関する心理学のテーマを第５章で扱う。

第２部は，教育活動を心理学的に理解したうえで，より良い教育環境を目指して，心理学の知見や技術を教育活動に提供することに力点を置いてまとめたものである。教育活動を含め，人間における諸活動は，より望ましいものを目指す開発，望ましくない状態を避ける予防，望ましくない状態から抜け出す危機対応といった三側面を有する。学校教育の主たる活動である学習指導上の開発，予防，危機対応について包括的に扱っているのが，第６章（「授業における学習指導」）および第7章（「個に応じた学習指導」）である。

第8章（「不適応への介入技法」）は，子どもの学校生活上のさまざまな危機への対応につながる心理療法のアプローチについて紹介する。そして，いじめや不登校などの学校教育という文脈で生じうる子どもの問題行動に焦点を当てて，その予防と対応をまとめたものが第9章（「問題行動の諸相ならびに予防と対応」）である。また，学校教育を受けるうえで，ハンディキャップをもった子どもたちにおいては，その現状を理解しつつ適切な開発的支援を行うという「特別支援教育」が求められる。第10章では，こうした課題に焦点を当てている。

学校教育においては，学習指導は主たる教育活動であるが，これだけを果たすだけでは十分ではない。特に社会の教育力が低下するなか，子どもたちに対して，社会性を身につけさせるという教育活動が重要性を増している。第11章では，これに関連して近年注目されてきた「ライフスキル」という概念を踏まえ，社会性の育成のあり方についての心理学の知見を活用した方法についてまとめている。

教育活動は，人間同士の関わりによって成り立っている。教師による子どもの関わりや，子どもたち同士の関わりというものが典型的な教育場面での人間関係である。第12章では，「教師の指導行動」，第13章では「学級集団における人間関係」として，これらのことについて扱っている。

そして，以上のような教育活動がうまくいっているかどうかについては，絶えずチェックを行い，そしてチェックされた結果をもとに活動を見直すという絶え間ない姿勢が欠かせない。第14章の「教育評価」は，その目的や具体的な方法などについてまとめた章である。

本書の執筆者は，それぞれの該当章に関わりの深い心理学研究者によって執筆されている。そのため，各分野の重要な事項はおさえつつ，各章のコラムも含めて最新の心理学の知見や技術が留意されたうえでまとめられていることは特筆しておきたい。また，各章には，予習課題，復習課題を用意している。いずれの課題も，本書で紹介された内容を理解していただければレポートすることができる課題となっている。教育心理学という学問に対して，読者にできるだけ能動的に関わっていただくためにも，これらの課題をこなしていただき，本書の内容に対する深い理解につなげていただければ幸いである。

最後に，本書の出版に際しては，ナカニシヤ出版の宍倉由高氏には，企画の段階より全面的な支援をいただいた。心より，お礼申し上げる。

2010年3月
編者

目　　次

囲み記事目次

序 教育心理学の成り立ち

1. 教育心理学の源流

教育という活動は，古代より学問的に探究される対象であり続けてきた。現代の教育心理学でも扱われるような，個人差に応じた教育，身体の訓練および精神運動の育成，良い性格の形成，道徳教育の可能性と限界，芸術が個人の発達に及ぼす効果，教師の役割，教師と子どもとの関係，教授法，学習の諸相などのテーマは，いずれも古くは紀元前よりプラトンとアリストテレスとの議論を通じて取り上げられてきたものである（Berliner, 2006)。その後も長きにわたり，教育に関連したテーマを扱う学問は，主として人間の理性的な思考によってその本質を見出していくという，哲学からのアプローチによって扱われてきた。

近代に入って，教育が科学的な研究によって扱われる道が開かれることになる。この道を切り開いた人物として，19 世紀中頃まで活躍したドイツのヘルバルト（Herbart, J.F.）の功績は大きい。ヘルバルトは，教育が科学的に研究可能な分野であることを，当時のアメリカの教師や学校経営者に理解させる役割も果たしたとされている。

他方，19 世紀の終わりになり，ドイツのヴント（Wundt, W.）およびエビングハウス（Ebbinghaus, H.)，アメリカのジェームズ（James, W.）は，実験によって心を研究する方法を開発した。教育と同様に，それまで哲学で扱われてきた心が，実証を重んじる科学において扱われるようになった。哲学から独立した，現代へと通じる心理学という学問の誕生である。

こうした背景のもと，心理学の一分野として教育のテーマを扱った，教育心理学の源流が現れることになる。その源流にとりわけ大きく関わってくるのが，アメリカのソーンダイク（Thorndike, E.L.）である。

ソーンダイクは，サリー（Sully, J.）の著した“Outlines of Psychology”（1884）から心理学を学んだ。そして“Principles of Psychology”（1890）の著者であるジェームスや，ヴントからの指導を受けたキャッテル（Cattell, J.M.）のもとで，動物を被験体とした研究を行い，“Animal Intelligence”（1898）をまとめている。20 世紀に入ってから，“Educational Psychology”（1903）の出版，“The Journal of Educational Psychology”（1910）の創刊により，教育心理学という学問が広く認識されることになった。

マイヤー（Mayer, 2003）は，ソーンダイクが教育心理学という学問に果たした貢献は，教育心理学の分野に三つの価値を浸透させたことにあるとまとめている。一つ目は，思弁よりも科学への価値づけである。このことは，教育心理学が，机上で推論されたことを拠り所にする学問ではなく，帰納的な科学として理論と実証的研究を組み合わせた学問へと確立することにつながっている。二つ目は，不明瞭なまとめよりも，注意深い分析や数量化を価値づけたことである。教育心理学において，実験を通じて得られた数量的データ，そうしたデータを扱った統計的仮説検定や多変量解析を重視することへとつながっている。三つ目は，純粋な理論的課題よりも現実的課題の解明への価値づけである。これにより，科学的手法を，教育という社会とは切り離せない課題に対して，積極果敢に導入することに大きな役割を果たしたと言える。

すなわち，ソーンダイクは，実証科学的なアプローチにより，教育という現象を精緻に理解して，教育の問題を解明する学問として，教育心理学の独自性および存在意義を明確にすることに貢献したと言えるだろう。教育心理学のこうした立場は，現在の教育心理学においても踏まえられているところであり，今もなお他の教育科学とは異なる大きな特徴としてあげることができる。

その一方で，ソーンダイクは，教育現場の自然観察からの知見や，教育実践の経験を扱った質的な研究については，さほど重視していなかったことが指摘されている。ソーンダイクのこうした姿勢に対しては，当時より批判されてきたことが知られている。近年においても，教育実践を有意義にするための応用の学問としての地位を教育心理学に期待する立場からは，ソーンダイクが教育心理学という学問に対して，否定的な影響を与えたのではないかという指摘を受けることにつながっている。たとえばジャクソン（Jackson, 1981）は，ソーンダイクが，自然科学と社会科学の両者における研究目的および方法の違いを区別していないこと，さまざまな社会や学校の歴史的ならびに社会的コンテクストに十分な注意を払っていないこと，純粋な科学的探究から引き出されることになる社会的恩恵について盲信していること，科学的な活動に内包される審美的な側面，すなわち教育心理学から切り離せないアートの側面について目を向けていないことを批判している。

教育心理学の研究の遂行においては，どの程度，歴史や文化といったコンテクストを踏まえるか，あるいは普遍性を追究していくかを重んじるかについては，個々の研究者によって異なるし，今後もそうあり続けるだろう。ただ，少なくとも教育心理学が，実証性を重んじる科学であるという点で，存在感を発揮してきたことは確かである。これからの教育心理学の研究においても，実証主義としての科学的立場を本流としつつ，教育実践上の課題に対して向き合うことを期待されながら，その真価が問われ続けることになるだろう。

2. 教育心理学の意義

教育心理学の学問としての意義については，次の二つに集約することができる。まずは，教育という社会的な活動において，どのような現象が生じているかを明らかにするという目的を果たすことにある。すなわち，教育心理学では，心理学の枠組みから教育にまつわる諸活動を理解することにより，一般性の高い心理学的な事実あるいは法則を明らかにして，それを記述することが目指されている。心理学の基礎研究の成果が，それが教育という文脈から解釈される場合も，こうした意義のもとで行われた教育心理学の研究成果であるとみなすことも可能であるだろう。教育心理学は，教育にまつわる人間の心について理解するという，学問としての純粋な役割を果たしているのである。

さて，教育心理学という学問におけるもう一つの重要な意義は，教育という活動を，社会が効率的，効果的に行うことを支えるという目的を果たすことにある。すなわち，心理学の研究から得られた知見や技術を，教育活動の場に応用することによって，教育という実践的な活動をより良くすることが目指されるのである。こうした意義のもとで積み上げられた教育心理学の研究は，学問としての社会的な貢献を果たすことにつながっている。

3. 教育心理学の研究方法

教育心理学は，心理学の学問的枠組みから発展してきた学問である。そのため，研究活動においては，心理学において用いられてきた実証的な方法が取り入れられている。実証的な方法による研究では，「〜という因子があるだろう」といった未知なるものの存在や，「Aが原因または要因となって，Bという結果が生じるだろう」という因果関係に関する仮説を，あらかじめ設定しておくことを基本とする。そして，研究を実施するなかで，何らかのデータを得ることになり，そのデータを分析することによって，先の仮説が成り立つかどうかを検証するのである。また，場合によっては，得られたデータを分析することにより，新たな仮説が生み出されることもある。なお，前者は仮説検証型研究，後者は仮説生成型研究と呼ばれる。以下では，教育心理学において行われている実証的な研究方法について，概観することにしたい。

(1) 実　験　法

実験法は，端的に言えば「実際に験す（試す）」研究法である。ただし，漫然と何かを試すというのではない。実験法では，現象間の因果関係が成り立つのでないかという仮説について検証することを実際に試す研究方法である。その手続きは，因果関係の原因とされる現象や，その他の現象を，研究者がコントロールしながら，結果として生起する現象について確認するという作業を基本としてすすめられる。こうした作業は，実験操作と呼ばれている。なお，因果関係のうちの原因とされる現象を独立変数，結果となる現象を従属変数，結果に影響を与えうるその他の現象を剰余変数と呼ぶ。

実験法は，元来，自然科学において発展してきた研究方法である。19世紀後半において，心理学において実験法が研究方法に取り入れられたことにより，哲学から独立するきっかけとなった。心理学が学問において重要な地位を保っているのは，実験法という研究方法を取り入れたことが大きい。

実験法は，因果関係を明らかにするという点において，他の研究方法に比べると大きな長所をもっている。ただし，因果関係の検証を厳密に行うとなると，しばしば実験室という特殊な環境が必要となる。実験室という環境は，種々の独立変数や剰余変数をコントロールできるため，因果関係の検証には適している。しかしながら実験室は，現実世界における人間の営みの現場からかけ離れた人工的な環境であるため，そこで得られた知見が一般的な日常の社会で成立するかどうかについて，常に疑問がつきまとうことになる。教育心理学においては，実験法による研究方法を用いる際，研究目的に応じて，因果関係の理解につながる諸要因をコントロールすることに重きを置くこともあれば，社会とかけ離れた不自然な環境での人間の生活を取り上げることのないようにすることに重きを置くこともある。前者は，特に実験室という環境で実験が遂行されるため実験室実験と呼ばれる。後者は，しばしば日常の生活環境で実験が遂行されることから，フィールド実験あるいは次に述べる観察法の一種としての実験的観察法などと呼ばれる。

また，教育心理学に限らず，心理学の実験では，多くの場合，研究者が独立変数をコントロールすることが困難あるいは不可能なことがある。たとえば，子どもの性格が学力に影響しているという仮説をもとに実験法を進めようとする場合，子どもの性格は独立変数，学力は従属変数として扱われることになる。しかしながら，厳密に両者の因果関係を明らかにするためには，研究協力者となる子どもには，さまざまな性格に変わってもらう必要がある。無論，こうした研究が困難なことは容易に想像できるだろう。そこで心理学の実験では，子どもの性格を自由自在にコントロールできないことを補うために，さまざまな性格の子どもたちに研究協力者になってもらい，それぞれの子どもたちの学力を検討するのである。こうした研究は，厳密な実験と区別する際，準実験と呼ばれることがある。

(2) 観　察　法

心理学においては，研究対象が人間あるいは動物であることから，日常的な行動を観察することが現象の理解に役立つことがよくある。こうしたことから，観察法という方法もしばしば用いられている。

観察法は，観察対象への研究者の関わり方によって，いくつかの方法に大別できる。まず，研究対象の日常生活をそのまま観察するやり方として自然観察法がある。この方法は，研究者の振る舞いが，観察対象である人間あるいは動物に影響を与えないようにして，対象のあるがままの行動を理解することに主眼を置いている。あるがままの行動を理解することで，人間あるいは動物の行動に対して，現象の因果関係についての興味深い仮説が見えてくることがある。すなわち仮説生成型研究として用いられやすい手法とも言える。ただ，漫然と観察を行うだけでは，なかなかそうした機会にめぐり合うことは難しい。そこで，自然観察法においては，単に自然な状況を眺めるというのではなく，あらかじめいかなる現象を，どのような視点から観察するのかについて，事前に検討しておくことが多い。その際，その視点に基づいて観察を効果的に行うために，対象となる行動を記録するためのチェックリストを準備しておくことが一般的である。また，教育場面を対象とした研究では，教師と子どもたちの自然な行動を捉えるための授業観察がしばしば実施される。授業観察では，普段はいるはずのない研究者が学級に存在することになるため，厳密な自然観察とは言い難い状況となりがちである。研究者が，観察を実施する数日前から学級に入っておくことで，教師と子どもたちの違和感を徐々に取り除き，観察開始時には自然観察の状況に限りなく近い環境にするといった工夫が求められる。

自然観察法に対して，研究者があらかじめ，観察場所に特殊な状況や仕掛けを準備するという操作を施したうえで，研究対象を観察する方法がある。これは実験法のところでも触れた，実験的観察法と呼ばれる方法である。この方法は，仮説を生成することに貢献しやすい自然観察法とは対照的に，仮説検証型の観察法であると位置づけることができる。

また，対象となる人物と活動をともにしながら観察を行うという方法もある。これは，参加観察法と呼ばれる。特に，芸術活動やスポーツ活動など，高度な技に見られる認知的な働きを明らかにする方法として，参加観察法が用いられることがある。

(3) 質問紙法

研究協力者による筆記を通じてデータを収集する方法である。この方法にはさまざまな形式があるが，特に代表的なものは，自由記述法と評定尺度法である。自由記述法では，被調査者に対して，文章や単語によって回答を求めるような質問を提示する形式である。これに対して，評定尺度法は，あらかじめ用意した質問項目に対して，「はい」「いいえ」や，「1」から「5」までの数字など，複数の評定値を用意して，その評定値のいずれかに回答を求めるものである。

質問紙法では，比較的短時間で，多数の研究協力者に対して，一斉に調査が行うことができる。そのため，教育心理学に関する研究においては，学校，学級の協力があれば，子どもたちを対象とした質問紙法による大規模な調査も可能である。近年では，インターネットの発達により，Web を活用した質問紙法の調査も行われることがある。研究者が Web サイト上に質問項目を準備しておき，研究協力者にはそのサイトへのアクセスのうえ，質問に回答を入力してもらうという仕組みである。この場合，回答されたデータは，研究協力者が送信ボタンなどを押すことで，研究者のサーバにアップロードされるようになっていることが多い。

また，質問紙法では，質問項目を工夫することで，たくさんの変数を同時に扱うこともできる。そのため，統計的仮説検定や多変量解析といった分析にも馴染みやすい研究方法であるとともに，仮説検証型研究の一環として活用されやすい。しかし，得られるデータからは，変数間の相関関係までは理解することができるが，実験法によって明らかにできるような，厳密な因果関係の検証は難しい。また，研究協力者に安易に質問項目に回答されてしまいがちであることから，得られたデータに関する信頼性が脅かされるという問題もつきまとう。こうした欠点を補うために，異なる日程で複数回の質問紙を実施したり，回答の信頼性を高めるための質問項目を用意したりするなど，さまざまな遂行上の工夫が求められる。

(4) 面　接　法

観察可能な行動や反応からでは，人間の内面についての理解を深めることには限界がある。そこで，研究協力者である人物と対面しながら言語的なやり取りを交わすことを通じて，できるだけその人物の感情や信念などの内面についての深い理解をしようとするのが面接法である。

面接法は，その目的によって，大きく二種類に分けることができる。面接対象者である人間の心の現象について，科学的な理解を目的とした面接は，調査的面接法と呼ばれる。また，心理カウンセリングや教育相談のように，個人の問題の解決を目的として行われる面接は，臨床的面接法と呼ばれる。また前者の面接法は，質問内容を事前にどの程度決めておくかによって，さらに分類することができる。質問内容や質問順序を事前に定めたうえで実施する面接法は，構造化面接法と呼ばれる。それに対して，まったく質問を定めずに，やり取りに応じて質問を投げかけていく面接法は，非構造化面接法と呼ばれる。そして実際の面接では，その中間的な位置づけといえる半構造化面接法が用いられることが多い。

面接法は，相手とのやり取りに直接関わりながらも，できるだけ客観的な立場で相手の話をデータとして収集するという点において，研究者としての熟練性が影響しうる。また，言語的な相互作用を通じて内面を理解することを前提とした方法であるため，言語的なコミュニケーションの能力に乏しい発達段階にある子どもを対象にして，この方法を適用することは困難である。

(5) 心理検査法

心理検査法とは，あらかじめ使用方法や診断のしかたなどのガイドラインが明確になっている心理検査を用いて実施される人間理解の方法を指す。心理検査の代表的なものとして，知能検査，発達検査，適性検査およびパーソナリティ検査（性格検査）といったものをあげることができる。

教育の場面においては，心理検査は子どもたちの特性や能力についてのアセスメント（診断）や，教育的介入の計画および実践を支えるために活用することができる。すなわち，心理学の知見や技術を，教育活動の場に提供するためのツールと言えるだろう。また，集団を対象に心理検査を実施することにより，質問紙法で示した要領で，仮説検証型研究の一環としても活用することが可能である。なお，こうした心理検査の使用にあたっては，心理検査についての研究者側の十分な知識と，熟練した技術が求められる。

(6) 事例研究法

一事例あるいはきわめて少数事例を対象として，質問紙法や面接法，心理検査法など，上述してきた各種の手続きを用いながら研究を行う方法を指す。こうした方法で行われる研究は，個性記述的研究とも呼ばれ，多数のデータをもとに，人間に関する理論や法則を導くことを目指した法則定立的研究とは対照的に扱われる。また，実験法で述べたように要因を統制して，個人の内面に見られた変化から因果関係を推察するという事例研究も存在する。こうした研究は，単一被験者計画による実験法と呼ばれる。

教育心理学の分野でも，個人を対象とした事例研究法が行われる。たとえば，学習活動や学校での適応に問題を抱えた子どもに対して，教育的介入あるいは治療的介入を行うことで，問題解決方法の適切さを検証するといった研究が見られる。さらに，限られた集団や組織を対象として，事例研究法が用いられることもある。こうした研究の代表的なものとして，フィールドワークやアクションリサーチと呼ばれるものが知られる。フィールドワークでは，たとえば教育心理学の研究においては，教育現場である特定の学校に入り，授業を参加観察したり，教師や子どもたちに適宜面接を行ったりすることにより，その学校の姿を描くということが行われる。フィールドワークで得られる知見からは，教育心理学に関する研究仮説の生成が期待できる。他方，アクションリサーチは，レヴィン（Lewin, K.）によって提唱されたことで知られる研究方法で，社会で生じている具体的な問題を出発点として，その問題への改善に関するあらかじめ生成された仮説に基づき，具体的な実践活動を計画し，実際にそれを行ったうえで成果を評価していくという一連の活動によって成り立つ。アクションリサーチから導かれた成果については，現象の心理学的理解を大きな目的とした実験室実験から得られる結果ほどには，一般性の高い知見が得られるとは言い切れない。またそうした知見をアクションリサーチから見出すには，一連の活動に対する研究者の深い洞察が問われることになる。しかし，アク

教育心理学の知見を社会活動の場に応用しようとする際の留意点

教育心理学の意義の一つには，本文で述べたとおり，心理学の知見や技術を，教育という活動の場に応用することで，教育実践をより良くすることがあげられる。

ここで，教育実践に携わる教師の立場に立って，教育心理学の研究から示された知見を現場で生かすことを考えてみよう。その場合，教師は「適切」に，その知見を応用することが求められる。

ただ，学問の研究成果を「適切」に応用するには，いくつかの留意点がある。ここでは，学術論文に示される 3 タイプの知見を応用する際の留意点をまとめたい。

①「A という要因と，B という要因との間には，関連が見られる」。

複数の質問紙を用いた調査や，調査的面接法によって過去を回想して報告してもらう調査の結果では，ある要因と別の要因との関連について報告されることになる。たとえば，学校におけるリーダー経験のあり方と，他人をまとめることに対するストレスの高さとの間に負の相関，つまりリーダー経験が豊富な生徒において，他人をまとめることへのストレスが見られない，という調査結果が得られたとしよう。このことから，「子どもたちに学校でリーダー経験をさせると，他人をまとめることへのストレスは減っていく」と結論づけられるだろうか。必ずしも「子どもたちに学校でリーダー経験をさせること」が「原因」となって，「他人をまとめることに対して感じるストレスは減る」という「結果」につながるかどうかまでは，先の調査結果からは断言することはできない。「他人をまとめることに対して感じるストレスが元々低い」という「原因」をもつ子どもが，率先して「学校でのリーダー経験を務めている」という「結果」を示している可能性も残されているのである。すなわち，A という要因と B という要因との間に関連が見られるということは，A と B との因果関係を表しているわけではないことに留意する必要がある。心理学の研究に関する初学者に見られやすい誤った判断なので，まずは気をつけたい。

②「A という要因が，B という望ましい効果をもたらす」。

この知見は，たとえば「『授業方法 A』が，学習者の学力を高める」といった知見として見られたりする。これについては二つのことに留意したい。一つは，参照した研究においては，いかなる対象（たとえば大学生か小学生かなど）に，どういった学習内容

ションリサーチは，元来，具体的な現場における問題の解決を志向したものである。先述のとおり，教育心理学の意義の一つには，心理学の知見や技術を，教育活動の場に提供することで，教育という実践的な活動をより良くすることがある。そのため，アクションリサーチに基づいた研究は，こうした意義に即した有意義な取り組みになりえるのである。なお，教育心理学の研究におけるアクションリサーチとしては，学校教育における，授業の問題，生徒指導の問題について，教師が研究者との協同のもと，心理学的知見を建設的に導入して，問題の解決につなげていくといった取り組みが考えられる。

(7) 縦断的研究と横断的研究

人間の発達のあり方を理解するという課題は，心理学においては，特に発達心理学の分野で重要な課題である。加えて，教育活動がさまざまな発達段階の子どもたちを対象としていることから，人間の発達を扱う研究は，教育心理学においても有意義な知見を得ることにもつながる。

人間の発達のあり方を理解するための研究においては，同じ対象を追跡しながら，決めら

（数学か，英語かなど）で行われたものかを理解することである。すなわち，参照している研究成果が，いかなる教育活動のどういった学習者を対象としており，どこまでその成果を一般化することが可能であるかについて踏まえながら，参照することが求められるのである。これは，上の知見が，いわゆる「条件つき」で成り立っているという可能性があるということへの留意である。

もう一つは，参照した知見で示された「A という要因」が，「B という望ましい効果」をもたらす唯一無二の要因なのかどうなのかという確認である。つまり，「A という要因」以外にも，「C という要因」によっても「B という望ましい効果」を示す可能性も残されているのである。仮にそのことについて特に当該論文で十分に検証されていないのであれば，まだこの分野の研究については引き続き注目し続けることが賢明である。もっとも，教育現場で先の知見の応用を考えたい場合，とりわけネガティブな影響が考えられないという限りであれば，実践の幅を広げるという意味で，まずは応用してみるといったことも可能であることは触れておきたい。

③「C という要因が，D という望ましくない影響をもたらす」。

たとえば，「『学級でのネガティブな経験』という要因が，『子どもの抑うつ傾向』という結果を引き起こしている」という知見として見られる。この知見を教育現場で応用しようとして，「抑うつ傾向になっている子どもの内面にあるネガティブな経験を根絶しようとすることが大切だ」と唱えられることがある。しかし，過去のネガティブな経験を，子どもから完全に排除することなど教育現場で可能なのだろうか？

実は，「C という要因が，D という『望ましくない影響』をもたらす」という研究知見を，すでに D という結果になっている局面で応用することは，きわめて困難あるいは不可能であるか，場合によっては無意味なのである。「自動車事故（C）という要因が，ある子どもに重度の障害（D）をもたらした」場合，その子どもの重度の障害（D）を克服するために，「過去の」自動車事故（C）をなくそうとする人は誰もいないだろう。こうした研究知見は，むしろ，多くの人たちが「C という要因」を日頃から避けられるような環境を予防的に整備することや，誰かに「C という要因」が生じても，「D という望ましくない影響」につながらないような環境づくりを開発的に検討するというかたちで生かされる必要があるということを留意したい。

れた期間にわたって，上述してきた質問紙法や面接法などの各種研究方法でデータを収集し，データ間の変化を記述するという手続きで行われることがある。これを縦断的研究と呼ぶ。これに対して，同じ時期に，複数の異なる年齢集団を対象に扱って，上述してきた種々の研究方法によりデータを収集し，得られたデータを相互に比較するという方法もある。これは横断的研究と呼ばれる。また，異なる年齢集団を対象としながら縦断的研究を行う方法もあり，これはコホート研究と呼ばれている。

4. 教育心理学が扱う研究領域

教育心理学が扱う研究領域は，冒頭の節で紹介したプラトンとアリストテレスとの議論の中で扱われた話題からも推察されるとおり，実に多様である。たとえば，アメリカ心理学会（American Psychological Association: APA）の教育心理学部門が編集し，2006 年に出版した“Handbook of Educational psychology”（Alexander & Winne, 2006）では，以下の 8 部門によって本文内容が構成されている。Foundations of the discipline（学問的基盤），Development and individual differences（発達および個人差），Cognition and cognitive process（認知および認知過程），Motivation（動機づけ），Educational content（教育内容），Social and cultural perspectives（社会および文化的視点），The educational context（教育的文脈），Assessment of learning, development, and teaching（学習，発達，指導への評価）。

また国内においては，日本教育心理学会が編集している「教育心理学年報」において，毎年，最近の研究動向と展望についての章が設けられている。「教育心理学年報　第 48 集（2008 年度）」（日本教育心理学会，2009）では，「発達」「人格」「社会」「教授・学習」「測定・評価」「臨床」「特別支援教育」「学校心理学」の 8 つの部門が設けられ，各部門に関する動向ならびに展望がまとめられている。

教育心理学は，教育という社会的活動を対象とした学問である。そのため，研究領域ならびにそれに含まれる具体的な研究テーマは，各時代の教育のあり方に伴って変化していき，研究対象も徐々に広がりを示すことになってきた。たとえば，高度情報化に伴って，教育の現場でもコンピュータやインターネットの存在が無視できなくなってきた。もしかしたら今後，教育心理学の中で，独立した研究領域としての存在感を高めていく可能性もあるだろう。

少なくとも現在においても，教育におけるコンピュータやインターネットの積極的な活用とその効果について理解することは，教育心理学における重要な研究テーマの一つとしてあげることができる。また，携帯電話やコンピュータという情報端末の健全な活用のあり方についての問題も，教育心理学が扱うべき研究テーマとして，近年注目されている。なお，前者の研究テーマについては，学校にコンピュータが導入されはじめた 1980 年代においては CAI（Computer Assisted Instruction）という概念で扱われてきたが，今となっては CAI という概念はほとんど用いられない。一方後者の研究テーマについては，子どもたちの間で携帯端末によるインターネット利用が進んできた 2000 年前後以降になって，はじめて現れてきたテーマである。今後も，時代とともに，教育心理学の研究領域や研究テーマは，さまざまな表情を示しながら，広がりと変容を示していくことであろう。

●復習課題

（1）教育心理学の研究手法について，それぞれの長所，短所に着目しながらまとめよ。

（2）社会で見られる現実的な問題のうち，教育心理学の学問に関わりが深いと思われる問題について 5 つあげよ。

第1部 現象の理解としての教育心理学

◉予習課題

序　章

(1) 教育心理学という学問に対してソーンダイクがもたらした影響についてまとめよ。

(2) 教育心理学という学問の意義についてまとめよ。

第 1 部

第 1 章

(1) 教育においてなぜ発達の理解が必要とされるのだろうか考えよ。

(2) 自分自身をふりかえり，今の自分はどのようなものに影響されてここまで成長してきたか，考えよ。

第 2 章

(1) これまでの自分をふりかえり，練習を通して獲得した（はじめできなかったのが練習後はできるようになった）物事をできるだけあげよ。どのようなプロセスを経て獲得した（できるようになった）のかについても書き加えておくことがのぞましい。

(2) 自分の嫌い（あるいは苦手）なことをあげよ（食べ物，動物，あるいは「高い所が苦手」といったことなど，何でも構わない）。そのうえで，なぜ嫌い（苦手）になったのかについても可能な範囲で説明せよ。

(3)「人のふり見て我がふり直せ」という言葉があるが，どのような意味かを調べよ。そのうえで，自身の日常生活をふりかえり，この表現に当てはまる事例があればあげよ。

第 3 章

(1) 学習に対する行動論（行動主義）的な考え方と認知論（認知主義）的な考え方の違いについて，それぞれの例をあげて説明せよ。

(2) 認知心理学で想定されている記憶の基本的なしくみはどのようなものか。また，よりよく記憶するための方略にはどのようなものがあるか考えよ。

第 4 章

(1) 普段の生活で，やる気が出るのはどのような場合か考えよ。

(2) 自分自身が今まで学習にどのような姿勢で取り組んできたかふりかえってみよ。

第 5 章

(1) もしも，子どもたちの個性を考えないで，教育的にかかわろうとするとどのようなことが問題となるだろうか。想像してみよ。

(2) 自分の性格の特徴としてどのようなものがあげられるだろうか。その特徴は子どもたちと教育的にかかわるうえで，どのような意味をもつのか考えよ。

1 発　達

心理学における発達とは，「個体が時間経過に伴ってその心的・身体的機能を変えていく過程。遺伝と環境とを要因として展開する」ことである。「発達」という用語は，辞書の意味として「進歩してより優れた段階に向かうこと。規模が大きくなること」（広辞苑）と記されているように，「よりよくなる」という上向きの意味をイメージしがちである。しかし，人間の発達を考えた場合，個体が時間経過に伴って心的・身体的機能を変えていく過程というのは，必ずしも上向きの意味を示すだけではない。たとえば「老化」も人間の時間経過に伴う変化であるが，生体機能が衰えていくという意味においては，下向きの意味合いが強い。人間の発達とは，人間の生涯を通し，上向き，下向きの両方を含めた心的・身体的変化を説明するものである。

では，心的・身体的変化とは具体的にどのような変化を指すのか。たとえば，身長や体重など，量的な変化をするものもある。また，歩くことや走ることができるようになるといった運動の発達，話すことができるようになるという言葉の発達，人間関係のつくり方が変化をするといった社会性の発達などのような，質的な変化をするものもある。本章では，このような人間の種々の発達を紹介していく。

1. 発達の規定因

(1) 遺伝か環境か

人間の発達を規定するものは何か？　この問いに関する「遺伝か環境か」という論争は，20世紀初頭に繰り広げられてきた。

1) 遺伝優位説

遺伝が優位とされる立場の考え方は，ゲゼル（Gesell, A.L.）に代表される。ゲゼルは，「子どもの発達のプロセスは生まれながらにして備わっているものであり，発達はその法則に則り時間的経過に従い出現するものである。したがって，経験や学習は発達に決定的な影響を与えるものではない」と主張した。

またゲゼルとトンプソン（Gesell & Thompson, 1929）はその主張を立証するために，双生児統制法による階段登りの訓練実験を行った。ゲゼルは生後46週の一卵性双生児に対し，一方には6週間にわたり階段登りの訓練を行い，もう一方にはその間何も施さなかった。その結果，訓練を行った子どもは26秒で階段が上れるようになったのに対し，無訓練の子どもは45秒かかった。その後，無訓練の子どもに対し2週間だけ階段登りの訓練を行ったところ，わずか10秒で階段が上れるようになった。この結果は，早すぎる訓練では効果が得られず，適切な成熟が備わらなければ効果を期待することはできないということを示唆した。このように，学習が成立するために必要な発達水準を，レディネスと言う。

2）環境優位説

遺伝優位説に対し，ワトソン（Watson, J.B.）は行動主義の立場から環境優位説を唱えた。彼は，「育てることのできる適切な環境さえ整えば，12人の乳児を遺伝とは関係なしに，医者，弁護士，芸術家，泥棒まで，様々な人間に育てることができる」と述べている。

行動主義は，すべての人間の行動は，条件づけなどの学習によって形成されるという考え方である。ワトソンは，生後11ヶ月のアルバートという名の乳児に恐怖の条件づけを行った。恐怖の条件づけとは，アルバートが白いネズミに興味を示し近づくと大きな音を鳴らすということを繰り返した結果，白いネズミを怖がり近づこうとしなくなったというものである。これは，レスポンデント条件づけ（古典的条件づけ）に基づくものである（第12章参照）。

（2）遺伝も環境も

「遺伝か環境か」という議論は，どちらか一方のみを強調しているということから，単一要因説と呼ばれる。しかし，人間の発達はどちらか一方によって規定されるという考えには限界があるということから，今日では遺伝も環境もどちらも発達には影響を与えるという考えが定着している。

1）輻　輳　説

人間の発達は，遺伝要因と種々の環境要因が寄せ集まって加算的に影響し合うという考え方で，シュテルン（Stern, 1935）が提唱したものである（図1-1）。

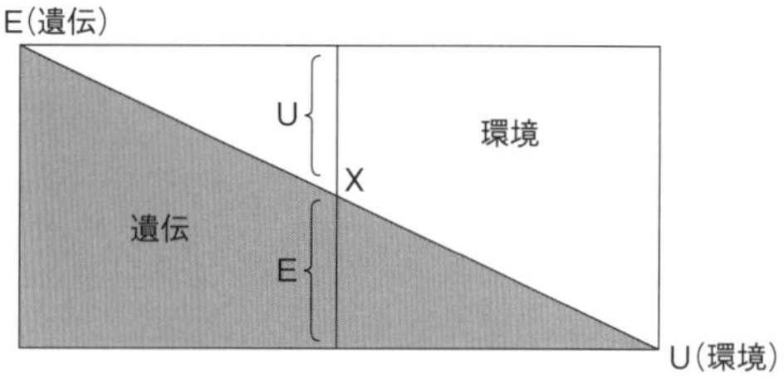

図1-1　遺伝と環境の輻輳説の図式化（高木, 1950）

2）環境閾値説

輻輳説は，遺伝要因と環境要因を独立に捉えていることに対し，人間の発達は遺伝と環境が相互に作用し合っているという考え方で，ジェンセン（Jensen, 1967）が提唱したものである。たとえ環境が劣悪でも遺伝要因が顕在化する特性もあれば，環境が一定水準まで整わなければ遺伝要因が顕在化しない特性もあるとしている（図1-2）。

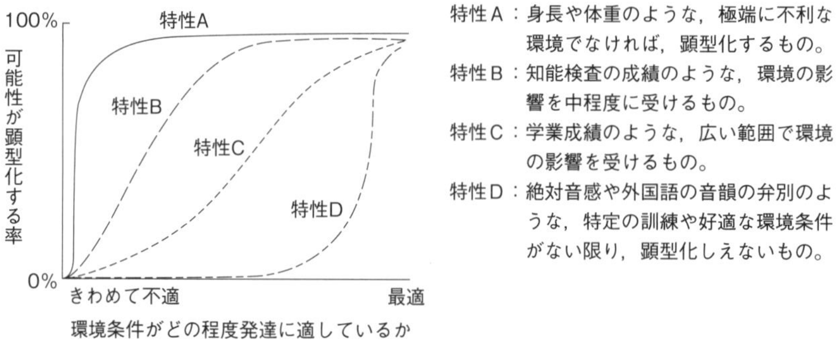

100%
0%
特性A
特性B
特性C
特性D
可能性が顕型化する率
きわめて不適
最適
環境条件がどの程度発達に適しているか
特性A：身長や体重のような，極端に不利な環境でなければ，顕型化するもの。
特性B：知能検査の成績のような，環境の影響を中程度に受けるもの。
特性C：学業成績のような，広い範囲で環境の影響を受けるもの。
特性D：絶対音感や外国語の音韻の弁別のような，特定の訓練や好適な環境条件がない限り，顕型化しえないもの。

図1-2　ジェンセンの環境閾値説の解説図（東, 1969）

(3) 発達と教育

人間は，歩行も食事も自力ではできない非常に未熟な状態で産まれてくる。誕生後，最低限の運動機能を獲得するのには，短くても1年はかかるとされる。このことをポルトマン（Portmann, A.）は，生理的早産と呼んだ。その後さまざまな環境の影響を受けながら，長い時間をかけて一人前の人間へと発達していくのである。そして，人間が発達していくためには，適切な時期に適切な教育や援助を受けることが必要である。

1) 初 期 経 験

乳幼児期の経験は，その後の発達に大きな影響を与えることとなる。このような誕生後間もない頃の経験を初期経験と言う。初期経験の代表的なものに，インプリンティング（刷り込み）がある。ローレンツ（Lorenz, 1944）は，人工孵化させたハイイロガンが最初に見た動くものを，親と思い込み追従するという習性を見出した。人間においても，このような初期経験は見られる。たとえば乳児期の親との愛着関係は，その後のパーソナリティ形成や社会性の発達などに大きな影響を与えることになる。

またインプリンティングは，孵化後約24時間以内に成立し，それ以降にたとえ動くものを見ても，追従行動は生じない。このように，学習が成立するための非常に限られた期間を，臨界期と言う。言語獲得や絶対音感などは，学習が成立する特定の期間が存在することから，人間の発達にも臨界期があるとされてきた。しかし人間の発達の場合は，一定の時期を過ぎるともはや学習が成立しないという限定的な期間があるわけではなく，もっと緩やかな広がりをもった可逆的なものである。そのような意味から，近年では臨界期に代わり敏感期という用語が用いられている。

2) 発達の最近接領域

ヴィゴツキー（Vygotsky, 1956）は，子どもの知的発達の水準には2段階あると考えた。一つは，自力学習が可能な水準で，もう一つは他者からの援助によって到達可能になる水準である。そして，これら二つの水準の間の幅を，発達の最近接領域と言う。

教育は，他者からの援助によって到達可能な水準にある子どもに働きかけることにより，知的発達を自力学習が可能な水準に引き上げる役割を果たしている。そのため，子どもの発達の最近接領域を考慮し，適した時期に教育が施されることが必要とされる。

2. 発達段階と発達課題

発達心理学では，人間の発達過程を一定の時期で区切り，それぞれの時期の発達特徴を理解していく。このように，発達過程を一定の時期で区分されたものを発達段階と言う。また，各発達段階にはそれぞれ達成されなければならない課題が存在する。もしその課題が達成されなければ，次の段階へ移行することが困難になる。そのような課題を，発達課題と言う。

以下に代表的な発達課題の理論を紹介する。

1) ハヴィガーストの発達課題

発達課題でもっとも代表的なものが，ハヴィガースト（Havighurst, 1953）である。しかし，この発達課題は，20世紀半ばのアメリカの中流階級の生活様式をもとにしたものであり，現代の日本の社会・文化において必ずしも通用されるものではない（表1-1）。

表 1-1　ハヴィガーストの発達課題（Havighurst, 1953）

幼児期	1. 歩行の学習 2. 固形食物をとることの学習 3. 話すことの学習 4. 排泄のしかたを学ぶこと 5. 性の相違を知り，性に対する慎みを学ぶこと 6. 生理的安定を得ること 7. 社会や事物についての単純な概念を形成すること 8. 両親，兄弟姉妹や他人と情緒的に結びつくこと 9. 善悪を区別することの学習と良心を発達させること	壮年初期	1. 配偶者を選ぶこと 2. 配偶者との生活を学ぶこと 3. 第 1 子を家族に加えること 4. 子どもを育てること 5. 家庭を管理すること 6. 職業に就くこと 7. 市民的責任を負うこと 8. 適した社会集団を見つけること
児童期	1. 普通の遊戯に必要な身体的技能の学習 2. 身体を大切にし有益に用いることの学習 3. 友だちと仲よくすること 4. 男子として，また女子としての社会的役割を学ぶこと 5. 読み，書き，計算の基礎的能力を発達させること 6. 日常生活に必要な概念を発達させること 7. 良心・道徳性・価値判断の尺度を発達させること 8. 両親や他人の支配から離れて人格の独立性を達成すること 9. 社会の諸機関や諸集団に対する社会的態度を発達させること	中年期	1. おとなとしての市民的・社会的責任を達成すること 2. 一定の経済的生活水準を築き，それを維持すること 3. 10 代の子どもたちが信頼できる幸福なおとなになれるよう助けること 4. おとなの余暇活動を充実すること 5. 自分と配偶者とが人間として結びつくこと 6. 中年期の生理的変化を受け入れ，それに適応すること 7. 年老いた両親に適応すること
青年期	1. 同年齢の男女との洗練された新しい交際を学ぶこと 2. 男性として，また女性としての社会的役割を学ぶこと 3. 自分の身体の構造を理解し，身体を有効に使うこと 4. 両親や他のおとなから積極的に独立すること 5. 経済的な独立について自信をもつこと 6. 職業を選択し，準備すること 7. 結婚と家庭生活の準備をすること 8. 市民として必要な知識と態度を発達させること 9. 社会的に責任のある行動を求め，そしてそれをなし遂げること 10. 行動の指針としての価値や倫理の体系を学ぶこと	老年期	1. 肉体的な力と健康の衰退に適応すること 2. 引退と収入の減少に適応すること 3. 配偶者の死に適応すること 4. 自分の年ごろの人々と明るい親密な関係を結ぶこと 5. 社会的・市民的義務を引き受けること 6. 肉体的な生活を満足に送れるように準備すること

2) ピアジェの認知発達

認知とは，物事を知覚し判断したり解釈したりする思考過程を意味する。ピアジェ（Piaget, J.）は認知発達を，以下の4段階に分けて説明している（表1-2）。

表1-2　認知の発達

基本段階	時期	特徴
感覚運動期	誕生-2歳	感覚と運動を組み合わせることにより，身近な外界と関わろうとする。対象の永続性が獲得される。
前操作期	2-7歳	表象思考が可能になり，言葉を使って説明することが可能になる。自己中心的な思考が強く，直感的な判断に依存する。
具体的操作期	7-11歳	自己中心性から脱却する。具体的な事象においては，論理的な思考が可能になる。
形式的操作期	11-15歳	抽象的な思考が可能になる。仮説演繹的な検討が可能になる。

3) フロイトの心理性的発達

フロイト（Freud, S.）は，精神分析学的視点から発達の理論を提唱した。フロイトによれば，リビドー（人間の欲求の根源をなす性的エネルギー）は思春期以降に限られたものではなく，乳幼児期から存在しているとし，発達に伴い，リビドーの身体的部位が移行することから，次のような心理性的発達段階を唱えた（表1-3）。

表1-3　フロイトの心理性的発達

段階	時期	特徴
口唇期	誕生-1.5歳	母親からの授乳を通し，環境との交流を図る。
肛門期	1.5歳-3歳	トイレットトレーニングを通し，排泄機能をコントロールする。環境への主張的で能動的な姿勢が芽生える。
男根期（エディプス期）	3歳-6歳	性意識が芽生え，異性の親へ強い関心を示す。エディプスコンプレックス。
潜伏期	6歳-11歳	性的欲動が静まる。社会的規範の学習および知的活動へエネルギーが注がれる。
性器期	11歳-	身体的成熟に伴い，性器性欲が出現する。性愛的関係が成立する。

エディプスコンプレックスとは，実の父親と知らずに殺害し，母親と結婚したエディプス王の話にちなんで名づけられたものであり，異性の親に対し強い感情を示し独占しようとし，同性の親に対し強い対抗心をもつことを言う。

4) エリクソンの心理社会的発達

フロイトの心理性的発達は，リビドーという個人の性的発達にのみ焦点づけられているという批判から，エリクソン（Erikson, 1950）は社会的・歴史的視点を取り入れた心理社会的発達を提唱した。心理社会的発達は，生涯を通した自我の発達過程を漸成説に基づいて，人間のライフサイクルを論じている。漸成説とは，人間の発達は段階的に進み，前段階で獲得されたものを基にして次の段階へと進むことを意味する。エリクソンの心理社会的発達では，人生を8段階に区切り，各段階に心理・社会的危機を設定している（図1-3）。

	1	2	3	4	5	6	7	8
Ⅰ 乳児期	信頼 対 不信				一極性 対 早熟な自己分化			
Ⅱ 早期児童期		自律性 対 恥・疑惑			両極性 対 自閉			
Ⅲ 遊戯期			積極性 対 罪悪感		遊戯同一化 対 空想同一化			
Ⅳ 学齢期				生産性 対 劣等感	労働同一化 対 同一性喪失			
Ⅴ 青年期	時間的展望 対 時間展望の拡散	自己確信 対 同一性悪感	役割実験 対 否定的同一性	達成の期待 対 労働麻痺	アイデンティティ 対 アイデンティティ拡散	性的同一性 対 両性的拡散	指導性の分極化 対 権威の拡散	イデオロギーの分極化 対 理想の拡散
Ⅵ 初期成人期					連帯 対 社会的孤立	親密性 対 孤立		
Ⅶ 成人期							生殖さ 対 自己吸収	
Ⅷ 成熟期								完全性 対 嫌悪・絶望

図 1-3　エリクソンの漸成図式（Erikson, 1959／邦訳, 1982 による）

3. 各段階の発達特徴

(1) 乳幼児期の発達

1) 運 動 発 達

運動の発達には次のような一定の方向性がある。

①頭部から尾部へ　　運動発達では，まず頭を左右に動かす，胸を動かす，握る，座る，立つ，歩行といったように，頭部の運動発達が最も早く，足の運動が最も遅く発達していく。

②中心部から末梢部へ　　人間の発達は中心部の方が末梢部よりも早く発達する。そのため，手で物をつかむとか二足歩行といった，手足の運動ほど，発達にかかる時間が長くなる。

③粗大運動から微細運動へ　　つかむという運動は，初めは未分化で粗い動きしかできなかったものが，次第に細かく滑らかに正確に動かすことができるようになる。このように，運動は粗大な動きから，次第に微細な動きが可能になる。

2) 認 知 発 達

①感覚運動期（誕生 -2 歳頃）　　感覚運動期は，感覚から得られた情報と自らの運動で外界に働きかけることにより，知識を得て物事を理解していく時期である。ピアジェ（Piaget, 1970／邦訳，2007）は，感覚運動期をさらに 6 段階に分けて説明した（表 1-4）。

表 1-4　感覚運動的知能の発達（Piaget, 1970／邦訳, 2007）

発達段階		時期	同化シェマの発達	事例
Ⅰ	反射の練習	誕生したときから	将来的に有用となる生得的シェマの，練習による安定化	吸啜反射，乳首のまさぐり行動
Ⅱ	最初の習慣	1ヶ月頃から	獲得性の適応の始まり：安定した条件付け，第1次循環反応など	授乳するいつもの抱き方で抱くと吸啜行動が起こる，追視，指しゃぶり，自分の手の運動を興味深く見る
Ⅲ	見ることと把握との協応	4ヶ月半頃から	意図的適応の始まり：第2次循環反応，興味ある光景を持続させるための諸手続	興味ある現象を偶然見出すとその現象を繰り返し再現させようとする行動，魔術的因果性に基づく行動
Ⅳ	2次的シェマの協応	8-9ヶ月頃から	本来の知能的適応の始まり（目的と手段の協応）：新しい事態への既知シェマの適用，新奇な対象・現象に対する探索行動	障害物を取り除いて，欲しいものを手に入れる，新奇なものに対していろいろな既知シェマを適用してものの特性を調べる行動
Ⅴ	第3次循環反応と新しい手段の発見	11-12ヶ月頃から	（表象を前提としない）感覚運動的知能の絶頂期：第3次循環反応によるシェマの分化，能動的実験による新しい手段の発見	新奇な現象を偶然見出すと現象生起の条件を換えてみて現象を探る行動，手の届かないところにあるものを手に入れる手段（棒や台）を試行錯誤で発見する
Ⅵ	心的結合による新しい手段の発見	18ヶ月頃から24ヶ月頃まで	表象的知能への移行期：シェマの内化（行為の停止と洞察による問題解決）と表象的シェマの始まり	手の届かないところにあるものを手に入れるために新しい手段（棒や台）を洞察で発見する

②前操作期（2歳-7歳頃）　この時期の大きな特徴として，自己中心性がある。自己中心性とは，自他が未分化であるため，自分の視点や体験を通してのみでしか物事を理解することができず，他者の視点に立つことが困難であることを意味する。前操作期はさらに，象徴的（前概念的）思考段階（2-4歳頃）と直観的思考段階（4-6歳頃）に分けられる。

象徴的（前概念的）思考段階では，イメージやシンボルをつくりあげて物事を考えることが可能になってくる。しかし子どもが頭に描くイメージやシンボルは，あくまでも子どもが独自につくりあげるものであり，普遍化されたものではないため，概念として共通認識できるものではない。

直観的思考段階に入ると，しだいに概念化が進んでくる。しかしこの段階は，一つのことがらが目につくと，その部分のみに注目し，他の面に目を向けようとしないという傾向が強い。体系的に物事を捉え，論理的に考えることは困難で，直観的な判断が優先される。

また表象的思考が可能になることにより，子どもの遊びの内容も広がる。イメージをつくりあげることが可能になることにより，ものを何かに見立てて遊ぶ見立て遊びや，役割を決めてその役割を演じるごっこ遊びなどの，象徴遊びが盛んに行われるようになる。しかし，自己中心性が強く他者視点に立って物事を捉えることがまだ難しい時期であるため，いくつかの役割やルール性のある構造化された複雑な遊びを展開させることは困難である。

3）社会性の発達

幼児期の子どもは，生活の大半を遊びに費やす。そしてその遊びを通して，同世代との関わりを深め，社会性を発達させていく。パーテン（Parten, 1932）は同世代の仲間との遊びの発達段階を，次の6つに分けて説明した。

①ぼんやり：遊びに関わることなく，ぼんやりしている。

②ひとり遊び：他の子どもが近くにいても，お互いに関わることなくそれぞれ違う遊びに興じる。

③傍観：他の子どもの存在を意識し，遊んでいる姿を眺めているが，遊びには加わらない。

④並行遊び：近くにいる他の子どもと同じ遊びをするが，お互いに交流をもたない。

⑤連合遊び：複数の子どもと交流をもちながら同じ遊びに興じているが，はっきりとしたルールや役割分担をもたない。

⑥協同遊び：遊びにはっきりとしたテーマが見られる。集団で遊んでいるが，それぞれに役割分担があり，組織化された遊びが展開される。

(2) 児童期（学童期）の発達

1) 認 知 発 達

認知発達においては前操作期の特徴が次第に減っていき，具体的操作期へと移行していく。具体的操作の段階は前操作期の特徴である直観的思考が薄れてくるため，論理的な思考が可能になる。体系的に物事を考えることが可能になり，客観的な考えができるようになる。そのた

	相等性の確定	変形操作	保存の判断
液量	容器の形や大きさの変化によっても，その中の液量は変わらない。		
		入れる	
	どちらも同じ入れものの中に色水が同じだけ入っていますね。	こちらの色水を別の入れものに全部移し替えます。	さあ，色水はどちらも同じだけ入っていますか。それともどちらかが多いかな。
数	集合内要素の配置の変化によっても，その集合の大きさは変わらない。		
	○○○○○○○○ ●●●●●●●●	○○○○○○○○ ● ● ● ● ● ● ● ● ◄　広げる　►	○○○○○○○○ ● ● ● ● ● ● ● ●
	白色の石と黒色の石とでは，どちらも数が同じだけありますね。	いま，黒色の方を並べ替えてみます。	さあ，白石と黒石とでは，その数は同じですか。それともどちらかが多いかな。

図1-4　保存の概念（液量の保存，数の保存）（野呂, 1983）

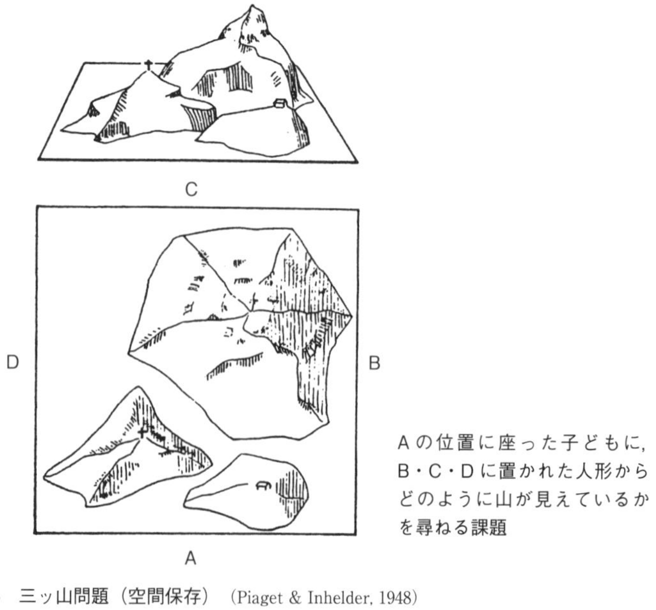

C
D
B
A
Aの位置に座った子どもに，
B・C・Dに置かれた人形から
どのように山が見えているか
を尋ねる課題

図1-5　三ッ山問題（空間保存）（Piaget & Inhelder, 1948）

め，自己中心性から脱却し，脱中心化が見られ，前操作期では不可能であった保存の概念の理解ができるようになる（図 1-4, 5 参照）。

2）道徳性の発達

ピアジェ（Piaget, 1932）は児童期に他律的道徳性から自律的道徳性へ移行することを説明した。前操作期の子どもは直観的思考が強く，自己中心性の特徴をもつ。そのため，論理的かつ客観的に物事を考えることが難しい。そのため，大人の権威と自己の利益に基づいた判断をする。大人を絶対的な存在として捉え，大人の権威のもとに規則や義務が存在し，権威に従おうとする。また規則は神聖なもので変えることはできないと考える。さらに，意図や動機による動機論的判断よりも，行為の結果に基づく結果論的判断をする傾向が強い。それは直観的思考が強く，動機論的判断よりも結果論的判断の方が，判断としては単純であり直観的であるためである。小学校低学年まではこのような他律的道徳性の特徴が支配的である。

8-9 歳頃になると，具体的操作期の特徴である脱中心化により，自他の両視点から物事を捉えることができるようになる。そのため自己と他者との相互の立場に基づき，平等主義的判断を行うようになる。また，合法的手続きのもとで，同意によって規則は変えられるという考え方ができるようになり，自律的道徳性が獲得される。

3）友人関係の発達

ビゲロー（Bigelow, 1977）は，友人の概念の発達を次のように説明した。

①ステージ 1：報酬-コストの段階（2, 3 年生 -）　近くに住む，クラスが同じなど，行動を共にすることが多く，自分が希望するように遊んでくれる関係。

②ステージ 2：規範的段階（4, 5 年生 -）　規範やルール，価値を共有し，忠誠が期待される。

③ステージ 3：共感的段階（5, 6 年生 -）　相互理解や共感ができ，親密な自己開示が求められる。

ビゲローの発達段階のちょうどステージ 2 にあたる小学校中学年頃になると，5 人から 10 人程度の同性の仲良しの小集団で活動するようになる。このような時期をギャングエイジ（徒党時代）と言う。この集団は閉鎖的かつ排他的であり，子どもたちは自分の所属する集団に強い忠誠心をもつ。また親や教師など子どもにとって大きな存在である大人すら，関わりを拒絶される。そして集団内での秘密やルールをつくり，それを守ろうとする。このような活動を通して，初めてヨコのつながりを強くもつようになり，集団内で自分の存在の意味を見つけ出し，所属意識を強める。そして，集団内の秘密を遵守しようとすることから，責任感を身につけるようになる。このように，ギャングエイジの活動は，子どもの社会性の発達に大きな役割を果たす。しかし，時に集団での活動が激化することにより，反社会的行動を起こしてしまうこともある。近年，テレビゲームやインターネットの発達に伴い，子どもの遊びが変化してきたことや，習い事の増加などで，ギャング・グループをつくって遊ぶ機会が減少してきている。このような傾向は，子どもの社会性の発達に何らかの影響を及ぼすことが懸念される。

(3) 青年期の発達

1）身体の発達

青年期のはじまりは，第二次性徴の出現により特徴づけられる。第二次性徴は，女子では 10 歳から 13 歳頃，男子では 12 歳から 14 歳頃に出現するとされる。第二次性徴の特徴としては，男子は陰毛，腋毛，髭などの発毛，変声，筋肉の発達，精通などが見られる。女子は，皮下脂肪の増大，陰毛，腋毛などの発毛，初潮，骨盤や臀部の発育などである。

また，身長もこの時期に大きな伸びを見せる。この時期の急激な身長の伸びを思春期スパートと言う。この成長にも，性差が見られる。女子は 11 歳から 13 歳頃に急激な伸びを見せ，男子はそれより少し遅れ，13 歳から 15 歳頃に見られる。このように，女子の方が男子よりも早く成長するが，最終的な発育量は男子の方が女子を上回る。

このような身体的発達により，子どもの身体から大人の身体へと変化していく。子どもの身体から大人の身体へと変化していく青年期前期を，思春期と言う。

2）自己の発達

青年期は，認知発達においては形式的操作期に入る。形式的操作期は，抽象的状況においても論理的な思考が可能となる。仮説演繹的思考が可能になり，多視点から物事を捉え，まとめていくことが可能になる。そのため，親や教師，友人などの意見と自らの考えとを照合しながら，価値観を形成していくことが可能になる。いろいろな考えと自分の考えを照らし合わせることは，自分を省みることとなり，自分とはどんな人間であるかということの理解につながる。このような「自分は何者か」という問いに対する答えを，アイデンティティと言う。

アイデンティティとはエリクソン（Erikson, 1950）が心理社会的発達理論のなかで，青年期の課題としてあげている概念である。また，アイデンティティの感覚として，「内的斉一性と連続性を維持しようとする個人の能力と，他者に対する自己の意味の斉一性，連続性とが合致したときに生じる自信」であると定義している（Erikson, 1959）。つまり，「自分は他人とは異なる存在である」「過去から現在，そして将来も変わらない存在である」という二つの点を，他人も同様に認めているという安定感から来る自信のことを意味する。

青年期は児童期と異なり，親子関係や友人関係のあり方，進路選択などを，自身の価値観に基づいて判断しなければならない機会が生じてくる。このような青年が直面する問題を，一つ一つ解決していくことが，アイデンティティの確立へとつながるのである。しかし，時に自分がどうしたいのか，どこに向かおうとしているのかわからなくなり，混乱することもある。この状態をアイデンティティ拡散と言う。

3）親子関係の発達

自己の発達に伴い，依存的な親子関係から脱却し，自分の価値観に基づいて判断しようとする。このような精神的に自律しようとすることを，ホリングワース（Hollingworth, 1928）は，心理的離乳と呼んだ。

自分の価値観が形成されるようになると，それまで絶対的な存在として捉えていた親や教師さらには社会に対して，矛盾を感じるようになる。そして，親や教師や周囲の大人などの権威に対し，拒否感を覚え反発するようになる。このような特徴を，第二反抗期と言う。このような特徴は，中学生頃に顕著に見られ，親との関係は不安定になりやすい。しかし，次第に両親の視点に立って考えることができるようになり，青年期後期にはお互いがひとりの人間として相互に影響し合える新しい親子関係へと再構成されていく。

4）友人関係の発達

第二反抗期に非常に不安定な親子関係をもつようになると，精神的なサポートの役割を友人が担うようになる。中学生になると，同じ興味・関心をもつもの同士が，お互いの共通性・類似性を確認し合うという関係性が多く見られるようになる。このような特徴をもつ友人グループを，チャム・グループと言う。この特徴は，特に女子に多く見られる。

高校生になると，価値観や理想を語り合う関係性が見られるようになる。共通性や類似性によってつながるというよりも，お互いの意見の相違をぶつけ合い，互いの価値観を受け入れていくような関係に変化していく。このようなグループを，ピア・グループと言う。

友人関係の理想と現実

青年期の友人関係は，遊び友だちから心の友へと変化していく。そして友人が情緒的サポートの役割を担うようになる。友人から受ける情緒的サポートには，友人からの評価，情報の共有，助言，共行動などがあげられる。このように青年にとって友人は，非常に大きな存在となる。大学生と話をしていても「友人」特に「親友」とは？という質問をすると，「何でも話し合える関係」「お互いが尊敬し合える関係」「自分を高めてくれる人」など，精神的サポートを表す回答が返ってくる。

しかし友人関係は必ずしも青年にとって有益な影響をもたらすだけではない。良好な友人関係を維持しなければならないという意識により，息苦しさを感じる青年も少なくない。先にあげたように「何でも話し合える」「尊敬し合える」など，非常に親密かつ肯定的なイメージにとらわれ，理想の友人関係をつくらなければならないという思いが強くなる。そして自分の思いどおりの反応が相手から得られないと，「なぜ自分のことをわかってもらえないのか」ということに悩み苦しむこととなる。友人は何でも自分のことをわかってくれるという感情をもつことを，菅野（2008）は「友だち幻想」と名づけた。この幻想が，青年の友人関係を苦しめることになるのである。

落合（1993）は，孤独感の構造から見た青年期の発達的変化を説明している。落合によれば，中学生は「自分のことをわかってくれるかどうか」ということを人に期待をする。その結果，期待と反する状況に遭遇すると，「信用できない」「裏切られた」と考え，友人関係を継続させることをやめてしまう傾向があるとしている。これは，ちょうど「友だち幻想」の特徴と一致する。また高校生になると，人間の個別性に気づき始め，人は自分とは違うのだからすべてを理解してもらうことは不可能であるということを考えられるようになる。その結果，深い関わりをもつことを回避する傾向があることを示唆している。さらに岡田（1995, 1999）は，現代の青年の友人関係の特徴として，自分自身の内面的友人関係を回避し，友人から低い評価を受けないように表面的な関係を志向する青年の存在について指摘している。

このような友人関係のもち方は，アイデンティティの確立と大きく関わりがあると考えられる。アイデンティティが確立できていない若者は，自分自身で自分を受容したり評価したりすることが困難であるため，友人からの評価に基づいて自分の価値を見出そうとする傾向がある。大野（1995）は恋愛行動に限定して述べているが，「アイデンティティを補強する」ための関係性であると指摘している。

「友だち幻想」のような友人関係は，発達的な特徴として捉えることもできる。しかしもう一つの要因として，学校現場で「友だち」という言葉がよいものとして理想化されすぎていることが考えられるのではないだろうか。反対に，ひとりでいることが寂しいことで，悪いことであるという発想ができあがってしまっているように感じられる。「友だちをつくることはよいことである」という，幼児期から埋め込まれる価値観によって，友人関係を維持しなければならないという観念にとらわれ，かえって友人関係を息苦しいものにしてしまっているように見えるのである。

●復習課題

（1）児童期の友人関係の特徴で，同性の小集団をつくり，他の集団や大人を排斥して活動する時期を何と呼ぶか。また，その活動は子どもの社会性の発達にどのような影響を及ぼすか，考えを述べよ。

（2）生徒のアイデンティティの確立を促すために，教師はどのようなことに留意すべきか，考えを述べよ。

2　行動論から見た学習

本章では，学習および学習に関連することがらについて解説を加える。

「学習」といえば，たとえば英語の時間に生徒が先生の説明を聞いている姿，先生の後について文章の音読をしている姿，数学の時間に生徒が練習問題を解いている姿などを思い浮かべることがあろう。生徒たちは教科書の音読や練習問題への解答を通じて新しい知識の獲得や内容の定着に努めているわけである。日常生活ではこれらの活動を総称して「学習」と呼んでいるが，心理学ではこれらと少し異なる説明がなされる。そこで，本章ではまず，心理学でいう「学習」についての解説から始める。そのうえで，学習に関連した重要なことがらについても触れる。

1. 学習とは

はじめに述べたように，学習といえば一般的には児童生徒が教師の話を聞く，あるいは問題演習を行うなどの活動を総称したものと考えられている。『大辞林』(2007) ではこれらを「まなびおさめること，勉強すること，新しい知識の獲得」などと表現している。すなわち，何らかの活動を通じて児童生徒たちは新しい知識を獲得しているのである。

しかし，心理学では学習を「経験による比較的永続的な行動の変化」と定義しており，日常生活で私たちが耳にするものとは少し異なっている。小学校１年生の教室場面を例に，この定義の意味を補足する。

小学校に入学したばかりの児童は，一桁の数の足し算の方法を知らない場合が多い。しかし，算数の授業の中で足し算の方法を教わる，あるいは教科書の練習問題を解くことなどを通し，1学期が終わる頃には一桁の足し算ができるようになっているはずである。そしてその後の長い人生においても一桁の足し算には簡単に取り組むことができるであろう。

こうした一連の動きは「新しい知識の獲得」と表現することができる。しかし，もし心理学の定義にある「行動の変化」という視点を踏まえて表現する場合はどうだろうか。おそらく，「経験（一桁の足し算の方法を教わり，その後練習問題を解くこと）を通じ，一桁の足し算ができなかった状態からできる状態へと変化し（つまり，その子どもの行動に変化が見られ），変化した後の状態（一桁の足し算ができる状態）がその後長期間にわたって続く」といったような表現をすることになるであろう。すなわち，経験によってその子どもの行動に変化が見られ，変化した状態が長く続くことになるわけである。これが心理学でいう学習である。ただし，行動の変化について補足すると，何かができるようになるといったのぞましい方向への変化だけではなく，のぞましくない方向へ変化するという場合もある。また，行動の変化といっても，薬を飲んで一時的に眠たくなるといった一時的な変化は含まないので注意が必要である。

それでは，こうした「行動の変化」はいかにして起こる（成立する）のであろうか。次節で紹介する。

2 行動論から見た学習成立のメカニズム

行動の変化が生じるメカニズムについてはさまざまな研究者が検討を重ねてきた。ここではレスポンデント条件づけ，試行錯誤学習，オペラント条件づけを紹介するが，これらはすべて，ある刺激（stimulus：S）とそれに対する反応（response：R）とが直接結びついて行動の変化が起こるという考え方（連合説）に基づいた内容になっている。このような，外から客観的に観察することが可能な人や動物の活動を研究対象とする立場は行動論（行動主義）と呼ばれているが，以下に紹介する内容は行動論から見た学習成立のメカニズムに関することがらである。

(1) レスポンデント条件づけ

レスポンデント条件づけ（古典的条件づけとも言う）は，行動の変化が生じるメカニズムの一つである。ロシアの生理学者パヴロフ（Pavlov, 1927）は実験を通じてこの現象の存在を明らかにした人物の一人である。彼は図 2-1 のような装置を使い，犬にエサを与える直前にベルの音を聞かせることを試みた。すると，何度かこのような操作を繰り返すうちに，犬はベルの音を聞いただけで唾液を分泌するようになったという。犬自身にはベルの音を聞いて唾液を分泌したいという意思はないものと思われるので，犬の意思にかかわらず行動の変化が生じたことになる。そこで，これから三つの図を使いながら行動の変化が生じた背景を説明する。

恐怖は学習によって植えつけられるのか？

多くの人は得意なことだけでなく苦手なこともももっているであろう。たとえば「高い所が怖い（あるいは苦手）」というのも苦手なことの一つである。しかも，なぜ苦手なのかを説明しようとしてもうまく説明できない。実はこれらの事象の中にはレスポンデント条件づけによって知らず知らずのうちに成立しているものがある。ワトソンとレイナー（Watson & Rayner, 1920）は生後間もない赤ちゃんへの実験を通じ，恐怖が条件づけのメカニズムで獲得されることを明らかにした（図 2-3 参照）。

彼らは生後 11 ヶ月の赤ちゃん（アルバートという名の坊や）に対し，レスポンデント条件づけの原理を応用して白ネズミを見ると恐怖を感じるといった恐怖反応を植えつけた。この実験が行われる前，アルバートは白ネズミを見ても特に何も驚くことはなく，触ったりしながら普通に遊んでいた。ところがある日，彼が白ネズミを触ろうと手をのばしたときに金属の棒をたたいて大きな音を出したのである。突然大きな音がしたので，彼は恐怖を感じて泣き出した。はじめは大きな音を怖がって泣いていた彼であるが，こうした操作を何度か繰り返すうちに，やがて彼は白ネズミを見ただけで泣き出し，逃げるようになったのである。しまいには白ウサギ，犬，白い綿など，白ネズミと似たものを見ても泣き出して逃げるようになったそうである。

普通に考えれば，白ネズミにせよ，白ウサギ，犬，白い綿にせよ，特に危険なものではない。しかしアルバートは白ネズミを見ると知らず知らずのうちに大きな金属音をも連想して恐怖を感じており，やがては白ネズミそのものに対して恐怖を感じるようになったわけである。このように，レスポンデント条件づけのメカニズムによって恐怖を感じるという反応が成立する場合がある。

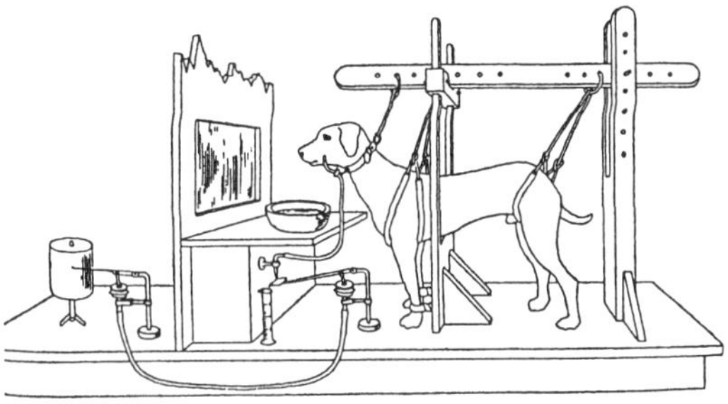

図2-1　パヴロフの実験装置

普段，犬はエサ（無条件刺激）を見ると唾液を分泌（無条件反応，あるいは無条件反射とも言う）するが，ベルの音（中性刺激）を聞いても耳を傾ける（定位反応，あるいは定位反射とも言う）くらいの反応しか見せないであろう（図 2-2）。

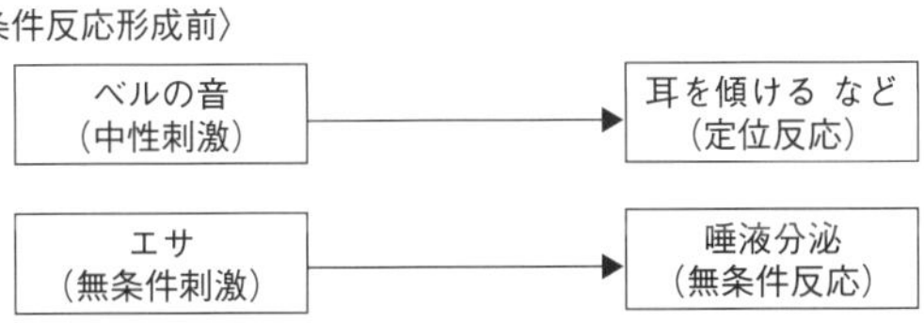

図2-2　レスポンデント条件づけ成立のメカニズム（1）

もちろん，赤ちゃんに対してこのような実験を行うこと自体は望ましいとは言えないが，恐怖は学習によって成立することを示した貴重な事例である。

① 条件づけ以前には，子どもはウサギに対して積極的に行動する。

② 子どもが白ネズミを見ているときに大きな音を鳴らすと，その後は白ネズミを恐れて回避するようになる。

③ 白ネズミだけではなく，ウサギからも遠ざかろうとする。

④ 恐怖反応は，白いもの，毛のあるものに広く汎化する。

図 2-3　アルバート坊やの実験

このような犬に対し，図 2-4 のように，エサ（無条件刺激）を与える直前にベルの音（条件刺激）を聞かせることにした（犬に対し，条件刺激と無条件刺激を対にして提示した）。

すると，犬は最初，エサ（無条件刺激）に反応して唾液を分泌（無条件反応）するが，これを繰り返すうち，ベルの音を聞くとエサを思い浮かべ，唾液を分泌するようになる。そして，やがては図 2-5 のように，ベルの音（条件刺激）を聞くだけで唾液を分泌（条件反応，あるいは条件反射とも言う）するようになるのである。すなわち，条件刺激と条件反応が直接結びついたのである。

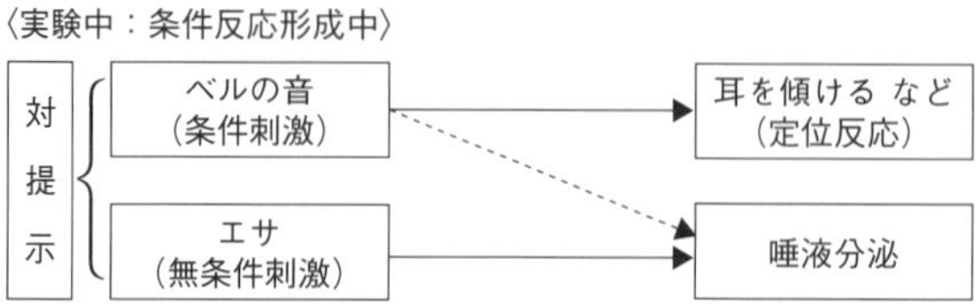

図2-4　レスポンデント条件づけ成立のメカニズム（2）

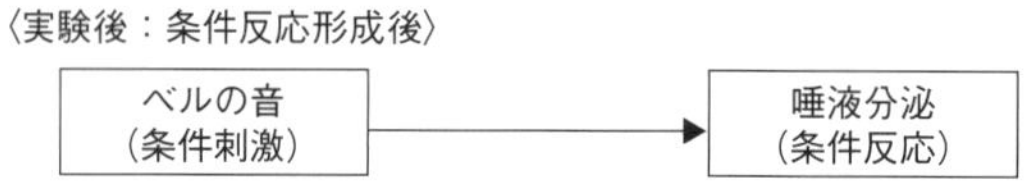

図2-5　レスポンデント条件づけ成立のメカニズム（3）

このような形で条件刺激（ここではベルの音）に対して条件反応（ここでは唾液分泌）を示すような一連の手続きをレスポンデント条件づけと言う。なお，条件反応を形成するためにエサ（無条件刺激）とベルの音（条件刺激）とを対にして提示することは強化と言われている。

条件反応形成後，犬はベルの音を聞くたびに唾液を分泌するようになるが，エサ（無条件刺激）を与えずにベルの音（条件刺激）ばかり聞かせることが続くと，次第に唾液を分泌する度合いが減少する（または見られなくなる）。このことを消去と言う。しかし，消去後に少し時間をおき，再びベルの音（条件刺激）を聞かせると唾液の分泌（条件反応）が見られることがある。これを自発的回復と言う。

その他，条件反応形成後にはベルの音と似た音を聞いたときにも唾液を分泌するという現象が見られることがあるが，これを般化と言う。

このようなレスポンデント条件づけは，動物ばかりでなく，私たちの日常生活にも見られる。たとえば梅干しを見ただけで唾液が出るという現象もレスポンデント条件づけによって生じたことの一つである。ベルの音に反応して唾液を分泌した犬の例を含め，行動の主体となる犬や人間の意思にかかわらず行動に変化が見られるという点は非常に興味深い。

（2）試行錯誤学習

レスポンデント条件づけにおいては，犬や人間自らの意思にかかわらず行動に変化が見られた。しかし，日常生活を考えると，自らが何らかの活動に取り組むことで行動の変化が生じる場合が多い。その一つが試行錯誤である。

私たちが新しいテレビや新しい携帯電話を購入したとき，機械を動かすためにまず何をするだろうか。説明書を見ながら操作する人もあろうが，多くの場合，とにかくでたらめにボタンを押すことと思う。でたらめに活動をしているので，最初は何も起きない。しかし，いくつかのボタンを押しているうちに，たまたまあるボタン（たとえば赤いボタンなど）に触れて電源が ON になるということがあるだろう。最初はこのような現象が偶然に起こるが，何度か繰り返すうち，次第に「赤いボタンを押せば電源が入る」ことに気づき，電源を入れたい場合はすぐに赤いボタンを押すようになる。すなわち，次第に効率よく課題に成功するようになるともいえる。これは試行錯誤と呼ばれる現象の一例であるが，古くはソーンダイクが猫を用いた実験によってこの現象の存在を明らかにしている。

ソーンダイク（Thorndike, 1898）は問題箱という箱（図 2-6 を参照）を用意し，その中に猫を入れて試行錯誤という現象の存在を明らかにした。彼はまず，箱の中に空腹の猫を置き，そのあと箱の外にエサを置いて猫の動きを観察した。この箱には仕掛けがあり，下にある踏み板を踏むか，踏み板につながる糸を引けば，ドアが開いて外に出られるようになっている。箱の中に入れられた猫は最初，箱の中をとにかく動き回る。ところが何かのはずみで踏み板に触れてドアが開いたため，猫は外に出ることができたのである。また，箱の外にあったエサにもありつくことができた。最初はこのような出来事が偶然起こるのであるが，次第に猫は踏み板を踏めば箱の外に出られることに気づき，外へ出たいときは箱の中に入れられてもすぐに踏み板を踏むようになったのである。このような形で問題解決がなされることを試行錯誤学習と言い，次に紹介するオペラント条件づけの発展に大きな役割を果たした。

なお，猫が踏み板を踏んでドアを開ける行動は，最初は偶然であれ，次第に効率よく成功するようになった。このように，反応に満足が伴うような場合は刺激と反応との結びつきが強められるし，反対に，反応に不満足が伴うような場合は刺激と反応との結びつきは弱められることになる。これを効果の法則と言う。

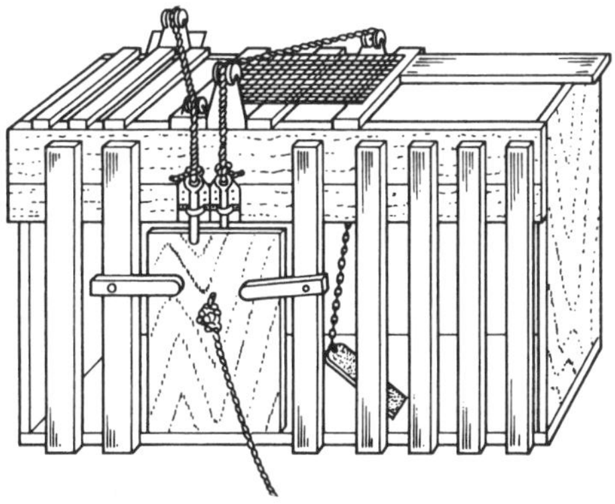

図2-6　問題箱

(3) オペラント条件づけ

先ほど紹介した試行錯誤を基に，これを条件づけとして定式化したのがスキナーである。スキナー（Skinner, 1938）は図 2-7 のような箱（スキナー箱）を用意した。箱の中にはレバー

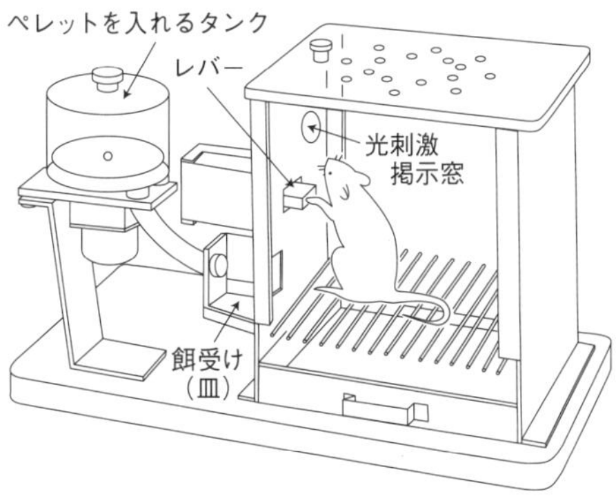

図 2-7　スキナー箱

があり，レバーを押すとエサが出る仕掛けになっている。今，箱の中にネズミを入れ，ネズミにレバーを押す行動を習得させたいとする。そこで，箱の中に空腹のネズミを入れ，どのような行動をとるかを観察した。すると，ネズミは最初，箱の中をでたらめに動き回っていたが，偶然身体がレバーに触れ，エサが出てきたのである。初めのうちはこうした出来事が偶然に起こっていたのだが，やがてネズミはレバーを押すとエサが出てくることを理解し，エサを求めてレバーを押すようになるのである。また，エサを求める際，レバーを押すまでにかかる時間も次第に短くなる。このように，ネズミにレバー押しを習得させるため，レバーを押したときにエサを与えてネズミのレバー押しが起きる度合いを高めようとする一連のメカニズムをオペラント条件づけ（道具的条件づけ）と言う。

ところで，図2-7のような箱の中のネズミの行動を観察した事例においては，ネズミがレバーを押したときにエサがもらえるようになっていた。つまり，のぞましい行動（レバー押し）が見られたときに強化子（エサ）を与え，のぞましい行動の出現度合いを高めていたのである。このような手続きを強化と言い，特にこの場合を正の強化と言う。ただし，正の強化によってネズミがレバー押しの行動を習得した後，強化子（エサ）を与えないでいると，ネズミのレバー押し行動は次第に減少するか見られなくなる。これを消去と言う。

一方，負の強化も見られる。たとえば箱の中に電流が流れていて，レバーを押すと電流が止まるという仕掛けになっていたとする。このような箱にネズミを入れた場合，最初は電流に驚いて箱の中を動き回るだろうが，たまたまレバーに触れたときに電流が止まるという経験を何度かすることになる。そのうち，ネズミは次第に，電流を止めるためにレバーを押すようになる。すなわち，のぞましい行動（レバー押し）が見られたときに電流（負の強化子）を消失させ，のぞましい行動の出現度合いを高めるのである。このような手続きを負の強化と言う。

なお，のぞましくない行動（レバー押し）が出たときに強化子（電流）を与え，のぞましくない行動（レバー押し）の出現度合いを低くするといった場合は「正の罰」と呼ばれ，負の強化とは異なるので注意が必要である。

(4) 強化のスケジュール

オペラント条件づけの部分で強化に関する説明がなされたが，このうち，ネズミがレバーを押すとエサを与える場面に着目してみる。もしエサを与える度合いを変えた場合（たとえばレバーを2回押すごとにエサを与えるなど），ネズミのレバー押し行動の獲得までにかかる時間は変化するのだろうか。一般には，レバーを押すたびに毎回えさを与える方がレバー押しの行動を獲得するまでの時間は短いと言われている。このように，望ましい行動（レバー押し）が出現するたびに強化（エサを与える）を行うことを連続強化と言う。

一方，レバーを2回押すごとにエサを与えるなど，連続せずに間をあけて強化を行う場合を部分強化（または間欠強化）と言う。部分強化には主に4種類あるが，このうちレバーを2回押すごとにエサを与えるような場合を定率強化と言う。また，最初はレバーを2回押すごとにえさを与え，次は4回押すごとにエサを与える（ただし，平均すれば強化を行う度合いは一定）といった場合を変率強化，レバー押し回数にかかわらず10分に1回エサを与えるといった一定時間ごとに強化を行う場合を定時隔強化，強化を与える時間が最初は10分，次は5分（ただし，平均すれば強化を行う時間間隔は一定）のようにする場合を変時隔強化と言う。

一般に，連続強化を取り入れた方がレバー押し行動の習得までの時間は短いと言われているが，もしネズミがレバー押し行動をしてもエサを与えなくなった場合，消去までにかかる時間も短いと言われている。一方，部分強化を取り入れた場合，レバー押し行動の習得までの時間は長いが，一度この行動を獲得すると消去しにくいとも言われている。

このような強化のスケジュールは日常生活場面においてもよく考えておく必要がある。

たとえば家庭内で子どもに家の庭掃除をする習慣をつけさせたい，といった場合を考えてみる。ある家庭では子どもがうまく掃除できたらご褒美としてお菓子を与えることにした。その場合，掃除を終えるごとにお菓子を与えるような連続強化を行うのがのぞましいだろうか。あるいは3回に1回といった部分強化の形でお菓子を与えた方がのぞましだろうか。おそらく，掃除を終えるごとにお菓子を与えた方が掃除する習慣を身につけるまでの時間は短いが，お菓子を与えないようになると早い段階で掃除の行動が見られなくなる可能性がある。逆に，何回かに1回の割合でお菓子を与えた場合，掃除の習慣が身につくまでには多少時間がかかるだろうが，一度掃除の習慣が身につけば，お菓子を与えなくなってもしばらくは掃除の習慣を維持し続けることになるだろう。

もちろん，このような場面でお菓子を与えることについては賛否両論があるだろうが，強化のスケジュールについて考えるための一例として捉えてほしい。

3. 技能学習

幼少期に何らかの習い事（絵画，ピアノ，エレクトーン，珠算，習字，水泳，剣道，野球など）を経験した人がいるであろう。また，自動車の運転免許取得のために教習所へ通っている人，家庭にゲーム機を持っており数多くのゲームを攻略してきた人もいることであろう。日常生活のさまざまな場面で私たちは練習を通してそれぞれの場面に適切な動作を身につけていくことがあるが，このような活動を技能学習と言う。

では，練習を積み重ねることによって技能は一定の割合で上達するのだろうか。ピアノの練習を例にすると，最初はゆっくりと上達するが，しばらく練習をすると急速に上達するようになる。指使いにも慣れ，弾き間違いなども減少する。しかし，ある程度練習を重ねてくると，いくらがんばっても上達しにくくなる時期がやってくる。これを高原現象（プラトー）と言い，技能の上達を目指すうえではだれもが通る道でもある。そこで，この時期に練習方法の見直しなどを行いつつあきらめないで練習を続けることにより，やがて再び上達が見られるようになる。

技能学習には主に三つの段階（「1. 認知的段階」「2. 連合の段階」「3. 自律の段階」）があると言われており，技能の獲得に至るまでには長い時間を要することになる。

第1の「認知的段階」とは，獲得する技能に関わることがらについて，何を獲得しなければならないか，どのような点に注意すればよいかといったことを頭で理解する段階である。動作や手続きなどを一つ一つ確認していくことになるが，後の技能上達にとっては必要不可欠な段階である。たとえばピアニストを目指す人であれば，プロの演奏の観察を通して必要事項を習得することなどが求められる。

第2の「連合の段階」においては，認知的段階で確認した動作を一連の動きとして連動させることになる。頭で理解したことを実践する段階でもある。ピアノの技能上達を目指すのであれば，認知的段階で理解したことがらやプロの演奏の観察で得たことを踏まえながら実際に曲の演奏（練習）をするのである。ただし，一連の動きがうまくいっているかどうかについて，指導者からフィードバックを受ける（結果の知識：Knowledge of Result）などを通じて，チェックもしっかり行う必要がある。

これらの段階を経ると，第3の「自律の段階」に至る。ここまでくると一連の動きはさらにスムーズになり，ピアノの演奏の場合であればあまり意識しなくても曲の演奏がスムーズにできるようになっている。

4. 全習法・分習法

前節で取り上げた技能学習を効率よく進めようと思えば，どのような練習方法を取り入れることがのぞましいだろうか。二つの事例を基に解説を加える。

まず，野球の投球練習場面を考えてみたい。投球の動きを細かく分析すると，おおむね「手指を使って球をつかむ　→　球をつかんだ手を身体の後ろへ移動させる　→　腕を高く上げる　→　ボールを投げる」という4種類の動作から成り立っている。これらを個々に練習する（たとえば，「今日は手指を使って球をつかむ練習をする」といったように）ことは可能だが，普通はこれらの動きをすべて連動させながら投球練習する方が効果的である。このように，習う（あるいは獲得する）ことがらをひとまとめに練習する方法を全習法と言う。

一方，車の運転のように，ハンドル操作，ブレーキの操作，アクセルの操作などを一度に，かつ円滑に行う場合はひとまとめに練習することが難しい。そのため教習所へ通うと，今日はハンドル操作の練習，今日はハンドル操作に加えてブレーキ / アクセルペダルの操作の練習といったように，一つ一つの動きについて段階を踏みながら獲得するようになっている。そして，最後に総まとめとして路上教習（実際の道を走行しながら運転の練習をする）を行い，あらゆる動きを円滑に行えるよう訓練するのである。このように，習うことがらを細かく分けてまずは一つ一つを確実に習得し，最後にすべてまとめて行うような方法を分習法と言う。

なお，分習法にはいくつかの種類がある。車の運転のように，最初はハンドル操作などの一つの操作を習得し，次はハンドル操作に加えてブレーキ / アクセルペダルの操作の練習も行うなど，前に習得した内容に加えて新たなことがらを習得する方法を反復的分習法と言う。これに対し，学習内容を細かく分けたもの一つ一つに取り組み，最後に総まとめを行うようなものを純粋分習法と言う。

5. 集中法・分散法

技能学習を効率的に進めるための方法の一つとして全習法と分習法を紹介したが，もう一つ，集中法と分散法についても取り上げる。集中法とはできるだけ休憩を入れずに続けて課題に取り組む方法のこと，分散法とは一定の割合で休憩をはさみながら課題に取り組む方法のことを指す。一般的には分散法の効果が指摘されており，たとえば公式や単語などを覚えるような活動の場合は途中で疲労や飽きが訪れる可能性があるため，分散法を取り入れた方が効果的であると言われている。これを分散効果と言う。なお，『新・教育心理学事典』（1977）によると，分散効果の度合いには練習の間に挿入される休息時間の長さ，休息の間に挿入される練習量，練習と休息の配分，学習の方法，学習材料の質や量，学習者の能力や動機づけなどのさまざまなことがらが影響を与えることが指摘されている。また，獲得されたことがらをどの程度覚えているかという学習された材料の把持の度合いについても，一般に分散法の方が集中法よりも高いと言われている。

6. 学習の転移

学習の転移とは，先に経験したことが後の学習に影響を与えることを指す言葉である。たとえば皆さんも中学校入学以降英語を習ってきたと思うが，大学でドイツ語を学んでいる人の場合，英語を習い始めたときに比べて内容理解にかかる時間が短いと感じたのではないだろうか。これは，英語とドイツ語の文法構造が似ているため，たとえばドイツ語の作文に取り組む場合には英語の文法構造を参考にすることができるといったことがあって生じる現象だと言われている。このように，以前の経験が後の学習を促進することを正の転移と言う。

一方，以前の経験が後の学習を妨害する場合もある。たとえばバレーボールやバスケットボールにはボールのパスに関する技法があるが，バレーボールのオーバーパスの場合は両手をまっすぐ伸ばしながらパスするのに対し，バスケットボールのチェストパスの場合は両手を広げながらパスする。したがって，バスケットボールを習った人が次にバレーボールに取り組もうとしたとき，どうしてもバスケットボールの要領でパスをしてしまったなど，パスのしかたを習得するのに困難を感じることがあるだろう。このように，以前の経験が後の学習を妨害する場合を負の転移と言う。

7. 社会的学習

本章で紹介したレスポンデント条件づけ，オペラント条件づけ，技能学習，および第3章で紹介する洞察などは，自らが何らかの経験をすることで行動の変化が生じる現象である。しかし，自らが経験しなくても行動の変化が見られる場合がある。それが模倣や観察学習といった社会的学習である。

模倣とは他者の行動を観察してそれを真似する（同じ行動をとる）ものを指し，自分のとった行動に対する強化を受けて学習が成立する。たとえば幼児教室で英語を習っている子どもがいるとすると，子どもは担当の先生の発音や表情をまねして英語を練習し，それがほめられることで英語を話せるようになる，というわけである。

一方，他者の行動および行動に対する強化の観察をするだけでも自分の行動が変化する場合があるが，これを観察学習（モデリング）と言う。たとえば教室で机に落書きをしている友だちがいたとする。落書きはのぞましい行為とはいえないが，小学生くらいであれば友だちが楽しそうに落書きしている姿を見て興味をもつことがあるかも知れない。しかしその矢先，落書きが先生に見つかり，友だちは叱られたのである。このような場面に出会うと，おそらく「友だちが机に落書きして先生に叱られたので，落書きをすると先生に叱られる」ことを理解し，以後，落書きを行う度合いは減少すると思われる。このように，他者の行動およびそれに対する評価を観て自分自身の行動を決定するものを観察学習と言う。

●復習課題

（1）教科学習の教材の中にはオペラント条件づけの原理を応用した教材がある。それはどのような教材か。解答せよ。また，その教材のどこにオペラント条件づけの原理が生かされているのかについてもあわせて述べること。

（2）学校においては児童生徒への生活指導を行うことが求められる。「校門前の横断歩道は必ず手をあげてわたる」など何か具体的なことがらをあげ，どのような方法をとればそのことがらを児童生徒に定着させることが可能だろうか。本章の内容を踏まえながら述べよ。

子どもが暴力シーンの多いテレビ番組を観ることは良くないのか？

「子どもに暴力シーンの多いテレビ番組を見せることは良くない」といった主張が聞かれることがあるが，本当にそう言えるのだろうか？　アメリカでは昔，このような実験が行われた。

バンデューラら（Bandura et al., 1963）は，大人が行う攻撃行動を観察することが子どもたちに与える影響について検討した。彼はまず，保育園に通う3-5歳児を「実物モデル群」「映像モデル群」「マンガ映画モデル群」「統制群」の四つのグループに分けた。そして，実物モデル群の子どもたちには彼らの目の前で大人が人形を殴っている場面を，映像モデル群の子どもたちには大人が人形を殴っている映像を，マンガ映画モデル群の子どもたちには大人のキャラクターが人形を殴るというシーンの映像を見せた（図2-8参照）。一方，統制群の子どもたちには何もなされず，彼らはただ部屋で普通に遊んでいるだけであった。

さて，こうした作業の後の子どもの姿を観察してみたところ，興味深い結果が生じた。統制群を除き，他の三つの群の子どものほとんどが何らかの攻撃行動を行っていたというのである。また，モデルとなる大人が男性か女性かによっても違いがあると言われており，モデルが男性であった場合の方が子どもの攻撃行動は多かったとの報告が見られる。

このことを考えると，他の人の行動を観察するだけで子どもには大きな影響があると言えよう。したがって，暴力シーンが多いテレビ番組（もしくはビデオ）を見せた場合，その直後，子どもが攻撃的な行動を示すことが予想される。

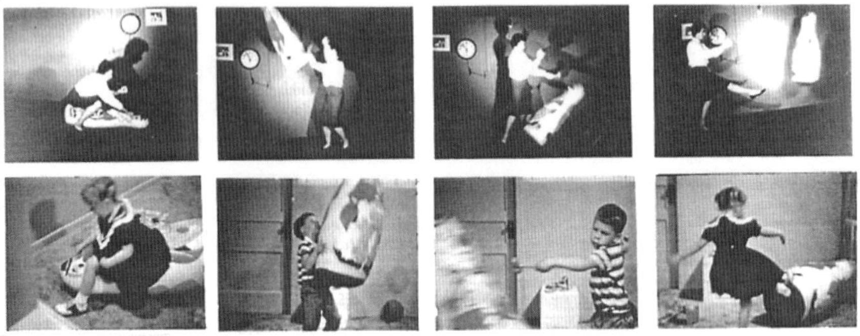

図2-8　観察学習の実験の様子（Bandura et al., 1963）

3 認知論から見た学習

1910 年代から 1950 年代にかけて隆盛を誇った行動主義心理学では，学習とは，経験によって生じる比較的永続的な行動の変化であると定義され，その基本的単位は刺激（S）と反応（R）の連合であると考えられていた（第 2 章参照）。そのような S-R 連合の形成を学習とする考え方に対し，認知論的な学習の考え方は，行動主義心理学がブラックボックスとして扱うことを避けた S の入力と R の出力との間，すなわち生活体の心的過程に学習の本質があるとする。そこでは，外界から入ってきた刺激（情報）をどのように選択し，処理し，蓄え，利用するかといった点から学習が論じられる。「認知」とは，つまりそのような情報処理の心的過程を意味している。

行動主義的な考えは，習慣形成など単純で受動的な行動や学習を説明するには都合がよいが，人間の行動や学習はそのようなものばかりではない。人間の場合にはむしろ，数多くの情報の中から特定のものを自ら選択したり，さまざまな情報を総合して意思決定したり，目標達成に向けてプランを立てたり，既有の知識を組み合わせて新しい知識を生み出したり……といった複雑で自律的な行動や学習が多く見られ，それらは高度な認知的活動を基盤として成立している。たとえば人間における言語の獲得を考えてみよう。子どもは，生まれてから置かれる言語環境の中である程度の言語ルールを獲得すれば，これまでに聞いたことのないフレーズでも自ら生成して発するようになる。このような現象は，ある反応を獲得するには必ずそれ自体を経験することを必然とする，S-R 流の単純な経験主義では説明できない。この場合は，人間は言語運用にかかわる一定の認知的な枠組みが内的に形成されると，それに基づく創造的な言語運用が可能になるのだと考えられよう。人間においては，このような創造的・自律的な行動が他の動物と比べて特に多い。したがって，人間の学習を論じる際にはとりわけ「認知」の視点を取り入れること，すなわち認知論的な考え方がきわめて重要になるのである。

学習を行動主義的な考え方のみで捉えることの限界が指摘され始める一方で認知の問題への関心はしだいに強まり，1950 年代からは知覚やイメージ，記憶，思考など，外からは見えない心的機能を積極的に扱う研究が多くみられるようになる。それはその後「認知心理学」という学問領域として確立し，上記のような人間の複雑な行動や学習の過程の解明に多くの知見を提供することになった。

本章では，そのような認知論から見た学習について取り上げる。それにあたっては，まずその先がけと位置づけられる「洞察による学習」の考え方を紹介し，続いて，認知心理学の代表的な研究テーマである「記憶」と「思考」，さらに教育場面において近年重要性を指摘されることの多い「メタ認知」について述べる。

1. 洞　　察

1910 年代，ドイツのゲシュタルト心理学者であるケーラー（Köhler, W.）は，ソーンダイク

(Thorndike, E. L.) の試行錯誤学習（第2章参照）とはまったく異なる学習のかたちがあることを，チンパンジーを対象とした次のような観察から示した。たとえば，天井からぶらさげられた果物に手が届かないときに，チンパンジーは，近くに置いてあった木箱を踏み台として使い，果物を取ることに成功した。あるいは，檻の外の遠くにある果物を手に入れるのに，まず手もとの短い棒でやや遠くにあった長い棒を引き寄せ，その長い棒を使って果物を引き寄せるということをやってのけた。ケーラーの観察によれば，いずれの過程においてもチンパンジーは，はじめのうちは少し試行錯誤を行うが，次に何もしない静止時間（ポーズ）(pauses) がおとずれ，そして突然ひらめいたように解決行動に至ったという。これについてケーラーは，チンパンジーがポーズの間に周囲の状況を調べて見通しを立て，それによって正解に至るのだと考えた。人間でいえば突然“ああ，わかった”と疑問が解ける「アハー経験（aha experience)」と呼ばれる現象があるが，チンパンジーの場合もそれと同様のことが生じていると考えられる。

このような観察結果は，ソーンダイクによる試行錯誤学習の考え方では説明ができない。ソーンダイクの考えでは，学習とは，試行錯誤するなかでまったく偶然に見つかった正しい反応が，何度か報酬を受けることによってしだいに強められることであった。それに対してケーラーは，問題場面を構成している要素間の関係を洞察（見通し）により把握することで，即座に正解に至る場合もあるということを示したのである。つまり，周囲にあった木箱は，チンパンジーにとって最初はただ転がっているだけの，意味のないものであった。しかし，洞察によって，それを天井からぶらさがった手の届かない果物と関連づけ，踏み台として認識すると，これまでにやったことのない行動（この場合は，果物の下に木箱を置き，その上にのぼって果物を取るという行動）でもただちに行うようになると考えられた。ここでは，試行錯誤により刺激と反応の連合が徐々に強まるということではなく，場面の状況を把握し，その知覚や認識の仕方が変化すること，すなわち洞察による場の再体制化が学習であるとみなされた。

ケーラーによるこのような考えは，アメリカではトールマン（Tolman, E. C.）によって受け継がれた。トールマンは，1930年代から1940年代頃にかけて行ったネズミの迷路学習に関するいくつかの実験を通して，目標に至る「手段」と「目標」との関係を認識すること，すなわち彼のいう認知地図（cognitive map）の形成が学習であると考えた。そこでは，学習されるのは個々の反応ではなく，“この反応はあの目標へ至る”という期待であると解釈される。たとえば，パヴロフ（Pavlov, I. P.）の条件反応（第2章参照）は，行動論の立場から説明すると，ベルと唾液分泌の間にS-R連合が形成されたということになる。それに対し，トールマンの考えでは，イヌはベルと食物の間に関係があることを学習したのであり，唾液分泌はその関係認識（期待）が形成されたことの現れであるとされる。

ケーラーやトールマンによる以上のような主張は，その後1950年代後半より有力になってくる認知心理学の領域での記憶や思考の諸理論に先だち，学習を，外から見える行動レベルの変化だけではなく，生活体の内で生じている認知的な変化を中心にして論じたという点において，認知論的な学習の見方に関する初期の代表的なものと言える。

2. 記　　憶

(1) 記憶のしくみ

記憶は知識獲得の過程であるとともに，理解や推論といった種々の認知課題の遂行にも影響を及ぼすことが知られており，学習においてそれが果たしている役割は非常に多様で，かつ大きい。ここではまず，認知心理学で想定されている基本的な記憶のしくみについて紹介しよう。

1）符号化・貯蔵・検索

記憶には「記銘（覚える）」「保持（維持する）」「想起（思い出す）」という操作が含まれるが，これら3つの段階を認知心理学における情報処理的な表現にすると，それぞれ「符号化」「貯蔵」「検索」となる。符号化とは，入力された物理的な刺激情報を，記憶内に保持できる何らかのかたち（表象）に変換する過程を指す。表象には，視覚的表象，聴覚的表象，意味的表象などがある。貯蔵は，符号化した情報を次に想起するまで保持しておく段階である。そして検索は，貯蔵している情報の中からある特定の情報を取り出す過程のことであり，再生と再認に大別できる。再生とは，保持していた情報を自ら生み出すことであるのに対し，再認は，提示された情報が保持している情報と合致するかどうかを判断することと言える。たとえば，「日本の首都は○○である」という文が提示され，○○にあてはまる地名を自分で思い出して答えなければいけない場合は再生にあたり，「日本の首都は（東京／大阪）である」という文で正しいほうの地名を選ぶという場合は再認が求められているということになる。

2）感覚記憶・短期記憶・長期記憶

記憶の過程は，図3-1のように情報が保持される時間の長さから3つに区分して捉えることができる。このモデルによると，外界からの情報は，目や耳などの感覚器官によって受容されたそのままのかたちで，まず「感覚記憶」として保持される。感覚記憶は，容量は大きいが，保持時間は非常に短く，視覚情報で1秒以内，聴覚情報で5秒程度と言われている。その中で注意を向けられた情報だけが，選択的に次の短期記憶に送られる。

次の「短期記憶」とは，短い情報を意識している間だけ覚えているような状態の記憶であり，リハーサル（声に出して，もしくは心の中で復唱すること）をしなければ十数秒から30秒程度で消失するものである。その容量も非常に限られており，成人であればだいたい7 ± 2チャンクと言われている。チャンクとは情報のまとまりのことで，たとえばTELFAXという文字列であれば3文字ずつにまとめて2チャンクと数えることができる。近年，短期記憶については，情報を短時間保持しておく貯蔵庫というより，さまざまな認知課題の遂行中に必要となる，情報の一時的な制御や保持を行うものとして，その機能やしくみに焦点が当てられることが多い。そのような場合は作動記憶（working memory）という表現が使われる。

短期記憶に対し「長期記憶」では情報は半永久的に保持されている。長期記憶は膨大な容量をもち，そこには次項に示すような種々の情報が蓄えられている。それらの情報は，通常は意識されていないが，必要なときには検索によって短期記憶に戻され利用可能になる。

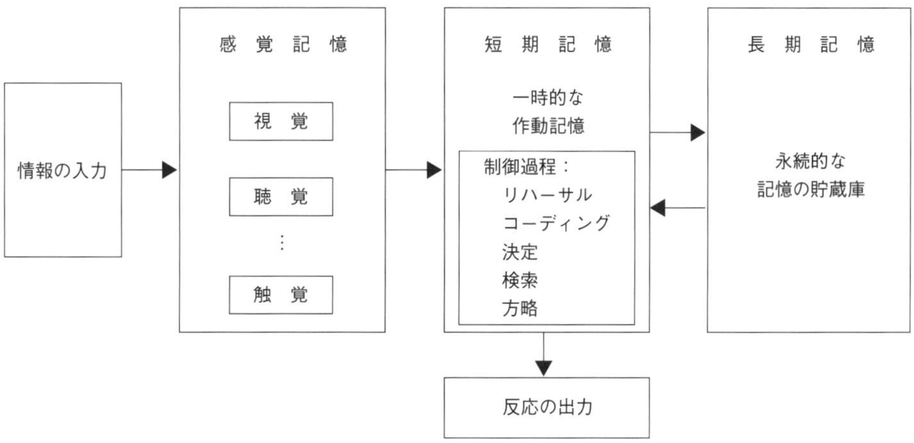

図3-1　記憶の情報処理モデル（Atkinson & Shiffrin, 1971 を改変）

3）長期記憶の多様性

長期記憶には膨大な量のさまざまなことがらが保持されていると考えられるが，その内容により，まず手続き的記憶と宣言的記憶に分類することができる。手続き的記憶とは，自転車の乗り方やピアノの弾き方など，行為や動作のスキルに関する記憶である。いわば“体で覚えている”ことであり，必ずしも言語化できるとは限らない。一方，宣言的記憶とは，叙述的な事実や命題で表される内容の記憶であり，それはさらにエピソード記憶と意味記憶に区分される。エピソード記憶とは，特定の場所や日時と結びついた個人的な経験やできごとに関する記憶を指し，意味記憶とは，社会全般に通用する概念や法則・事実など，一般的な知識に関する記憶を指す。意味記憶は，意味的に関連した概念どうしが結びつけられたネットワーク構造をなしていると考えられている（図3-2）。そこでは，概念間の関連が強いほど，それらの概念は近接した位置にあると仮定されている。

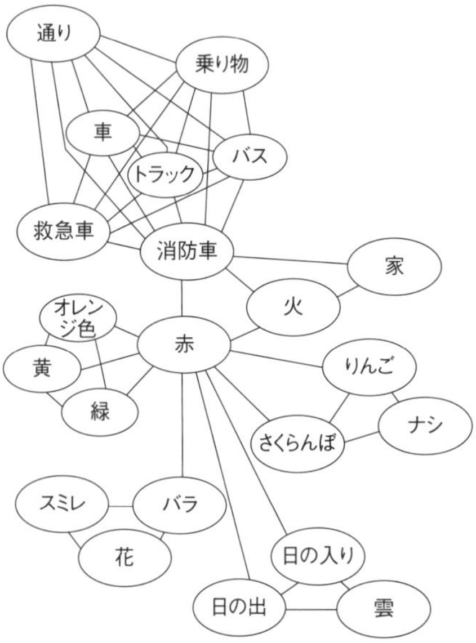

図3-2　意味記憶モデル（Collins & Loftus, 1975）

（2）記憶の方略

人間の学習において知識獲得は大きなウェイトを占めるが，それはすなわち長期記憶を形成することにほかならない。では，短期記憶から長期記憶への転送をうながし保持を確実にしたり，長期記憶からの検索を容易なものにしたりするためには，記憶の際にどのような方略をとればよいだろうか。

1）精　緻　化

短期記憶から長期記憶への転送にはリハーサルが有効な手段として知られるが，単に記憶項目を機械的に繰り返すリハーサル（維持リハーサル）より，記憶項目になんらかの意味づけを行ったりイメージ化を図ったりしたうえでのリハーサル（精緻化リハーサル）のほうが効果的であるとされている。これは，クレイクとロックハート（Craik & Lockhart, 1972）による処理水準説に端を発するものである。彼らは情報の単なる物理的な特徴（形態や音韻）の分析を浅い処理，意味的な特徴の分析を深い処理とし，処理の水準が深いほど記憶に長くとどまると主張した。その後，形態・音韻・意味といった処理の質的な側面よりも，符号化時にどれだけ既有の知識構造との関連づけを行っているかという，処理の量的側面を扱った「精緻化」という概念があらたに提唱され，記憶における処理の広がりや豊かさの影響が示されるようになった。数列に対して語呂合わせをしたり，単語を単独ではなく文中に入れて覚えたりすることは，精緻化方略の典型的な例と言える。

2）体　制　化

記憶項目の間になんらかの関連や構造性を見出し，項目を高次の単位に体系化して覚えることも，有効な記憶方略であることが知られている。カテゴリー別にまとめたり，階層構造をあてはめたりするこのような方略は，「体制化」と呼ばれる。体制化方略を使うことにより，全体の構造が把握しやすくなったり項目間の関連が整理されたりするため，ある項目を思い出せば他の関連項目も自然に思い出せるなど，長期記憶からの検索が行いやすくなる。

記憶における分散効果

長期記憶への新しい情報の取り入れについて考えた場合，一回限りの提示より，何度も反復して提示されたほうが知識として定着しやすいことは論をまたない。しかし，反復回数が同じでも，反復の仕方によって記憶成績に違いが生じることもある。間隔をおかず連続的に反復する集中学習と，間隔をおいて反復する分散学習とでは，最終的な反復回数や処理時間は同じでも，一般に後者のほうが前者より学習成績は優れる。これは分散効果（spacing effect）と呼ばれる頑健な現象で，古くから技能学習の領域などで関心がよせられていたが（第 2 章参照），近年はとりわけ記憶研究の領域において注目されるようになった。

このような分散効果がなぜ生じるのかということについては，これまでにさまざまな説が提唱されてきたが，未だはっきりとはわかっていない。たとえば，連続提示条件（集中学習）では，再提示された情報に対し注意を払わなくなったり十分なリハーサルをしなくなったりするために，分散提示条件（分散学習）より記憶成績が低くなる，といった説明が試みられたが，数多くの反証が提出され，十分な説明には至っていない。他方，クラグら（Krug et al., 1990）の研究では，連続提示条件でも，反復時には元の文章を言い換えた文章を読む条件であれば，間隔をおいて同一の文章を 2 回読む分散提示条件と同レベルの記憶成績を残すことが示された。このことからは，初回提示の際にいったん取り入れられた情報が，反復時に再び活性化されるかどうかが，記憶成績を左右していると言えそうである。分散学習は，そのような再活性化を必然的にうながすことになるのだろう。

水野（2002）は，学習時の再活性化量が分散効果を規定するとする自らの説明モデル（再活性化説）に基づき，再活性化量と活性度の減衰速度との関係から項目の反復における呈示間隔を操作することに着眼し，効果的な反復学習方式を提案している。それは，全項目をできるだけ効果的に学習させるための「複数の学習項目をまとめて反復学習する場合には，2 セッション目以降の呈示順序を再生率の低い順に並べ替える」とする原理と，できる項目の無駄な反復を避けてやる気を高めるための「再生率が一定値に達した項目を除外する」という原理を組み合わせた学習方式であり，大学生を対象とした実験で有効性が示されている。

教科等の学習で身につけるべき重要な知識や概念については，繰り返し提示して学習させる必要がある。しかし，分散効果に関する知見から考えると，そればかりを集中的に反復学習させても，その学習効果はあまり長続きしないということになる。課題の内容や学習者の特性に応じて反復のタイミングを見定めつつ，分散的に学習が行われるよう図ることが，教師としては重要となろう。

3) スキーマ

精緻化方略にしろ，体制化方略にしろ，記憶すべき情報を他の情報と関連づけたり，複数の情報を整理したりしようとすれば，そこになんらかの枠組みが必要となる。人間が内的にもつ，そのような枠組みをスキーマと呼ぶ。スキーマとは，一言で言えば「あることがらに関する一般化された知識のまとまり」のことである。精緻化や体制化において，当人がそもそももっているスキーマが利用できる場合もあれば，スキーマ自体を形成することが必要な場合もあるだろう。また，新しく出会った情報は自分がもつスキーマの中に統合されて保持されたり理解されたりする。このようにスキーマとは情報の記憶や理解において重要な役割を果たすものである。したがって，教育の場面においては，学習者が適切なスキーマを形成できるように，またそれを適切に利用できるように支援することが重要となる。

3. 思　　考

(1) 問題解決

思考は，知覚によって得た外界の情報と記憶によって蓄えた知識情報を動員して目標を達成するための認知的活動と言える。そのような思考が行われる典型的な事態として，なんらかの問題が生じ，それを解決しなければならないという問題解決の場面があげられる。

1) 問題解決とは

心理学では問題解決を「なんらかの欲求や要求が満たされていない状態（初期状態）から満たされた状態（目標状態）への移行」と捉える。ソーンダイクの試行錯誤学習や前述したケーラーの洞察による学習も問題解決をあつかったものと言えるが，認知心理学では図 3-3 のようなハノイ塔問題などを用いて，問題解決の内的過程について検討している。そこでは，初期状

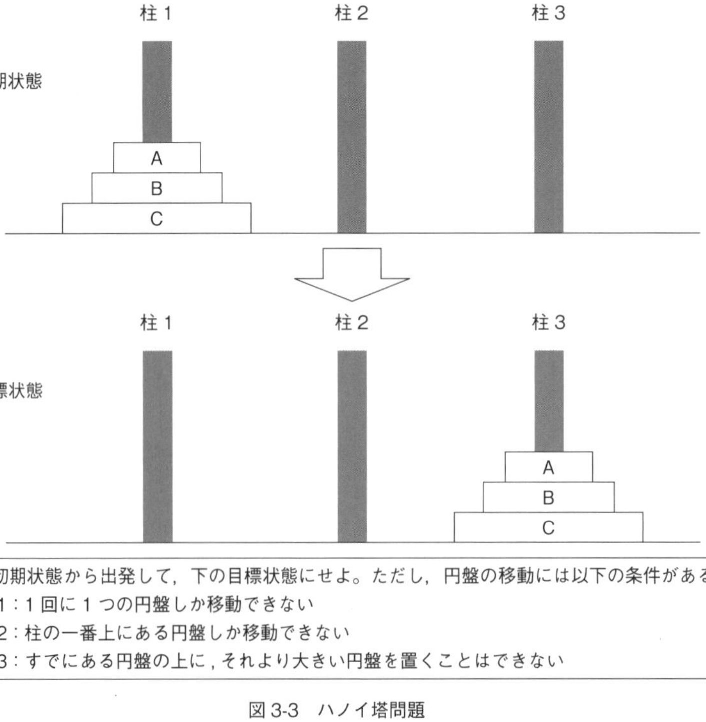

上の初期状態から出発して，下の目標状態にせよ。ただし，円盤の移動には以下の条件がある。
条件 1：1 回に 1 つの円盤しか移動できない
条件 2：柱の一番上にある円盤しか移動できない
条件 3：すでにある円盤の上に，それより大きい円盤を置くことはできない

図 3-3　ハノイ塔問題

態から目標状態への移行のために用いられる手続きを「操作子」，“1回に1つの円盤しか移動できない”といった条件を「制約条件」，操作子によって生じる，問題解決者の問題に関する表象を「問題空間」と呼ぶ。

このハノイ塔問題のような問題は，初期状態，目標状態，操作子，制約条件などが明確な「よく定義された問題（well-defined problem）」と言われる。それに対し，私たちが日常生活で遭遇する問題は，それらの点があいまいな「よく定義されていない問題（ill-defined problem）」であることが多い。その場合には，それらあいまいな点をまず明確にすることから問題解決を始める必要がある。

2）問題解決の過程

問題解決の過程にはいくつかのステップが想定される。ここでは，教育場面とのかかわりから北尾（1991）における問題解決のステップを紹介しよう。そこでは，「問題解決学習」を念頭に，表3-1のような問題解決過程が示されている。

表3-1 問題解決のステップ（北尾，1991）

Ⅰ 問題の把握
① 状況の理解
② 問題の表象化
Ⅱ 解決の準備と実行
① 知識・経験の想起
② 方略の採用
③ 実 行
Ⅲ 評 価

まず「Ⅰ 問題の把握」における「①状況の理解」とは，何を問題にすべきか，何が問われているのかをきちんと把握することである。提示された状況が複雑で問題の焦点を浮かび上がらせることが難しかったり，問題に出てくる用語や記号の意味がわからなかったりするために問題把握に失敗している場合は，この段階でつまずいていることになる。次の「②問題の表象化」は，学問に固有の用語や記号を用い，問題の核心部分を命題形式に表現するステップである。ここでは，問題に現れた事実・事象をいかにして抽象化し，学問的な解決に耐えうるかたちへと変換させるかが重要になる。

「Ⅱ 解決の準備と実行」は問題解決の中心的な部分である。その「①知識・経験の想起」においては，学習者は問題を前に，類似した過去の問題を思い出したり，問題に関連する知識を総動員して解決に役立つかどうかを吟味したりして，解決の道筋を見つけようとする。このような認知レベルでの準備が的確に行えるかどうかによって解決の成否が決まることが多い。「②方略の採用」では，解決のための方略が決められる。問題解決方略には，手段－目的分析と呼ばれる一般的な方略や，問題に限定された課題特殊的方略がある。問題の特徴や自分の能力・考え方などの条件によって最も適した方略を採用するとともに，いったん採用した方略でも必要に応じて修正するなどの柔軟性も必要である。以上の準備段階を経て「③実行」となる。

そして最後の「Ⅲ 評価」は，問題解決について評価を受ける段階である。まずは学習者が問題解決の節目ごとに行う自己評価により，解決の進行具合をチェックしたり，採用した方略の適切性を吟味したりすることがある。また，最終的に問題解決が成功したかどうかをみるためには，結果を再検討したり他者からの評価を受けたりすることも必要となろう。

3）熟達者の問題解決

熟達とは，ある領域での長期にわたる学習経験により多くの知識や優れた技能を獲得し，その領域での課題について非常に優れた問題解決ができるようになることを意味する（大浦，2002）。熟達者の特徴として，次の3点は多くの領域に共通して認められるものである。すなわち，①熟達者の遂行は速く正確である，②熟達者は多くのことがらを容易かつ正確に記憶できる，③熟達者の優れた遂行は領域固有性をもつ，ということである。①については，熟達者の作業は多くの場合，自動化されており，逐一意識せずに遂行できることによる。②については，熟達者は非常に効率的なチャンク化により，たくさんの情報を正確に覚えていることがチェスの熟達者を対象とした研究などから示されている。③については，熟達者の優れた遂行は豊かな知識によって支えられているが，それは領域固有であるため，ある分野の熟達者だからといって，経験のない他の分野で優れた成果をあげることはできないことが知られている。

また，熟達者は，定型的熟達者（routine expertise）と適応的熟達者（adaptive expertise）に分けることができる（波多野・稲垣，1983；三宮，2006）。定型的熟達者とは，同じ手続きを何回も繰り返すことによって習熟し，その技能の遂行の速さと正確さが際立って優れている人である。それに対して，適応的熟達者は，型どおりの手続きを再現するだけにとどまらず，新しい問題状況に対しても柔軟に応じて適切に問題解決ができる人を指す。したがって，適応的熟達のためには，定型的な下位技能の習熟のみならず，本質的な原理の習得や概念的知識の構成が要求される。

そのような適応的熟達をうながすには，まず，適切なレベルで問題を抽象化し，一般性のある柔軟な知識を形成することが重要である。それには，構造上は類似しているが表面的特性は異なる問題を数多く経験することが必要である。それにより，それらの問題に共通する抽象度の高い原理や概念が抽出できるようになり，他の課題への転移が容易になる。また，問題解決過程を常に意識化し，能動的なモニタリング（自己への監視）を行うことも，適応的熟達を導くと考えられている。学習者に能動的なモニタリングを行わせるには，これまでの方法ではうまく解決できないという経験をさせることや，なんとしても課題遂行に成功したいと強く思うような状況（発表会や試合など）に直面させることなどが有効であるとされる（大浦，1996）。これらのことは，適応的熟達が，次節で述べる「メタ認知」によって支えられていることを示している。

(2) 推　　論

1) 帰納的推論

私たちは日常的に，あまり意識することなく，仮説の形成と検証（評価）を頻繁に行っている。たとえば，飼い始めたばかりのネコが鳴きながらまとわりついてきたとき，お腹がすいたのかと思いエサを与えてみると夢中になって食べた，という経験をすれば，ネコはお腹がすくとあのような反応を示すのだという仮説をたて，次に同じような反応に出会えばエサを与えてその仮説を確かめてみる。生活のなかで繰り返し行われるこのような仮説の形成と検証の過程を通して，私たちは知識を豊かにしていると言える。

このような仮説検証過程は，「帰納的推論」の過程とも言える。すなわち，帰納的推論とは，観察された個々の事実やデータから一般的な法則や規則を導く思考である。帰納的推論の特徴の1つは，導いた規則が「必ず正しい」とは決して言えないという点である。当該の規則にかかわるすべてのデータを得ることは普通できないため，導いた規則は入手データの範囲では通用しても，まだ手に入れていない事例まで含めて必ず正しいとは言えず，あくまでも「正しい可能性がある」にすぎない。帰納的推論のもう1つの特徴は，規則に当てはまらない反証例が1つでもあれば，「この規則は正しくない」ということが証明される点である。すなわち，帰納的推論では，「正しいことを証明できないが，正しくないことは証明される」のである（中島，2001）。しかし，既有の情報をもとに新たな知識を導くという点において，帰納的推論は新しい概念の獲得に重要な役割を果たすものである。

2）演繹的推論

帰納的推論に対して，演繹的推論とは，与えられた前提を出発点とし，観察に頼らず論理規則に則って結論を導く思考を指す。代表的な例としては，三段論法があげられる。演繹的推論では，前提と論理的手続きとに誤りがなければ，そこで導かれた結論は必ず正しいものとなる。しかしながら，心理学における演繹的推論の研究では，人間は推論する際，形式的な論理規則だけに則るのではなく，多くの場合，自分がもっている知識やその場面の文脈などから影響を受けつつ結論を導いているということが示されている。すなわち，基本的な演繹課題においても，論理的に妥当でない結論を導いたり，論理的に妥当な結論を妥当だと認めなかったりすることがしばしば起こるのである。後述の「4枚カード問題」に対する解答結果は，その典型的な例である。

3）推論におけるバイアス

上述のように，私たちの推論は常に合理的に行われるわけではなく，さまざまな要因の影響を受け，時に誤った結論に至ることもある。推論に影響を及ぼす代表的なバイアスの例としては，次のようなものが知られている。

私たちは，自分の立てた仮説を検証しようとするとき，その仮説に合うデータを選択的に集め，仮説に合わないデータは考慮しない傾向がある。これを確証バイアスと言う。たとえば，「Aさんは神経質だ」という仮説を立て，Aさんのいろいろな行動のうち神経質だと判断できるものばかりに目を向けて「やはりAさんは神経質だ」と結論する場合などである。他者やものごとに対する偏見やステレオタイプ的な見方の多くは，この確証バイアスが影響しているとも考えられる。

また，図3-4に示すような「4枚カード問題」を用いた研究からは，マッチング・バイアスや肯定性バイアスと呼ばれる推論の偏りの存在が示されている。この問題の正解は「E」と「7」であるが，その正答率は大学生で10%にも満たないという。多くの者は，「E」と「4」の2枚を選択するか，「E」のみを選択し，「7」のカードを選択する者はきわめて少ないのである。このような結果について，私たちは条件文（この場合は「片面が母音なら，その裏面は偶数である」）に明示された項目とマッチする事例を選択する傾向があるとの解釈がされており，そのような傾向をマッチング・バイアスと呼んでいる。また，「7」を選択するということは「偶

片面にはアルファベットが，その裏面には数字が書いてあるカードが何枚かあります。この中から 4 枚のカードを選んで，片面だけが見えるように並べました。

さて，これら4枚のカードについて，「片面が母音なら，その裏面は偶数である」という規則が成り立っているかどうかを確かめたいのですが，そのために裏面に何が書かれているかを必ず見なければならないカードだけを選んでください。

E　K　4　7

図3-4　4枚カード問題

数でないものの裏面は母音ではない」ことを確認するということであるが，このような否定形式での推論は一般に難しく，そのため肯定形式への推論の偏りが生じるとの説明もある。このような偏りを肯定性バイアスと言う。

4. メタ認知

(1) メタ認知の役割

1) メタ認知とは

メタ認知とは，通常の認知の上に想定される，もう一段高いレベルの認知，すなわち「認知に対する認知」のことである。それは，メタ認知的知識とメタ認知的活動という2つの側面を含んでいる（三宮，1996)。メタ認知的知識とは，自分や他者に固有の認知傾向，認知活動に影響を及ぼす要因，認知に関わる方略の有効性やその適用の仕方などについての知識である。たとえば，「口頭で一度に多くのことを伝えても聞き手の記憶に残りにくい」「歴史の年号を覚えるには語呂合わせが効果的である」といった知識がこれにあたる。一方，メタ認知的活動とは，認知のプロセスや状態のモニタリング（監視）やコントロール（制御）を行うことである。たとえば，モニタリングには「この段階でわからなくなった」「この問題は解けそうだ」「この解き方で合っている」など，認知についての気づきや予想，評価などが含まれると考えられている。また，コントロールには，「このリストの単語を完璧に覚えよう」「まずAの角度を求めてからBの角度を求めよう」「この解き方では解けないから，別の解き方で解いてみよう」など，認知についての目標設定，計画，修正などが含まれると考えられている。

2) 学習におけるメタ認知の役割

メタ認知が学習や思考において重要な役割を果たすことは多くの研究で示されている。たとえば岡本（1992）は，小学校5年生を対象として，算数の文章題の解決過程におけるメタ認知を刺激再生インタビューによって調べ，算数の成績の違いにより自分の解決過程に対するコントロールの程度が異なることを見出している。つまり，成績の高い子どもでは「一回計算して，もう一回計算する」や「焦らずにゆっくりやる」など，自分が行ったことを確かめたり自分の解決過程について意識していたと思われる回答が多かったのに対し，成績の低い子どもは「何もしていない」や「わからない」などと答えることが多く，自分の解決過程の意識化やコントロールがあまりできていなかった。

また，一般的な認知能力や適性が低い子どもでも，メタ認知的知識が豊富であれば問題解決に優れた成績を示すことを実証した研究もある。スワンソン（Swanson, 1990）は，小学校4-5年生を一般的な認知能力（基礎学力を含む）の高低とメタ認知的知識の高低との組み合わせによって4群（高認知・高メタ認知群，高認知・低メタ認知群，低認知・高メタ認知群，低認知・低メタ認知群）に分け，帰納的推論などを要する問題を解かせて成績を比較した。すると，高認知・低メタ認知群より低認知・高メタ認知群の成績のほうが優れていた。すなわち，一般的な認知能力の低さはメタ認知によって補いうると言える。

(2) メタ認知の獲得と指導

メタ認知は発達的に獲得されるものと考えられている。記憶に関するメタ認知は特にメタ記憶と呼ばれるが，年齢が上がるにつれてメタ記憶能力が高くなることを示した研究は多い(Kail, 1990)。たとえば，記憶すべき項目間になんらかの関連があるほうが覚えやすいという事実について6-7歳児では理解できないが9-10歳児ではわかるようになることや，覚えやすい材料と覚えにくい材料がある場合に10-12歳児は後者に多くの時間を割いて覚えようとするが6歳児ではそのような違いが生じないことなどが示されている。このようなメタ認知の発達的傾向は，記憶に関わる側面だけでなく，文章や話された内容の理解などについてもみられることが知られている。対象領域や課題による差はあるものの，学校での学習に関わるメタ認知は，おおむね小学校中学年ぐらいから徐々に獲得されていくと言われている。

そのように考えると，小学校高学年以降の子どもで学習に遅れがみられる場合には，一般的な認知能力以外にメタ認知能力の未熟さがその原因であることも想定される。したがって学校では，学習内容に直接関係した知識や技能の指導のみならず，メタ認知に関する指導も重要となろう。では，実際にどのような指導を行えばよいだろうか。

それを考える際のポイントとして，次の2点があげられる。1つめは，他者とのコミュニケーションである。これについては，読解力向上を目指した「相互教授（reciprocal teaching）」がよい例となる（Palincsar & Brown, 1984）。これは，グループのなかで子どもどうしが交代で話し合いのリーダーを務め，教師から教えられた読み方略をグループのなかで使いながら議論をすすめていくというものであり，方略の直接教授よりも読解成績が向上することが示されている。メタ認知の促進に対し他者が果たす役割には，①新しい視点や考えを与えてくれる視点提供者，②考えを言語的に説明したり実際にやって見せたりするシミュレーターやデモンストレーター，③思考過程を映し出し自己対話をうながす手がかりや機会を与えてくれる鏡的存在，④考えの偏りや限界を指摘する評価者，などがあるという（丸野, 1989）。このような考えを踏まえれば，三宮（1996）が述べるように，「他者とのコミュニケーションによる気づき，調整」を「自己とのコミュニケーションによる気づき，調整」へと移行させるような環境を提供することがメタ認知促進の鍵となると言える。

2つめは，学習する文脈や状況の重視という点である。これについては，メタ認知的方略を直接教えるということに対する問題提起が背景になっている。すなわち，個々の方略を知識として教えるだけでは，いつ，何の目的で使うのかが身につきにくいため，学習する文脈や状況を重視し，実際の認知的な活動や経験のなかでの方略利用をうながす必要があるというのである。たとえば，スカーダマリアら（Scardamalia et al., 1994）のCSILE（computer supported intentional learning environment）やブランスフォードら（Brophy et al., 1999）のSMART（scientific and mathematical arenas for refining thinking）などの試みがこれに相当する。これらの試みに共通するのは，ある課題やプロジェクトの達成に向け，他者と知識や情報を共有しつつ論議していくなかで，学習者が自分の考えを評価・修正したり，自分の学習をコントロールできるようになることを目指している点である。このような学習環境において身につけたメタ認知的方略は，課題やプロジェクトの達成という意味のある文脈と結びつくことで，現実の場面で機能するものとなるだろう。

●復習課題

(1) 児童生徒の問題解決を支援するための教師の手だてとしては，どのようなものが考えられるだろうか。問題解決過程のステップを踏まえながらまとめよ。

(2) メタ認知とはどのようなものか説明せよ。また，学校でメタ認知に関する指導をする際のポイント及びその根拠について述べよ。

4　動機づけ

人が行動しているのを指して，「あの人はやる気がある」とか「意欲的」と表現することがある。一方で，やらなくてはいけないことでも，なかなか「やる気」が起きずに困ることもしばしばある。また，子どもの学習に対する意欲を向上させることは，教育での大きな目標となっている。

人は，日常生活のなかでさまざまな行動をしているが，動機づけとは，行動を生じさせ，その行動を継続し，何らかの目標に方向づける一連の心理的な過程のことである。人はなぜある行動をしようと思うのか。他の行動ではなく，その行動を選んだのにはどのような理由があるのか。同じ課題に長く取り組み続ける人もいれば，すぐに止めてしまう人もいるが，そこにはどのような違いがあるのか。動機づけという概念は，そのような人間行動の背景にある心の動きを理解しようとするものである。

1. 動機づけのプロセス

人は，食欲や睡眠欲などさまざまな欲求をもっている。その欲求が満たされないと欲求不満状態となるが，それは不快であるため，行動を起こして欲求不満状態を解消しようとする。そのときに生じるのが動因や動機である。たとえば，空腹であるならば食事をしようという動機が生まれる。なお，動因と動機は，ほぼ同じ意味であるが，動因は生理的なものに使われることが多い。また，このときに欲求を満たすために求めるものを目標もしくは誘因と呼ぶ。食欲の場合は，食物が目標であり，食物を得ることで食欲が満たされる。

以上のように，欲求が満たされない状況から動機・動因が生じ，目標・誘因を獲得する行動を引き起こすというプロセスが動機づけである。行動した結果，満足することができれば動因や動機は失われ，行動も終了する。しかし，欲求が満たされなければ行動が継続される。食事をして，満腹になればそこで食事は終わるが，満腹にならなければ食物を追加して満足するまで食事を続けることになる。

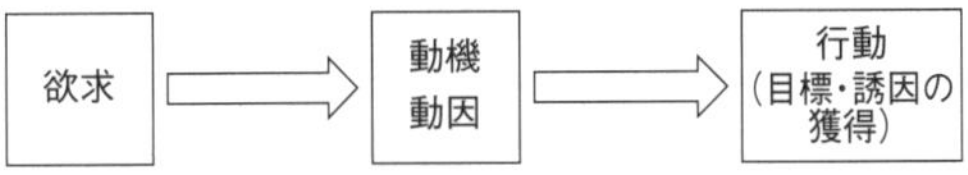

図 4-1　動機づけのプロセス

欲求階層理論

マズロー（Maslow, 1970）は，さまざまな欲求を階層的に位置づけた欲求階層理論を唱えた。この理論には，生命維持のために必要な生理的欲求，生命の安全や安心を求める安全の欲求，仲間に受け入れられ，愛されたいという愛情と所属の欲求，自分の有能さを感じ，それを他者に認められたいという自尊の欲求，自分の可能性を発揮していきたいという自己実現の欲求の

5種類の欲求が提唱されており，より下層の欲求から上層の欲求へと階層的に積み上げられている。

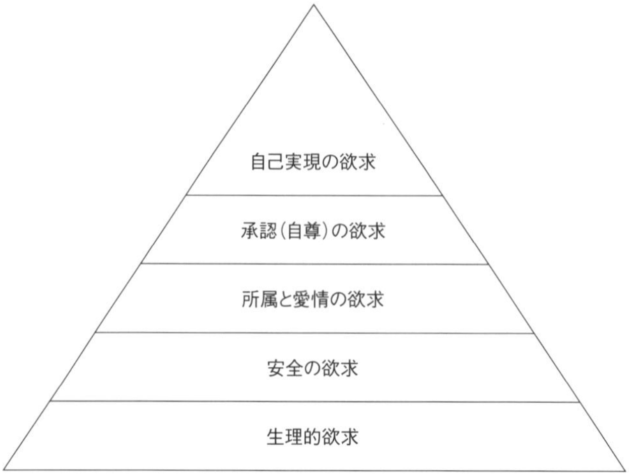

図 4-2　マズローの欲求階層理論（Maslow, 1970）

これらの欲求は，下の階層にあるものが満たされるとより上位の欲求が生じると考えられている。食料や水が十分でなかったり，自分の安全が保証されていなかったりする状況では，生理的欲求や安全の欲求を満たすことが優先され，承認（自尊）の欲求や自己実現の欲求は相対的に重要でなくなる。マズローは自己実現の欲求を最も上位の欲求として位置づけたが，自己実現の欲求が生じるためには，より下層の欲求が十分に満たされることが必要となる。

2. 達成動機づけ

達成動機とは，ある課題や状況で，より高い水準でそれを達成しようという動機づけである。難しい課題をやりとげるということで達成感を得ることができる。それがうまくできたり，他人よりも早くできたりすればさらに大きな達成感につながるだろう。そのように難しい課題に挑戦しようという動機を達成動機と呼ぶ。

(1) 期待×価値モデル

アトキンソン（Atkinson, 1974）は，人が達成行動を行うかどうかは，成功を求める動機と失敗を避ける動機の相対的な強弱によって決まると考えた。そして，達成動機づけを個人差要因としての動機と課題・状況要因としての期待と価値を用いて理論化した。これが，達成動機づけの期待×価値モデルである。

まず，個人差要因としての動機であるが，成功したいという成功動機と失敗したくないという失敗回避動機の二つがある。そして，成功動機と失敗回避動機の差によって，達成行動を行うかが決まる。失敗回避動機よりも成功動機の方が強い場合，課題に取り組んで成功しようと思うため達成行動が生じる。それに対して，成功動機よりも失敗回避動機が強い場合には，失敗を回避しようと考えるため，達成行動は抑制される。行動しなければ，成功もしないが失敗することもないからである。

一方，課題を達成させようとする状況の基底となる要因として，期待と価値がある。期待とは，その課題に成功する主観的確率である。主観的な予測であるが，難しい課題であれば成功する確率は低いと考えられるし，簡単な課題であれば高くなる。一方，価値とはその課題での成功に対して感じる魅力であり，成功したときの喜びや誇らしさといった感情である。これは，期待とは反対に難しい課題であるほど成功の価値は高くなり，簡単な課題であればその成功にはあまり価値を感じられない。このように期待と価値は逆の関係にあり，期待が高い課題であれば価値が低くなり，期待の低い課題に対しては高い価値を感じる。

さらに，状況要因である期待と価値との乗算によって達成動機づけの強さが決められると仮定されている。その仮定から，中程度に困難な課題の場合，最も達成動機づけが高くなることが予測される。課題が非常に難しい場合，価値は高くなるが成功確率が非常に低く，失敗が予測されるため動機づけが高まらない。反対に，課題が簡単な場合には成功できるであろうが，成功したとしてもその結果にあまり価値を感じられないため，やはり動機づけは低くなる。

(2) 自己効力感

ある課題に取り組むやり方は一つとは限らない。たとえば，テスト勉強といってもいろいろなやり方が考えられるが，すべてを実行することは無理なので，それらの中からあるやり方を選んで勉強をすることになる。では，なぜそのやり方を選んだのだろうか。バンデューラ（Bandura, 1977）は，人の行動の選択には期待が影響すると考え，自己効力という概念を提唱した。

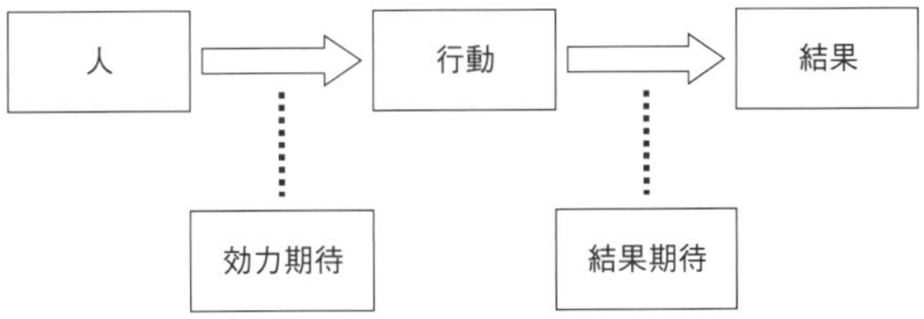

図 4-3 効力期待と結果期待（Bandura, 1977）

バンデューラは，期待を二つに分けて考えている。一つは，ある行動をすることで自分の求める結果を得ることができるかという期待であり，結果期待と呼ばれる。たとえば，他者にある勉強方法を勧められても，それによって成績が向上すると思えなければ，勉強しようとは思わない。しかし，その勉強方法が望ましい結果につながると感じられれば，実行するだろう。

もう一つは，その行動を自分がうまく行うことができるかという期待であり，効力期待と呼ばれている。その勉強方法で成績は上がると思っても，自分がそれをこなせるかどうかによって実行するかどうかが決まるのである。そして，バンデューラはこの効力期待を自己効力と呼んでいる。自己効力が高く，自分がうまくできると思うのならば，積極的に行動し，結果的に課題を達成することができるだろう。しかし，自己効力が低ければ，行動は抑制されると考えられる。

(3) 達成目標

達成目標とは，個人が達成課題に取り組む際にもつ目標である。目標という言葉は，何点をとりたいとか，何かの試験に合格したいというような具体的な活動の基準という意味で使われる場合もある。しかし，達成目標とは，人が達成行動を行う背後にある，より一般的な目標のことを指す。課題に対してどのような達成目標をもつかが，行動や課題の成績に影響すると考えられている。

ドヴェック（Dweck, 1986）は，達成目標を学習目標と遂行目標という二種類に分類している。学習目標とは，自分の能力や知識を伸ばし，課題に習熟することを重視する目標である。新しい知識や技能を身につけたり，理解を深めたりすることを目指す。このような目標の背景には「能力は変化するものである」という，能力についての信念があると考えられている。今の自分の能力は，努力することにより伸ばすせる，と考えるからこそ，自分の能力を伸ばそうという目標をもつのである。

一方，遂行目標とは，自分の有能さを他者に示し，高い評価を受けることを目指すものである。テストでよい点を取ることや，他者と競争して勝つことに関心がある。これは「人の能力は固定的で，簡単には変えられない」という信念が背景にある。能力は変えられないので，今の自分をいかによく見せるかという方向に関心が向かうのである。

では，二つの目標は行動にどのように影響するのだろうか。学習目標を重視する人は，自分の能力を伸ばしたいと考えるため，難しい課題に積極的に挑戦したり追求したりする。また，努力して自分の能力を伸ばすことが，後述する内発的動機づけや学習に対する肯定的な感情へと結びつくとされている。それに対して遂行目標を重視する人において，失敗することは，自分の能力が低く評価されるというネガティブな出来事に他ならない。そのため，失敗する可能性のある難しい課題を避けようする。また，学習目標をもつ人に比べ，失敗に対して強い不安を感じる傾向にある。

3. 内発的動機づけ・外発的動機づけ

人は同じ行動をしていても，その背後にある理由は一つではなく，さまざまに異なる場合がある。たとえば，食事という行動は，生きていくための栄養を取り入れるために行われる。しかし，菓子やコーヒー，酒などのし好品は，栄養補給のためだけではなく，その味を楽しむために取り入れられる。また，学習行動も，自分の好きな教科なら楽しんで勉強することができるが，その教科が嫌いなときは親や先生に叱られながら，しかたなく勉強するということもあるだろう。

このように，人の行動を考えるとき，「何を」する動機が生じているのかという視点ばかりでなく，その動機が「なぜ」生じてきたのかという視点から考えることも重要になってくる。このように行動の理由をとらえる考え方として，内発的動機づけと外発的動機づけというものがある。

(1) 内発的動機づけとは

内発的動機づけとは，自分の興味や関心に従って行動し，行動すること自体が目的となっている動機づけである。あることをするのが楽しいから行動するとか，面白いからやるといったものにあたる。内発的動機づけは，自分の興味や関心に基づいているので，行動が自発的に起こる。また，他者が関わらなくても興味のある限り行動が継続する。そのため，教育的な観点からは望ましいかたちの動機づけであると言えよう。

この内発的動機づけの基盤として知的好奇心やコンピテンス，自律性などがあげられる。自分の知らない珍しいものや新奇なものに触れると興味を引かれ，それを理解したいという気持ちが生じるが，これを知的好奇心と言う。この知的好奇心による興味・関心に導かれる行動は内発的に動機づけられていると言える。コンピテンスは「有能さ」とも呼ばれ，自分自身に能力があるのだという感覚である。人は，コンピテンスを感じたいという欲求があり，さまざまなことに取り組んでうまくやることで，自分に能力があることを確認しようとするのである。そのためには，適切な難しさの課題を見つけて挑戦することが必要となる。そして，自律性とは，自分自身で主体的に行動を決めるということである。人は，自分のことを自己決定したいという欲求がある。そして，あるものに対する興味や関心は，他者に決められて押し付けられるものではなく，自分から見つけ出し選び取っていくものなのである。

(2) 外発的動機づけとは

外発的動機づけとは，賞罰や他の人，周りの状況など，自分以外のものからの影響によって行動するという動機づけである。内発的動機づけのようにやりたいからやるのではなく，やらされるからやる，しなくてはいけないから行動するという場合，外発的に動機づけられていると言う。このとき，行動は目的ではなく，行動することで何かの目的を達成するための手段となる。

たとえば，勉強をするのが嫌いな子どもが，親や先生に叱られるので仕方なく勉強するという場合や，成績が上がったらプレゼントを買ってあげると言われて，そのプレゼントを目当てにがんばって勉強するというような場合が典型的な外発的動機づけである。

(3) 自己決定理論

このように，内発的動機づけ－外発的動機づけという二項対立的な動機づけのとらえ方が広く知られている。しかし，近年，このような二分法を越えた理論的な発展がなされている。そのような理論の一つが，デシとライアン（Deci & Ryan, 1985; Ryan & Deci, 2000）の自己決定理論（self-determination theory）である。

外発的動機づけ概念を詳細に検討すると，そこにはさまざまな形態や内容が含まれている。なぜなら，外発的動機づけは外部からの働きかけによる動機づけであるが，その働きかけが多様であるからである。たとえば，「勉強をしないと親や先生に怒られるので勉強する」というのは，典型的な外発的動機づけである。しかし，「今やっている勉強はそれほど楽しいとは思わないが，これが自分の夢や将来の目標をかなえるために必要だとされているので，がんばることができる」という場合もあるだろう。このような活動は，活動自体が楽しかったり面白かったりするために行動するわけではないゆえ，内発的動機づけとは言えない。しかし，他者に無理やりやらされるのではなく，その活動のもつ重要性を自分なりに感じ取って行動するという動機づけであり，典型的な外発的動機づけとは区別される。

自己決定理論では，このような多様な動機づけを理解する視点として，自己決定（自律）という概念を重視している。そして，ある行動がどのくらい自己決定（自律）的に生じているのかという観点から，動機づけを整理している。

さまざまな動機づけの中で，最も自己決定的でないものが非動機づけ（amotivation）である。これは，動機づけが生じていない状態であり，動機づけがないので行動も生じない。

その次に位置するのが外発的動機づけであるが，上述したように外発的動機づけにはさまざまな内容が含まれる。外発的動機づけの中でも自律性が低いものが，外的調整（external regulation）であり，外部からの圧力，たとえば報酬や罰などによって行動するものである。2番目のタイプの外発的動機づけは，取り入れ的調整（introjected regulation）であり，成功したときの達成感・有能感を求め，失敗したときの恥ずかしさを回避するために行動するという動機づけになる。さらに自律的な外発的動機づけが，同一化的調整（identified regulation）である。この段階では，活動の価値が自分自身の価値観と一致している。活動が自分にとって重要で価値のあるものだと受け止められており，「必要だから勉強する」とか「自分にとって大事だから勉強する」ようになる。外発的動機づけの中で最も自己決定の進んだ段階が統合的調整（integrated regulation)」である。統合的調整は，活動の価値が十分に内在化されており，自分の中の他の価値や欲求と調和していることを意味する。

そして，最も自律的な動機づけが内発的動機づけになる。内発的動機づけは，自分の興味

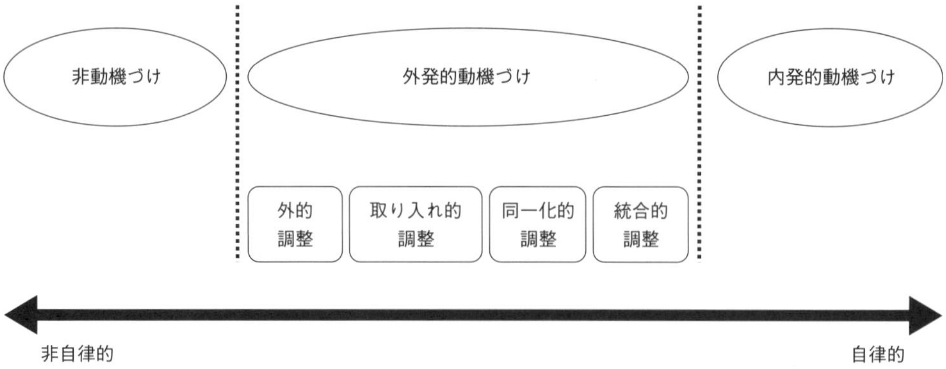

図 4-4　自己決定理論における動機づけモデル（Ryan & Deci, 2000 をもとに作成）

や関心に基づいて行動するため，外部からの働きかけは必要としない。外部からの働きかけではなく，自分自身の興味に従って活動に取り組むという，動機づけの中でも最も自律的なものである。

ここで，重要なのは子どもたちが相対的により自律的な動機づけをもつようにすることである。非動機づけ・外的調整・取り入れ的調整のような外部からの働きかけが必要な動機づけよりも，同一化的調整・統合的調整・内発的動機づけのような自律的な動機づけの方が，動機づけのあり方としてはのぞましい。たとえば，数学が苦手な子どもが，「こんなことをやって何の役に立つかわからない」と言うのを耳にすることがある。これは学習内容が自分の将来や日常生活とどのように結びついているかを理解できていない状態であり，同一化的調整の段階に至っていないと言える。もし，数学が経済の仕組みや商品の流行など，世の中のさまざまな出来事を理解するのに役立つことがわかれば，積極的に勉強に取り組むことができ，それにつれて成績なども上がってくるだろう。理科は，苦手とする子どもが少なくない教科の１つであるが，なかには昆虫の生態や天体について驚くほど詳しい知識をもった子どももいる。それは，彼らが親や教師から言われて嫌々勉強したのではなく，自らおもしろいと思って勉強したから，つまり内発的動機づけによって学習したからであろう。

学習行動を導く動機づけ

動機づけは，人間の行動の源となるものである。学習場面においては，学習や授業に対する動機づけは，学習行動を引き起こすと考えられる。しかし，学習に対してすべての子どもが同じような動機づけをもつわけではない。その子どもによって，動機づけのあり様はさまざま考えられる。そして，その子どものもつ動機づけが異なれば，学習行動や学習の成果も異なると考えられる。そこで，安藤ら（2008）は，布施ら（2006）において示された「積極的授業参加行動」の枠組みに基づいて，小学生の動機づけと学習行動との関連について検討している。

布施ら（2006）の「積極的授業参加行動」とは，従来から積極的な学習行動とみなされることの多かった挙手や発言といった行動に加えて，集中して教師の話を聞いたり，授業に関係のない行動をしないというような行動も含めて，授業への積極的な参加行動をとらえようという枠組みである。そして，児童の積極的授業参加行動は，「注視・傾聴」「挙手・発言」「準備・宿題」の３種類にまとめられている。「注視・傾聴」とは，余計なことをせずに授業に集中して話を聞き，教師の指示には従うなど，授業参加において最初に問題となる基本的な行動である。それに対して，「挙手・発言」は，発言や返答などの授業中の意見の表明や授業関与に関する行動にあたる。一方，「宿題・準備」は，授業時間外における授業の準備や課題をこなすことを表す行動となる。

安藤ら（2008）では，自己決定理論の枠組みを用いて，授業に対する動機づけと積極的授業参加行動との関連を検討した。その結果，もっとも自律的とされる「内発的動機づけ」は三つの積極的授業参加行動すべてを促進していた。しかし，勉強の重要性を感じ，必要であると考えているために勉強するという「高自律的外発的動機づけ」は，「注視・傾聴」「宿題・準備」を促進するものの，「挙手・発言」行動とはあまり関係していなかった。一方，自律的ではない「低自律的外発的動機づけ」は，積極的授業参加行動を抑制していた。このように，動機づけのあり方によって引き起こされる学習行動も異なってくる。そのため，子どもの学習行動を促進するために，どのような形の動機づけを高めたらよいかを意識して，指導を行うことが重要となるのである。

4. 帰属と動機づけ

人は，行動の結果について，「うまくいったのはどうしてだろうか」とか，「失敗したのは何が悪かったのだろうか」などと考えることがある。このように，ある出来事の原因を何かに求める（帰属する）ことを原因帰属と呼ぶ。そして，ある出来事の原因をどのように考えるかが，その後の行動や動機づけに影響するのである。

(1) ワイナーの帰属理論と動機づけ

ワイナー（Weiner, 1972）は，学業達成行動に関する原因帰属として，統制の位置（内的－外的）と安定性（安定的－不安定的）の2次元を設定した。統制の位置が内的な帰属とは，原因が自分の中にあると考えるものであり，外的な帰属とは，原因が自分以外にあるとする帰属である。これに対して安定性とは，その原因が簡単には変化したりなくなったりしない安定したものであるか，不安定なものであるかという次元である。

この2次元を組み合わせることで四つの帰属因が想定される。内的で安定的な原因としては能力が考えられる。人の能力は，その人の内的なものであり，短時間で変化するものではないと考えられるからである。それに対し，内的で不安定的な原因としては努力があげられる。その時々で努力することもあればしないこともあるため，不安定な原因となる。一方，外的な帰属因のうち，安定的なものは課題の困難度であり，運が不安定な原因となる。

表 4-1 ワイナーによる原因帰属の要因（Weiner, 1972）

	安定的	不安定的
内的	能力	努力
外的	課題の困難度	運

これらの原因のどれに帰属するかで，その後の行動や感情が異なると考えられている。統制の位置次元は，達成行動の結果に対する感情に影響する。たとえば，成功したのは自分の能力であると内的に帰属するならば，誇らしい気持ちになるだろう。しかし，成功したのは課題が簡単だったからだと外的に帰属すると，誇らしさはあまり感じない。一方で，失敗を内的に帰属すると，外的な帰属よりも恥ずかしさを強く感じる。安定性次元は，その後の結果に対する期待に影響する。原因が安定しているならば，次回の結果も今回と同じようになると期待する。しかし，不安定な要因に帰属した場合には，次の結果は今回とは変わるかもしれないと考えるのである。

後にワイナー（Weiner, 1979）は，統制の位置次元の名前を「原因の位置」と変更し，三つ目の次元として統制可能性（統制可能－統制不可能）を加えて理論を修正・発展させている。

(2) 学習性無力感

セリグマンとマイアー（Seligman & Maier, 1967）は，犬に対して電気刺激を与えるという実験を行った。その際，犬は電気刺激をコントロールすることができないように（統制不可能）なっていた。つまり，犬の行動とは関係なく電気刺激が生じたり消えたりするのである。そのような経験をした後で，犬は行動を起こせば電気刺激を避けられるような状況へと移された。しかし，犬は電気刺激を受け続け，積極的に避けようという行動を示さなかった。これは，自分の行動とは無関係に電気刺激を受けることで，無力感が学習されたのだと考えられ，学習性無力感（learned helplessness: LH）と呼ばれている。

エイブラムソンら（Abramson et al., 1978）は，この学習性無力感の概念を人間に適用できるような改訂を行った。この改訂学習性無力感理論では，人が学習性無力感状態になるかどうかは，どのような原因帰属が行われるかによって決まるとされ，内在性（内的－外的），安定性（安定的－不安定的），全体性（全般的－特殊的）の三つの帰属次元が導入されている。そして，自分がコントロールできない結果の原因が，内的で安定的で全般的に帰属するほど学習性無力感に陥りやすいとされている。たとえば，定期テストの国語の結果が悪かったときに，それは自分の能力がないためであり（内的），その能力は容易には向上しないもので（安定的），その能力不足のために他の教科の成績も悪くなるだろう（全般的）と考えると，学習性無力感になりやすいのである。

こうした帰属の仕方には個人差があると考えられている。つまり，LH に陥りやすいような帰属をしがちな人もあれば，LH になりにくいような帰属をする人もいるのである。このような帰属の傾向の個人差を帰属スタイルと呼ぶ。LH にならないようにするための一つの方法としては，その人のもつ帰属の傾向を LH になりにくいものへと変えていくことが考えられる。

たとえば，能力ではなくより不安定的な原因である努力に帰属することで，今回よりも努力するようにすれば次は成功するかもしれないと期待できる。また，能力にはさまざまな側面があり，ある能力（たとえば「国語力」）がなくても他の能力をもっていると考えられれば（特殊的帰属），他の教科では良い成績がとれるかもしれないとなり，学習性無力感には陥らないのである。

復習課題

(1) さまざまな動機づけ理論で，どのような動機づけのあり方が望ましいとされているか，まとめよ。

(2) 子どもの動機づけを伸ばすために，教師にはどのような働きかけが求められるかについて考えよ。

5 パーソナリティ

教育心理学という学問領域の中で，パーソナリティに関する知見は発達の知見と補い合う関係にある。人間が時間とともに変化する様子に一定の法則を見出すのが発達心理学である。これは目の前にいる子どもたちと単にかかわるのではなく，それぞれの発達段階やレディネス，また発達課題にあわせた教育的な働きかけをするうえで非常に重要な知識である。しかし，実際に子どもたちとかかわってみると，発達の基本的な法則に従いながらも，それぞれ実に多彩かつ個性的であることがわかる。パーソナリティ心理学の興味は，その一般原則のうえに安定して現れる個人差にあり，その知識もまた，教育心理学の重要な側面である。この章では，パーソナリティの基礎理論やその測定法について紹介し，実際にそれらをどのように教育的活動に生かしていくことができるのかを述べていく。

1. パーソナリティとは

(1) パーソナリティの定義

そもそも，パーソナリティ（personality）という言葉は，一般的になじみのある言葉ではないようである。「ラジオのパーソナリティ」と使われることもあり，パーソナリティが司会者や進行役を指す言葉だと考えている人もいるようであるが，これは誤解である。

英語の personality は個性や性格，人柄などを指し，日本語では「人格」と訳される。語源は，演劇などで使用された仮面を指す persona であるとされる。やがて演じる役を指すようになり，その役者自身を指すようになっていった（Allport, 1937）。確かにわれわれにとって，顔の表情はお互いの心の内を理解するための重要な情報である。そこに現れるのは真の心の内かもしれないし，作り出された仮の姿かもしれない。人間が仮面を選んでかぶる様子は，心の出口をどのように調節し外界と接しているのかを暗示しているとも考えられよう。

パーソナリティは数多くの論文や書籍でさまざまに定義されており，必ずしも統一されていない。しかし，多くの研究者によって用いられているものに，環境への適応を強調した定義がある。広く知られているオルポート（Alport, 1937）の定義を見てみよう。

> "Personality is the dynamic organization within the individual of those psychological systems that determine his unique adjustment to his environment."
> 「パーソナリティとは個人の内部の力動的機構である。その心理的なシステムは，環境への独自の適応の仕方を規定している」。

この定義の中で注目してほしいのが，パーソナリティが環境に対する本人独特の適応の仕方にかかわっている，と定義している点である。たとえば，あなたは今，この本をどのようにして読んでいるだろうか。ある人は両手でそれぞれ左右のページを持ち，このページを読んでいるかもしれない。また，左手で本の背表紙を支え，右手で頬杖をつきながら読んでいる人もいるだろう。本を机の上に置き，ページがめくれないように手で抑えている人もいるだろうか。抑えるのに筆箱を使う人もいるだろう。ただ本を読むという行為においても，さまざまな方法が存在する。いずれもこのページに目を落とすために，ページがめくれないように努力して成功している点で，正しい（適応的な）方法である。つまり，その正しい（適応的な）方法は一つではないということである。このようにさまざまな適応の仕方がある現実世界の中で，パーソナリティとは，個人が特定の方法を繰り返して選択するような現象を生み出しているものであると定義される。

なお，厳密には，パーソナリティは性格（character）と区別されて捉えられている。パーソナリティと性格は非常に近い概念ではあるが，性格はより狭い意味での個性であるとされ，パーソナリティの一部であると考えられている。性格の定義もまた研究者によってさまざまであるが，性格という用語を使用した場合，個性のうち知的・能力的な側面が含められないとの捉え方が多いようである。先のオルポートの定義のように，パーソナリティが環境への適応の仕方を決める点を考えれば，知的・能力的な側面もまた個性を生み出す重要な要因となる。また，生後間もなくの乳児であっても，それぞれ個性があることは広く知られているが，特に遺伝的要因の影響を強く受けていると考えられる個人差については，気質（temperament）という用語が用いられる。気質もまたパーソナリティの一部として考えられている。

(2) パーソナリティの安定性と構造

われわれはある人物について，特定の行動が出現する可能性が高い（確率的），もしくは平均するとそのような行動が多い（平均的）ことをもって，そこに行動傾向を見出したり，背後にあるものとしてパーソナリティを想定したりする（若林, 2009）。しかし，パーソナリティとはいったいどのくらい安定しているものを指すのだろうか。具体的にこの程度だと示すのは難しいが，パーソナリティ・テストや研究用に作成される測定尺度の安定性の基準は一つの参考になるであろう。多くのテスト，尺度作成の過程では，期間を１ヶ月ほどあけて２回実施した結果で，相関係数が.70 以上あることをもって，テストや尺度に安定性があるとするのが一般的なようである。これは最初に得られた得点から１ヶ月後の得点（正確にはその散らばり具合）の 50％程度が予測可能であることを示している。パーソナリティそのものの安定度ではないが，パーソナリティを測定するテスト・尺度には，少なくともこの程度の安定性が要求されるのである。

では，パーソナリティは変わらないものなのだろうか。われわれの経験では，パーソナリティには状況や環境によって変わる部分もあれば，なかなか変化しない部分もあるようである。この説明のために，多くの研究者が図 5-1 のようにパーソナリティを階層構造として捉えている（図 5-1）。

まず，遺伝的要因の影響を受けた気質が最下層となり，その上部に乳幼児期に形成される狭義のパーソナリティが重なる。これらは遺伝的要因や発達初期の経験の影響を強く受ける部分である。さらに家庭や学校，社会生活の中で培われる習慣的なパーソナリティの特徴が上部の層となり，最終的には個々の環境や状況に即した役割の側面が重なる。これらはその個人が生活した社会や周囲の様子に従って適応的に形成されるものであり，環境的要因の影響を強く受けるのである。

このように考えるとパーソナリティには，生後遅い時期でも変化しやすい部分となかなか変えられない部分があることがわかる。雪が深く降り積もった状況を思い浮かべてほしい。降り方によっては地面の凹凸のとおりに雪が積もることもあれば，まったく無関係に形を残さずに降り積もることもある。最終的なパーソナリティの様相も，遺伝的要因に決められる部分と

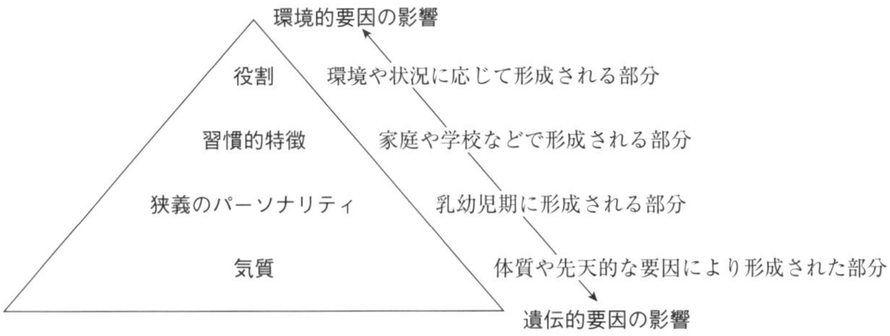

図 5-1　パーソナリティの階層構造（楠本，2008 を参考に作成）

その上に積もる環境的要因に影響を受ける部分との関係によって決まると考えるのが妥当であろう。

2. パーソナリティの理論

(1) 類型論と特性論

一人ひとりの個性の違いは，どのように捉えることができるのか。パーソナリティの捉え方には，大別して二つの大きな理論が存在する。ヨーロッパの研究者を中心に発展した類型論（typology, type theory）と，アメリカの研究者を中心に展開されていった特性論（trait theory）である。

1）類　型　論

類型論はタイプ論とも呼ばれるもので，パーソナリティの複数の典型をあらかじめ準備し，人間はいずれかのタイプに分類可能であるとする理論である。類型論の背景には，ある個人が総じてどのようなパーソナリティなのかという全体の情報が重要であるとの考えがある。

類型論で有名なものとして，クレッチマー（Kretschmer, E.）の体型による分類があげられる。これは，精神病患者の観察から体型と診断名に関連があると考えられたのがはじまりで，後に健常な個人のパーソナリティの分類にも適用可能であるとされた（図 5-2）。

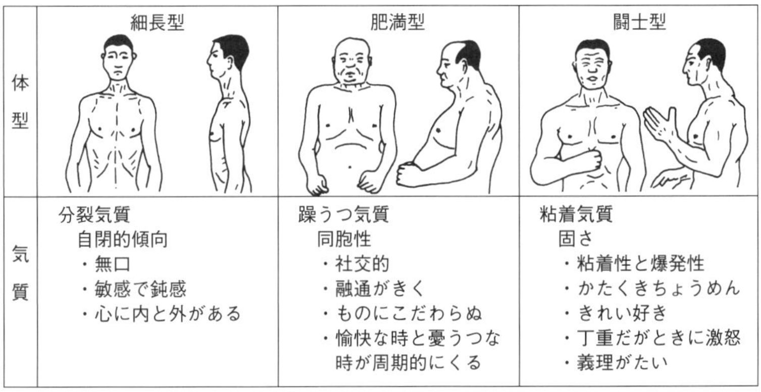

図5-2　クレッチマーの類型論

また，ユング（Jung, C. G.）は，リビドー（人間の欲求の根源をなす性的エネルギー）が内外のどちらに向かっているのかに注目し，タイプ分けを行っている。内向である個人は，情緒の表出が控えめであり，思慮深く心配性で他者との交流をあまり好まない傾向にある。また，外向では，情緒の表出が自由で活発的であり，決断力や実行力がある反面，思慮に欠けて誤った判断をしてしまうことがあるとされる。

さらに，シュプランガー（Spranger, E.）は，どのような生活領域に価値を置いているかで六つの類型を提唱している。真理の追求を好む理論型，利益追求に関心をもつ経済型，美的価値を重視する羨美型，宗教を重んじる宗教型，権力によって支配することを求める権力型，他者への奉仕に価値をおく社会型である。理論型では学者，羨美型では芸術家が多く，権力型には政治家が多いとされている。

2）類型論の長所と短所

類型論は，後述の特性論と比較して，要素の足し合わせでは見えてこないパーソナリティの全体的な特徴を記述している点で優れているとされる。また，理論の理解や解釈が容易である点も特徴である。これはわれわれが他者の印象を抱く際に，カテゴリーへの分類をよく行っていることに理由があるようである。また，人間が判断しやすい程度にタイプの数が抑えられていることも解釈を容易にしている。一方で，単純に少数のタイプに人々を分類することによって，どちらのタイプにもあてはまらないような中間的な特徴をもった個人を無視しやすいという短所もある。また，類型論では，「どのタイプか」という情報は得られても「どの程度の傾向があるか」という情報は得られない点から，数量的な検討（統計的解析などを用いた比較等）には向かないとされている。さらに，類型論の中には，直感的な発想から生まれたものも多く，パーソナリティの分類として妥当なのかどうかが疑わしいものも多い。

3）特　性　論

特性論ではすべての人々が同じ特徴を有していることを前提とし，その程度の違いから個人差を表す立場をとる。例えば「几帳面さ」は誰でもがもっている特徴であり，ある個人は1しかないが別の個人は5でより強く几帳面な傾向がある，と考えるわけである。この特徴が特性と呼ばれ，実際には複数の特性から人間の個性が捉えられることになる（図5-3）。

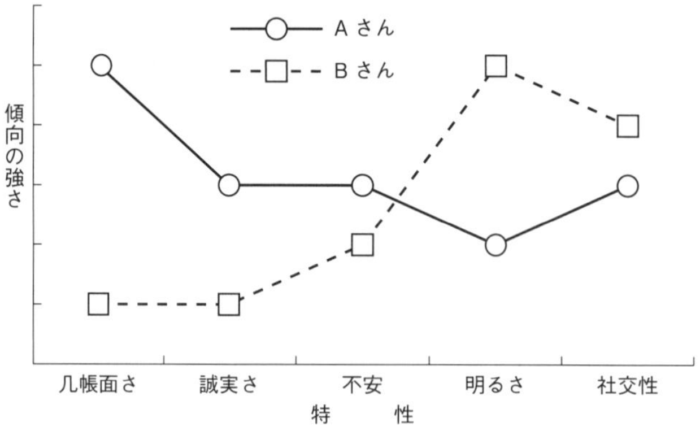

図5-3　特性論によるパーソナリティの表現

特性論に基づくパーソナリティは，これまで数多く提唱されている。多くはパーソナリティを表す語句をもとに因子分析という統計的解析を用いて，類似したパーソナリティの側面が要約・分類され，特性の数や種類が決められる。たとえば，キャッテル（Cattell, 1965）はパーソナリティを表す多数の語句が16の因子にまとめられることを見出し，この成果をもとに16PF（16 Personality Factor Questionnaire）と呼ばれるテストを開発している。

近年では，主要な特性が五つであるとする立場が主流となり，数多くの研究が五つの特性の存在を裏付ける結果を得ている。これは，ビッグ・ファイブ（Big Five）理論と呼ばれる。研究者によって特性の呼び方は変わるものの，ほぼ同じ特性が抽出されている。

表 5-1　ビッグ・ファイブの特性

特　性	日本語訳	概　要
Neuroticism	情緒安定性	楽天的で穏やかな側面
Extraversion	外向性	社交的で積極的な側面
Openness to experience	開放性・知性	好奇心や経験を重視する側面
Agreeableness	調和性・協調性	他人に対する配慮の側面
Conscientiousness	誠実性・勤勉性	まじめさに関する側面

4）特性論の長所と短所

特性論の長所は，先の類型論の短所としてあげたように，数量的な検討が容易である点にある。現在では，パーソナリティに関する心理学的研究のほとんどが，なんらかの特性を測定する方法で行われている。一方で，類型論が重視するパーソナリティの全体性に関しては，特性論では，各特性を組み合わせて解釈しなくてはならないことになる。ある個人のパーソナリティを厳密に測定しようとすればするほど，測定すべき特性の数が増えていくが，その分，その人が総合的にどういうパーソナリティの持ち主なのかを判断することは難しくなっていくわけである。

以上，特性論は知りたい対象を分解して部品やその構成などを探る方法であるのに対し，類型論は，分解せずに，むしろ遠くからぼんやりと眺めてみることで対象の全体像を探る方法であると言える。どちらも人がパーソナリティを理解するための要約の方法であることに変わりはない。したがって，現在の理論や測定では，どちらの立場によるのかはっきりと分類できないものも多い。その理由は，第一に，特性論の立場から測定が行われた後で，得られた結果から類型に分類するような，両方の立場から解釈する測定法があるためである（たとえば，YG 性格検査や，モーズレイ性格検査など）。また第二の理由が，そもそも類型論と特性論に重なる部分が少なからずある点である。たとえば，クレッチマーの類型論では，各類型の特徴の記述に「傾向が強い」「多い」といった表現が見られ，特性的観点による説明が用いられている。また，特性論でも，結局のところ測定では「あてはまる」「あてはまらない」等の限られた選択肢から選択するように求めるため，この時点でタイプ分けしている点は否めない。これらの理由から，実際はすべての理論や測定方法を類型論と特性論のいずれかに分類することは難しい。類型論と特性論を厳密に二分法的に位置づけるのはあまり現実的ではないのである。

(2) 力動的なパーソナリティの解釈

類型論と特性論はいわば静止画としてパーソナリティを捉える理論である。しかし，実際の人間の行動はさまざまな葛藤の結果に表れることも多い。パーソナリティは，さまざまな行動を生み出すような稼働中の心的装置として捉えることもできるのである。このような捉え方は，主にフロイト（Freud, S.）を中心とした精神分析学の立場で支持され，心的装置の間のせめぎあいからパーソナリティを仮定していることから力動論などと呼ばれている。

まず心的装置として，イド（エスとも呼ばれる），自我，超自我が想定される。また，意識できる程度によって三つの領域も仮定されている。人が意識できる意識領域，努力すれば意識ができる前意識の領域，まったく意識できない無意識の領域の 3 領域である。それぞれの装置は置かれている領域が異なると考えられている（図 5-4）。

イド（id）は快を求めて不快を避けるという快楽原則（pleasure principal）に従って機能す

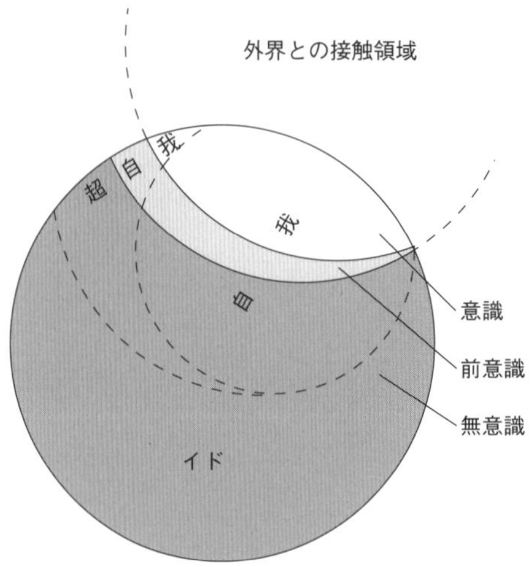

図 5-4　力動的なパーソナリティ理論：心的装置（Lazarus, 1963）

る装置である。最も原始的な装置で，超自我や自我よりも先に発達するが，無意識の領域にあって意識することができない。フロイトはイドの中心的エネルギーを性的な衝動や攻撃性だと考えていたが，後の精神分析家によって，優越感を得ようとする欲求や自己実現の欲求などさまざまな基本的欲求が付け加えられている。

一方，実際にわれわれが生活するこの世界では，個人の欲求のままにすべてが実現するわけではなく，さまざまな制約や要求が存在する。自我（ego）はこのような制約や要求を考慮する現実原則（reality principle）に従う装置である。イドの欲求を適応的に解消することがこの装置の目的である。主に意識の領域から前意識の領域にあり，意識しようとすれば意識することが可能である。

超自我（superego）は，社会の価値観やモラルが個人の中に形成された装置であり，主に両親のしつけを通して形成されると考えられている。主に前意識から無意識の領域に存在すると考えられ，人の良心や規範，道徳的な部分であり，裁判官のような役割を担っている。イドの力に抵抗できる装置であるが，しばしば現実以上の正しさを求めて自我を苦しめる。

ブランコの順番待ちをしている幼児を想像してみよう（小平，2009)。この子は今，「ブランコに乗りたい」といった欲求と「順番は守らなくてはいけない」といった良心が葛藤している状態だと考えられる。もしもイドが優勢になれば，この幼児は「乗りたい」という欲求を素直に開放し，前の幼児をどかしてでもブランコに乗るかもしれない。また，超自我がイドにブレーキをかければ，早く乗りたい気持ちを抑え，黙って順番を待つことができるだろう。さらに，自我が現実原則に従ってイドを調整できれば，前の幼児に「早くして」,「あと少しで代わってよ」という声をかけることができるかもしれない。

フロイトの心的装置から考えると，自我は，超自我の監視を受けながらイドの要求に対抗し，ある程度の緊張状態にあることがわかる。もしも自我による調整がうまくいかず，耐えられない苦痛を伴うような考えや情緒にさらされたとき，人はそれを回避するべく動機づけられる。これは防衛機制（defense mechanism）と呼ばれる。防衛機制は内外の環境への適応のために人がとりうる方法・行動の一部であると考えられ，適応のためのメカニズム（適応機制）に含まれる。代表的な防衛機制を表 5-2 に示す。

防衛機制の多くは無意識的な過程を前提としており，本当にそのような原因や過程で行動が起こりうるのか，実証することが難しい。そのため批判も多いが，人間の行動のひとつの解釈として広く知られているものである。

表 5-2　代表的な防衛機制

抑　圧	満たされない欲求や衝動などを意識から締め出し，無意識に押し込めること。S. フロイトによって最初に指摘された防衛機制であり，他の防衛の基礎となる機制。
逃避，退行	空想や病気などに逃れることで緊張や不安に直面しないようにすることを逃避と言う。また，特に，実際の発達段階よりも前の発達段階の行動・思考を示すことを退行と呼ぶ。赤ちゃん返りなどが例としてあげられる。
反動形成	欲求や衝動と反対の態度，行動を示すこと。たとえば，好意をもっている相手に意地悪をすること。
隔　離	出来事と感情・思考を切り離すことで，好ましくない体験が自我を傷つけることを防ぐこと。
打ち消し	前の行動と反対のことを行うことで心の痛手となった体験を取り消そうとする機制。たとえば，相手をひどく批判した後に何もなかったかのように親切にするなど。
投　射	自らの感情を抑圧し，代わりに相手がその感情を有していると認知して自責から逃れること。たとえば「私があの人を嫌っている」が「あの人は私を嫌っている」となる。
取り入れ，同一視	特性を自分のものと感じたり，真似をするなどして，自分を重ね合わせ情緒的な一体感を得ること。
自己愛的内向	衝動や欲求の対象を自我に対して向け変えること。たとえば，他者への攻撃的な欲求を自分自身に対して向けるなど。
転　倒	攻撃的な衝動などを処理するために，能動的な様子から受動的な様子に切り替えること。自己愛的内向とともに攻撃的な衝動を処理する防衛機制。
置き換え，補償，昇華	ある衝動を向けられていた対象とは別の対象に向けて表出すること。不安の原因となることとは別のことに力を注ぎ補うことを補償，より高尚な社会的価値のある目的（スポーツや文化活動など）に置き換えることを昇華と言う。

Freud,（1936）／邦訳（1985），下田（1979），三宅（2004）を参考に作成。

3. パーソナリティを測る

(1) パーソナリティ・テスト

現在では，パーソナリティを測定するさまざまな検査が開発されている。特にパーソナリティを判定するために，一定の検証的手続きを踏んで開発された検査をパーソナリティ・テストと呼ぶ。また，別に知的能力を測定する検査も開発されており（知能検査），パーソナリティ・テストと合わせて心理検査などとも呼ばれている。

パーソナリティ・テストは，信頼性と妥当性を有していることが求められる（第 14 章参照）。信頼性とはテストの結果が安定しているかどうかである。パーソナリティ・テストが限られた回数で測定されることを考えると，時や状況によって結果が変化してしまうようなテストを用いるわけにはいかない。また，妥当性とは，測定したいパーソナリティを測定できているかどうかという問題である。安定して目標のパーソナリティを測ることのできるテストを，信頼性が高い，妥当性が高いなどと表現する。これらはテストの開発段階で，多数の対象者に実施した結果をもとに検証が行われる。この検証の手続きを標準化と呼ぶ。なお，雑誌等に掲載されている「心理テスト」ではこの標準化の手続きを行っていないものがほとんどであり，信頼性や妥当性の検証がされていない点でパーソナリティ・テストとは異なる。

(2) パーソナリティ・テストの種類

パーソナリティ・テストは，その測定の方法から，質問紙法，作業検査法，投影法の三つに分類されている。

1）質 問 紙 法

対象者に質問項目とともに選択肢を提示して回答を求める方法である。代表的な質問紙法のパーソナリティ・テストとしては，YG（矢田部ギルフォード）性格検査，MPI（モーズレイ性格検査），MMPI（ミネソタ多面人格目録），5 因子性格検査（FFPQ など），エゴグラム（TEG など）などがあげられる。質問紙法は，集団で実施できるものがほとんどであり，結果の数量化が容易である。自己報告式を基本としているため，本人が意識できる側面を測定することに向いている。しかし，対象者が意図的に回答をゆがめることも不可能ではなく，そのようなケースを判別する項目を含めたテストも開発されている。なお，質問項目と選択肢を印刷した紙で実施される場合が多いが，近年ではコンピュータを用いて回答するものもある。

2）作業検査法

対象者に特定の作業をするように求め，その様子や進み具合からパーソナリティを測定する方法である。代表的なものが内田クレペリン精神検査である。隣り合う数字の足し算を繰り返し，作業量やその変化を見る検査である（図 5-5）。知的側面を含めたパーソナリティの測定が可能である点などから，採用試験等でも使用されている。また，示された図形を模写するように対象者に求める，ベンダー・ゲシュタルト検査も作業検査法の一例である。

なぜ人は血液型性格判断を信じるのか

血液型性格判断が提唱された後，数多くの研究が血液型と性格との関連を否定してずいぶんと年月が経過した。しかし，いまだに血液型と性格の関係について信じ続ける人は多い。心理学で証明の方法として用いられる統計的検定は，関係がまったくないことを証明することに不向きであるが，実際に血液型と性格を調べてみると，一方からもう一方を予測できるほどの関連性が見られないのである。つまり血液型から性格を予測しても，逆に性格から血液型を予測してもあまり当たらない，というのが多くの研究で示されている。「血液型性格判断だって当たることがある」という声をよく聞くが，当たることも当たらないこともあるということは，血液型と性格は無関係ということである。逆にまったく当たらないのならば，血液型と性格には一定の関係があることになる。

では，なぜわれわれはこれほどまでに血液型と性格の関連を信じてやまないのであろうか。まず，血液型が簡単に調べることができる遺伝的情報である点である。遺伝的な要因が性格に影響を与えていることをわれわれは経験的に知っており，その影響を否定する人は少ない。最も知りやすい遺伝的情報である血液型から，性格が予測できるのではないかと考えるのは無理もないかもしれない。さらに A，B，AB，O の四つのタイプに分類可能であり，分類・解釈のしやすい類型の数である点も理由であろう。もしも血液型の種類が 20 や 30 種類以上にのぼり，それ以下にまとめられないのならば，血液型性格判断がここまで信じられることはなかっただろう。

この他にも心理学では，なぜ人は血液型性格判断を信じるのかについて研究が行われてきている。特に興味深い二つの研究を紹介したい。

①血液型性格判断に合う情報に注目して他者の性格を捉えている？

坂元（1995）は，血液型性格判断で A 型，B 型，AB 型，O 型の特徴とされる性格記

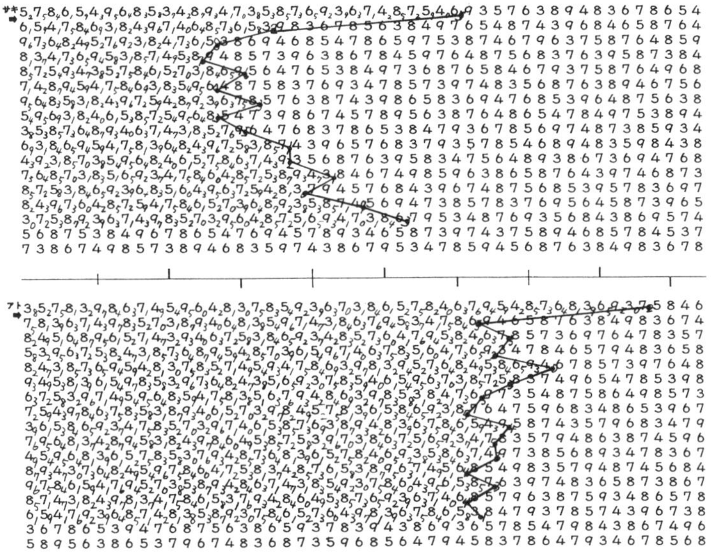

図 5-5　内田クレペリン検査の例（川瀬・松本・松本, 2006）

述をすべて含めた文章を作成し，後でそのような人物がどういう人物だったかを大学生たちに尋ねた。最初にその人物の血液型の情報を伝えると，文章中の血液型性格判断に当てはまる特徴のみに注目する傾向が見られた。また，このような傾向は血液型性格判断を信じている人ほど強い傾向が見られた。つまり，特に血液型性格判断を信じている人では，すでに血液型性格判断によって他人を理解する枠組みができあがっており，その枠組みに当てはまる特徴のみに注目しやすいということが示されている。

②血液型性格判断を信じている人は自分自身をもそのように判断している？

数年にわたり 6000 名を超える対象者に調査を実施した山岡（2009）は，男性よりも女性の方が血液型性格判断を知っており，また信じている傾向にあることを示している。また，血液型性格判断を信じているかどうかで高受容群と低受容群に分けて性格を比較したところ，高受容群ではいくつかの性格の側面で血液型による差異が見られたが，低受容群では差がまったく見られなかった。つまり，血液型性格判断を信じている人たちのみに血液型による性格の差が確認されたことになる。血液型性格判断と自分の性格が合致する人が血液型性格判断を信じているのか，それとも信じている人は自分を見る見方が血液型性格判断の枠組みになるのか，そのどちらかはわからないが，信じる人が信じ続ける理由がここにあるようである。

ある大学生は，某アルバイト先が B 型を採用しないとの噂を聞いて応募をあきらめたという。血液型性格判断は占いと同じものだと楽しむのならば問題ないが，根拠のない血液型差別を生む恐れがあることを忘れてはならない。

3）投　影　法

できるだけ曖昧な刺激を対象者に与え，それに対する自由な反応からパーソナリティを探る方法である。対象者が意識していないパーソナリティの側面を見出すことが可能であるとされ，特に臨床場面で活用されている。ただし，テストを実施して対象者の多様な反応を解釈するまでの手続きに，専門的知識や経験が要求される。そのため，投影法の実施には熟練した検査者があたることが望ましい。また，投影法ではそのテストの内容が多彩であることも特徴である。代表的なものとして，インクを垂らしたような図版が何に見えるかを問うロールシャッハ・テスト（図 5-6），1 本の木を書くように求めるバウム・テスト，未完成の文章を完成させる文章完成法（Sentence Completion Test: SCT），絵画を見せ物語を作る TAT（Thematic Apperception Test），特定の場面のイラストを見て吹き出しに台詞を書き込むように求める P-F スタディなどがある。

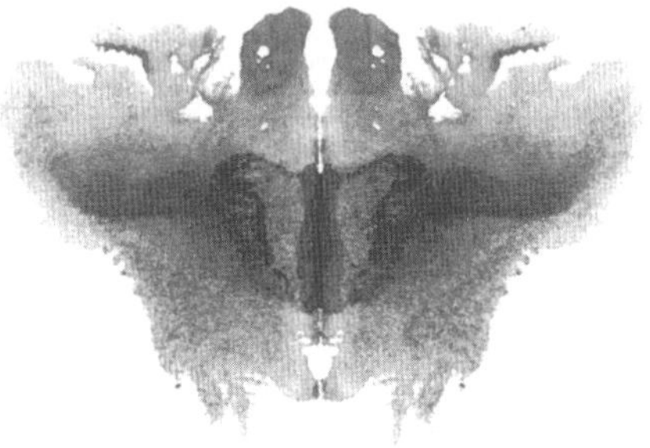

図 5-6　ロールシャッハ検査の模擬図版

(3) パーソナリティ・テストの活用と留意点

以上，パーソナリティの測定方法を紹介したが，実際はひとつのテストで対象者のパーソナリティを断定することはない。通常は複数のテストを実施し，総合的に対象者のパーソナリティを推測していくことになる。また，複数のパーソナリティ・テストの結果を組み合わせたものも，パーソナリティが一部反映された資料の一つにすぎないことを忘れてはならない。しかし同時に，そこにはパーソナリティが何かしらの形で表れているのは確かである。自分をよく見せようと考えてテストに臨んだ人の結果には，そのようなパーソナリティの側面が表れているのである。いずれの手法においてもやはり解釈が重要となるであろう。パーソナリティ・テストが用いられる場面では，進路選択や処遇検討の資料として使用される場合もあり，慎重な実施や解釈が求められるのである。

4. パーソナリティと教育

近年，教えられる側の成長だけでなく，教える側の成長や成熟にも関心がもたれるようになっている。教える側は，教師として身につけるべき知識や技能を習得しているのかどうか，自らを省みて確認していくことが求められているのである。しかし，教え方にも個性があり，向き不向きもある。教える側が自らの個性を理解し，教える者としてキャリアを重ねていくことが重要であろう。その意味で，パーソナリティの知識は，教えられる側，教える側の双方の個性の理解に役立つはずである。本章の最後として，パーソナリティの教育への活用について述べたい。

(1) 自己理解とその受容

教育にかかわる者としての自己理解の枠組みを，パーソナリティの知見から得ることはできただろうか。また，先述のように，パーソナリティには変容する部分とそうでない部分があると考えられている。教える側の個人には，自らの長所と短所を見極め，それらを伸ばし，改

パーソナリティと学習：学習を阻害する他者軽視傾向

他人を軽視している生徒には，どのような学習傾向が見られるのだろうか。パーソナリティが学習と関連することが示された例として，他者軽視傾向に関する最近の研究を紹介する。

速水・小平（2006）では，高校生を対象とした調査を実施し，他者軽視傾向と学業への動機づけの高さが測定された。他者軽視傾向の測定は下の 11 項目で行われている。

表 5-3　他者軽視尺度の項目

(1) 自分の周りには気のきかない人が多い
(2) 他の人の仕事を見ていると，手際が悪いと感じる
(3) 話し合いの場で，無意味な発言をする人が多い
(4) 知識や教養がないのに偉そうにしている人が多い
(5) 他の人に対して，なぜこんな簡単なことがわからないのだろうと感じる
(6) 自分の代わりに大切な役目をまかせられるような有能な人は，私の周りに少ない
(7) 他の人を見ていて「ダメな人だ」と思うことが多い
(8) 私の意見が聞き入れてもらえなかった時，相手の理解力が足りないと感じる
(9) 今の日本を動かしている人の多くは，たいした人間ではない
(10) 世の中には，努力しなくても偉くなる人が少なくない
(11) 世の中には，常識のない人が多すぎる

他者軽視傾向と自分に満足しているかどうか（自尊感情）との組み合わせによって分析した結果，自分に満足しておらず，他者軽視もしない群で最も動機づけが低かった。しかし，同様に自分に満足していないが他者軽視を行う傾向の強い群では，他律的な動機づけ（親に怒られないため，恥ずかしい思いをしないために勉強をする）が高い傾向が見られた。他者を軽んじて見ているほど学業への動機づけは高くなるが，やらされているという感覚が強く，勉学そのものへの内発的な動機づけは高くはならないという結果であった。

また，他者軽視の傾向が強い生徒は，学業面で友人と援助しあう関係にはないことも明らかとなっている。小平ら（2008）は，高校生を対象に学業に関する会話内容，学業に関する援助関係について調査した。その結果，他者を軽視する個人ほど，教師の教え方のまずさやクラスメートの試験の失敗などを話題にしやすかった。また，特に自尊感情が低く他者軽視傾向の高い群では，友人から助けを求められても適切な援助ができず，自分にわからないことがあった場合も友人に助けを求めない傾向にあった。この援助拒否の傾向は教師に対しても見られ，わからないことがあっても周囲の人々に聞くという行動が見られないようであった。確かに，軽視している他者から勉強を教えてもらうとそこに矛盾が生じる。特に自尊感情が低い場合には，自分が他人より劣っているということが意識されるような行動は避けられるのであろう。

他者軽視傾向は低い自尊感情の補償として表れることがあると考えられているが（速水，2006），学業面では学習を阻害し，友人関係においても不適応を起こす一つの要因になるようである。

善していくことが求められるが，変わらない部分をどのように変えることのできる部分で補うのかという点が課題となる。先の例えで言えば，凸凹の地面にどのように雪を降らせていくかということになる。自らのパーソナリティを前向きに考え，さまざまな人々と教育的にかかわっていくなかで，それをまた次のかかわりへと生かすことが求められるのである。

(2) 子どもたちについての理解

ただ多くの子どもたちとかかわったとしても，彼ら彼女らを理解する枠組みがなければ，経験は蓄積されにくい。実際の教育現場では，いかに早く子どもたちのパーソナリティを捉えるかが重要となる場合が少なくない。それは子どもたちと適切にかかわることができるかという問題にも関連する。適性処遇交互作用（第７章参照）も示すとおり，教師が子どもたちの個性を理解して適切にかかわることができるかどうかで，教育・学習の効果は変化する。本章で示したパーソナリティの理論はあくまでも理解の枠組みにすぎず，すべての子どもたちを事細かに説明できるものではない。理論と実際の子どもたちの姿を行き来して考えることで，それぞれの個人の中で実践的なパーソナリティ理論ができあがっていくのである。

●復習課題

(1) 類型論と特性論の違いを説明し，それぞれの立場からパーソナリティをとらえるうえでの長所と短所を述べよ。また，パーソナリティ測定の３つの方法とは何か。それぞれの特徴と代表的なテストをあげよ。

(2) 子どもたちのパーソナリティを捉える必要性について論ぜよ。

第2部 現場への応用としての教育心理学

◉予習問題

第２部

第６章

(1) 一斉指導（一斉授業）の長所と短所を，二つずつあげよ。

(2) 発見学習と有意味受容学習とでは，授業の進め方はどのように異なるか。説明せよ。

第７章

(1) 適性処遇交互作用とはいかなる概念であるかについて説明せよ。

(2) スキナーのプログラム学習の理論的背景ならびに基本的原理についてまとめよ。

第８章

(1) 心のバランスを崩して不適応を起こしている人に対して，心理学や精神医学の専門家が専門的な技法を用いて行う援助法を何と呼ぶか，答えよ。

(2) 個人や家族集団に具体的に介入する療法名と技法名を順番に抜き出してみよ（例：行動療法―系統的脱感作法）。

第９章

(1) 反社会的行動とは何か。また，子どもにおける反社会的問題の具体例についてあげよ。

(2) 非社会的行動とは何か。また，子どもにおける非社会的問題の具体例についてあげよ。

第 10 章

(1) 特別支援教育が開始され，わが国の教育制度は具体的にどのように変わったか。説明せよ。

(2) 特別支援学校はどのような役割を担っているか。また通常学級での特別支援教育とはどのようなものか。説明せよ。

第 11 章

(1) ライフスキルとは，どういったものか。また，ライフスキルを育むことが，子どもたちにとってなぜ必要なのかについてまとめよ。

(2) キャリア教育とは，いかなる教育を指しているかについて説明せよ。

第 12 章

(1) 教師が有する指導についての信念のことを何というか。また，こうした信念は，どのように形成されると言えるか，説明せよ。

(2) 教師による子どもたちへの期待の高さが，子どもたちの学習活動に効果的に作用する現象を何と呼ぶか。また，こうした現象には，いかなるメカニズムが働いていると言えるか，説明せよ。

第 13 章

(1) 個人の行動や判断の拠り所となる集団のことを何というか？　また，どのような集団が個人の行動や判断の拠り所となりやすいかまとめよ。

(2) 同年代の仲間から受ける援助のことを何というか？　また，教師からの援助と比較して，同年代の仲間からの援助にはどのような長所があるかまとめよ。

第 14 章

(1) これまで受けてきたさまざまな評価にはどのようなものがあっただろうか。できる限りあげて，それを何らかの基準を設けて二つもしくは三つに分類せよ。

(2) 偏差値はどのような指標か説明せよ。

6 授業における学習指導

大学生の皆さんだと，小学校から今まで十年以上にもわたって受けてきた「授業」。あたり前のように行われているこの営みも，教育の目的を達成する数ある手段の一つにすぎない。つまり，「他にもっと良い教育方法はないのか？」と疑ってみてよい。授業は，どのような経緯で，現代の学校教育に取り入れられてきたのか。また，教育心理学の理論から，授業はどう位置づけられるのだろうか。

教師は自らの信念に基づいて，わかりやすい授業を展開できるように，あれこれと工夫する。ちょっとした教材や教え方の工夫で，授業はわかりやすくもなり，おもしろくもなる。こうした多様な実践の土台には，教育学者や教育心理学者，実践家たちから公式に提案された学習や指導の理論がある。そこで本章では，授業の進め方に関する理論を以下に，紹介していこう。

1. 寺子屋から学校へ

(1) 寺子屋での教育

江戸時代，各藩にはたいてい藩校がおかれ，おもに武士の子どもたちが通って学んだ。一方，農民や町民の子どもたちの多くは，寺子屋（手習い）で学んだ。当時は，ヨーロッパ諸国でさえ，一般庶民への教育は普及していなかった。「江戸時代の日本は，世界最高の教育水準を誇る教育先進国」（市川・石山，2006）だったのである。実学教育の必要が高まった江戸時代の後半に，庶民を対象とする寺子屋は急速に発展した。近代的な学校とは違って，自然発生的な組織であるから，その内実は多様なものであった。全国に数万軒あったと考えられ，その規模は生徒数 20-30 名程度が多かった。

寺子屋は，個別指導を中心とする学びの場である。子どもたちは，それぞれ必要に応じた教科書を与えられ，自学自習に励んだ。この教科書は「往来物」と呼ばれ，多くは往復書簡の形式をとった教材であった。つまり日常的な手紙などを教材に，実用的な読み書きの学習がなされていた。たとえば，商人の子は，商人の心得，帳簿をつけるための知識，貨幣のことなどを学んだ。また農民の子は，農機具や作物栽培の知識を身につけた。教師には特別の資格が必要ではなかった。僧侶やふつうの町民・農民，武士などが教師役を務めていた。

(2) 近代的な学校

明治時代に入ると，国を近代化し強くして，欧米列強からの侵略に備える政策がすすめられる。殖産興業・富国強兵をスローガンに，あらゆる領域で近代化が急がれる。そのような政策の一環として，教育制度の改革も行われた。学制が公布され，文字を読めない人をなくすことを目指して，全国に学校が整備された。そこでは，一人の教師が多数の児童生徒を指導する，つまり一斉指導による効率的な指導が試みられる。師範学校が設置され，教員養成が正式に行われるようになっていった。

教師は一斉指導をするようになり，板書や発問，指名，課題の指定などの技術を身につけていく。定められた画一的な内容を，多数の児童生徒が同時に学ぶ，同一規格，大量生産型の教育である。小学校の学級規模は，今日では 40 名まで整備されたが，当時は 1 クラス 80 名でスタートしている。

なお，一斉指導の理論は，17 世紀にチェコ生まれの教育者であるコメニウス（Comenius, J.A.）が考案したとされている。この後，18 世紀の末から 19 世紀にかけて，イギリスで「助教法」（ベル・ランカスター法とも言う）が開発・実践された。これは，年長の子を多数指名して，教員の行う説明伝達の中継ぎ役を務めさせる方法であった。つまり，一人の教員から多数の生徒に対して同時に，情報伝達を可能にした。ラジオ・テレビ放送やインターネットなど，高度な情報伝達の技術が生まれる前のことだった。また，紙や印刷もまだ高価であったから，このような口頭による伝達が多用されたのである。こうして，一斉指導が次第に広まっていった。

2. 有意味受容学習と発見学習

(1) 有意味受容学習

前述のとおり，教師が生徒に一斉に行う説明が，長く教室を支配してきた。教師が説明するというこの方法を支えている理論に，オースベル（Ausubel, 1960）の有意味受容学習がある。

有意味受容学習は，二軸から見ることができる。有意味学習 - 機械的学習という縦軸と，受容学習 - 発見学習という横軸である。

まず第一に縦軸として，有意味学習は，機械的学習（暗記学習）と対比される。生徒が新しい内容を効果的に学習するためには，自分がすでにもっている知識と関連づける必要がある。これによって，有意味学習が成立する。一方，暗記学習においては，すでにもっている知識との接点を見つけることができずに，強引にそのまま覚えようとする。たとえば歴史の学習で，

発見学習と直接教授法との比較

発見学習がよいのか，受容学習がよいのか。この問題については今日でも，発見学習対「直接教授法」のかたちで，議論が続いている（Mayer, 2004 ほか）。

クラーら（Klahr & Nigam, 2004）は，発見学習と直接教授法とを比較してどちらがより有効かを検討している。彼らは，小学校 3-4 年生の児童 112 名を対象に，理科の実験を題材とする対照実験を行った。子どもたちは傾斜角度などを変えられる実験装置の上で，何度もボールを転がす。その傾斜角度や路面の状態，ボールの種類（ゴムのボールとゴルフボール）などの条件を変えて，転がる距離を比較する。この結果，「特定の要因にのみ着目し，残りの変数を揃えておく方略」の指導において，直接教授法のほうが，発見学習法よりも優れていた。つまり，「他の条件は変えないで，まず傾斜角度だけを少しずつ変えてみましょう」などと，直接的に指導をした方が，成績が良かったのである。

発見学習は，学習すべき情報そのものを提示しないことがポイントである。しかし，実験的にこの効果を調べようとしたクラーらの実験では，「教える群」と「教えない群」を比較することになってしまっている。直接教授群に対し，教えない発見群が不利なのは当然とも言える。発見学習 対 直接教授法という問題の立て方に，無理があるのだろ

年代を覚えようとするときに，語呂合わせが使えると有意味学習になる。それに対して，適切な語呂が見つからないと，機械的な暗記学習に陥ってしまう，ということである。有意味学習の成立条件として，生徒が適切な知的内容をもつこと。また，有意味学習の構えがあることが必要とされる。

第二に，横軸である。受容学習は，発見学習と対比される。つまり学習すべき情報をそのまま「受容」するかたちをとるのか，本質的な情報を自ら「発見」するかたちを取るのか。後（囲み記事参照）でも述べるように，そのどちらがよいのかについては，長い間議論が続いている。

受容学習と，発見学習という両者のバランスをどう取っていくのがよいのだろうか。市川（2004）は，考えるために必要なことは教えるべきだと言う。そして「教えて考えさせる授業」が大切だと言う。つまり，基本的なことを教えないで，ただ考えさせる方法に疑問を呈している。

(2) 先行オーガナイザー

オースベルは，なじみはなくとも有意味であるという文章内容の学習と把持については，事前に関連した文章を読んでおくことにより，促進できると考えた。このように事前に与えられる「適切な包摂（subsuming）概念」を彼は，先行オーガナイザーと呼ぶ。具体的には，次のような実験を通じて，先行オーガナイザーの効果を確かめている。

事前に，人体のホルモン分泌に関する文章を用いて学生をテストし，理解能力が均等になるように群分けをしておく。この後，金属工学について述べた文章を，両群の人たちに学習してもらう（この学習情報と近い専門分野の学生は，事前に対象から除外している）。実験群は，事前に，後で読む文章よりも抽象度の高い一般的・包括的な文章（先行オーガナイザー）を読む。内容は，金属と合金との類似性や違い，それぞれの利点などについての説明である。ただし，後のテストで有利になるような具体的情報は，この文章には含まれていなかった。一方，統制群の学生はこの間，金属加工技術の歴史に関する文章を読む。そして3日後に行われた金

うか。

発見学習は（科学者が苦労して確立した）法則を，子どもたちに「再発見」（あるいは追体験）させる方法と言える。科学的な法則を，生徒が独力で「発見」することは困難である。問題だけ与えて教師がまったく手助けをしなければ，生徒は手詰まりに陥るおそれがある。一方，教師がヒントを与えるなどある程度の誘導をすれば，生徒はより容易に発見の道筋をたどることができる。

発見学習はさらに，「純粋」発見学習（pure discovery learning）と「誘導」発見学習（guided discovery learning）とに区別できる（Mayer, 2004）。前者では，教師の誘導はほとんどあるいはまったくなされない。学習すべき問題を，生徒は独力で追求することになる。一方，後者では，生徒が「発見」に至るように，教師がヒントを与えるなど，注意深く誘導する方法が取られる。実際の授業で用いられるのは，このうち「導かれた発見学習」（誘導発見学習）のほうであるとされる（鹿内，2007）。

子どもたちは自分で答えを見つけ出そうとしている。それを教師が見守っている，これはよいだろう。しかし，子どもたちが途方に暮れているのに，教師が「自主性を尊重する」として助言をしない，という形は避けるべきであろう。

属に関する事後テストでは，実験群の方が有意に得点が高かった。つまり，先行オーガナイザーの効果が認められた。このように，学習者の認知構造に合う適切な概念を用いると，新しい学習情報の有意味度が高まると考えられている。

(3) 発見学習

有意味受容学習は，学習させようとする内容そのものを教師が生徒に示す方法である。一方，教師が学習内容そのものは示さずに，生徒たちに発見してもらう方法もある。これが発見学習である。目的地がすぐそこに見えているのに，わざわざ遠回りをするようなやり方と言える。発見学習は一般的には，教育心理学者のブルーナー（Bruner, 1961）が提唱したとされている。

1960年代当時のアメリカ合衆国では，「スプートニク・ショック」の影響で，科学教育の必要性が叫ばれていた。ある現象をじっくり観察し，そこに法則や原理を見出そうとする学者たち。発見学習は，そのような科学的思考を，子どもたちにたどらせることを目指す。

たとえば算数の授業で，「三角形の内角の和は，180度である」という法則を学ぶとしよう。どうしてそう言えるのか，教師が児童に一斉に説明してしまえば，短時間で済む。しかしその一方で，まったく別の指導案に基づいて，授業を進めることもできる。まず児童にいくつか三角形を描かせて，分度器で角度を測ってノートに書かせ，三つを足し算させてみてもよい。すると，形や大きさにはかかわらず，すべての三角形で180度になるらしい，と児童は気づいてくる。あるいは，紙に描いた三角形をはさみで切り取り，それぞれの角に切り分けるよう指示する。三つの頂点を合わせて並べると，どんな三角形でもちょうど直線になる。つまり，三つの合計は180度である。

このように，自分が実際にやってみた結果として「発見した」ことは，単に事実として教師から示されたことよりも，記憶に残りやすいのではないか，また後で応用が利くかたちで学習されるのではないか。これが発見学習の見方である。しかし，そのような効果が実証されているとは言いがたい（囲み記事参照）。

(4) 仮説実験授業

発見学習は当時脚光を浴び，日本においても広く知られ，教育現場で受け入れられるに至る。特に，板倉（1974, 1996）による「仮説実験授業」は，現在でも理科などの授業で用いられている。

仮説実験授業においては，授業の冒頭で（多くは科学の実験などの）具体的な問題を教師が提示して，まず生徒に結果の予想を立てさせる。その後，一定の手順で授業を展開し，最後に実際に生徒の目の前で実験を行って予想を確かめる。このような方法を用いることによって，生徒の興味関心を高めることができるのである。

たとえば，高校の歴史において，「江戸時代の農民は何を食べていたか。次の中から選びなさい」という問題（横山, 1999）を提示する。選択肢は，ア．米，イ．麦，ウ．雑穀，エ．芋類，である。高校生の予想は，ウの雑穀が多くなるというが，実は，正解はアの米である。「せっかく苦労して作った稲は年貢米として取り上げられ，農民達自身はお米も食べられない。貧窮にあえぎ，雑穀や芋を食べて飢えをしのいでいる。……」このようなイメージは，本当だったのだろうか，という疑問が出てくる。そして，「人口の85％は農民だった」など，当時のいろいろな資料を示していくと，生徒たちの予想が変わっていく。

3. 一斉指導の限界と個別化・個性化

(1) 一斉指導の長所と短所

教育の大衆化を達成するために，一斉指導は欠かせない方法論であった。この方法を用いれば，一人の教師で多数の児童生徒を指導でき，効率が良かったからである。また，数十名の子どもで構成される学級は，学校生活の単位ともなっている。子どもたちはここで，共同で生活するために必要な知識や社会的技能も身につけることができた。むろん授業と並んで，ホームルームや給食・掃除の時間，クラブ活動，各種行事なども，重要な機会を提供した。学校は，子どもたちが将来，社会でうまく生活できるように訓練する「小さな社会」となった。

しかし，一斉・画一的な教育では，多様な子どもたちの個性や能力・興味・関心に十分に応えられない。教師中心に陥りがちで生徒の参加機会が限られる，受け身な学習になる，などの欠点があると言える。

コンサートや寄席では，開演時間になると，舞台に歌手や俳優や落語家が登場する。舞台に向かって並べられた座席についた観客は，芸人の行うさまざまなパフォーマンスを楽しむ。伝統的な学校の教室も，これと実によく似た構造をしている。教室の前には，舞台の代わりに教壇（近年ではない学校も多い）や教卓や黒板がある。これに向かって，児童生徒用の机とイスが多数，整然と並べられている。そして開演時間がくると「舞台」には，教師が登場する。教師が進める授業を観客席で見物する役割が，子どもたちに期待されているかのようである。子どもの役割が「観客」になってしまいやすいのである。

(2) BRD（当日ブリーフレポート方式）

上述のように，教室での一斉指導は，子どもたちを受け身な構えにさせてしまいやすい。そこで，この「罠」を逃れるしくみが必要になる。当日ブリーフレポート方式（宇田，2005，以下，BRD）は，学習者の構えを前向きに変えるしくみの好例であろう。BRDは，大学での講義を行う手順として開発された。①テーマ確認，②構想，③情報収集，④執筆の四つの段階からなる（図6-1)。

段　階	時間
①テーマ確認	5分
②構　　想	20分
③情報収集	40分
④執　　筆	25分

図6-1　BRDにおける4段階の時間配分
（大学の90分による講義での例）

①テーマ確認で，教師はまず「当日レポート」の用紙を全員に配布し，その日のテーマを発表する。このテーマは具体的なもので，たとえば「一斉指導の長所と短所を述べなさい」という具合である。そして，②構想段階に入る。教師はここで教壇を降りる。1枚のレポート用紙を前に学生は，当日のテーマについて，何が書けるかをあれこれと検討する。ところが，自分のもつ知識だけでは，そのテーマについてレポートを完成することが難しいと気づく（実際，このときすでに質問が出ることも多い。「一斉指導というのは，授業のことですか？」などの質問である)。そこで，③情報収集段階において教師が登場し，必要な情報を提供すると，学生は通常の講義よりも高い集中度を見せるのである。この後，④執筆段階で，レポートを完成するための時間が，再び与えられる。

つまり，BRD においては，受講生がまず自分の課題としてレポートに取り組む。「教員の話を聞いておく」役割ではなく，「レポートをこの場で書き上げる」ことが求められる。目の前に，自分自身が取り組むべき明確な課題が存在していることが，非常に重要なのである。そして，講義に耳を傾ける必要を感じた段階で，初めて教師が登場して，情報提供してくれる。

(3) 児童中心主義とプロジェクト

以上までの話題は，あらかじめ定められた教育内容を，教員が学問体系に沿って整然と教える，系統的な学習の話であった。言い換えれば，教科教育課程の考え方である。日本では長年，このような形式の授業を広く行ってきた。1 限目は算数，2 限目は社会，3 限目は国語……というわけである。

しかし，あらためて考えよう。せっかくおもしろくなってきたところで，ベルが鳴って，算数の授業は突然に打ち切られる。そして次の社会の授業が始まる。次の授業は先ほどまでとは，まったく異なる内容を扱う。この繰り返しである。確かに，飽きやすい子どもにとっては良い面もある。とは言え，本当におもしろいと感じたことは，何時間も続けてやるものだ。1 時間ごとに学ぶ内容を変えるのは，かなり不自然なやり方とも言える。

20 世紀の初めには，アメリカ合衆国のデューイ（Dewey, J.）による教育理論が注目される。これは教師中心の教え方を脱し，児童生徒の興味関心を重視しようという立場である。一般に，進歩主義的，児童中心主義的な理論と言われる。

これを具体化すべく，いくつかの方法が登場する。たとえば，ドルトンプランは，アメリカ合衆国，マサチューセッツ州のドルトンという町で，パーカスト（Parkhurst, H.）が試みた実験的な指導である。生徒と教員との契約による個別，自由な学習（契約学習）に特徴があった。

児童生徒の興味関心や生活体験を中心として，学習を進める方法も試みられた。つまり，定められた内容を，順序よく教えていく形にこだわらない。そして，子どもたち自身が生活するなかで感じた素朴な疑問からスタートして，より自由に学習を進めようというのである。これが，問題解決型の学習と言われる方法論である。このうち，プロジェクト・メソッドは，アメリカのキルパトリック（Kilpatrick, W.H.）が試みた。1920 年代における進歩主義の代表的な方法論と言われる。プロジェクトとは，数日から数週間程度をかけて行われる実際的な活動である。「学級新聞をつくろう」など経験的な課題を用いる。

平成 12 年（2000 年）から登場した「総合的な学習の時間」でも，何を指導するかは，必ずしも決まっていない。学校や地域の実情に応じて，それぞれの学校で内容や指導方法は決められる。ただ，問題解決学習や体験学習を重視することが，定められている。総合的な学習の時間も，ドルトンプランやプロジェクト・メソッドなどの延長線上に位置していると言えよう。

(4) ティーチングマシンとプログラム学習

算数が苦手な子どもには，特別に補習をする。あるいは逆に，得意な子どもには，さらに進んだ応用問題に挑戦してもらう。さらには，生物に関心の強い子どもには生物を，機械に関心のある子どもには機械を徹底して学ばせよう，という見方がある。こうして，一人ひとりの子どもたちに合った教育を提供しよう，という考え方自体は，すでに日本でも古くからあった。実際，江戸時代には，個別指導こそがふつうの教育方法であった。

ただ，その場合に問題となるのが，指導にかかるコストの増加である。確かに，学校の教員の数を増やし，学級規模を小さくすれば，一人ひとりの児童生徒の個性に応じた教育は実現しやすくなる。あるいは今日，一部では，ティーム・ティーチングや習熟度別の学級編成も採用されている。しかし，そのためには，莫大な予算が必要となる。さらに，教育内容が高度になるにつれて，教員にも高い資質が要求される。つまり，簡単に教員の数を増やすことはできない。

その後，教育の個別化をねらって，特別な機械や道具，教材作成の技術が登場する。ティーチングマシンや，プログラム学習（第7章参照）である。一人ひとりの子どもたちが，その能力に応じて，適切と考えられるレベルの教材や問題から学習を始める。そして，徐々により困難な問題に取り組んでもらおうとする。

また，20世紀半ばにコンピュータが開発されると，プログラム学習の原理が，コンピュータを用いた教育の原理として応用される。これが，CAI（コンピュータの助けを借りた教育）である。CAIが登場し，さらにパーソナル・コンピュータの時代に入ると，教育の個別化が一気に進むと期待された。しかし，多くの教材は，簡単にはプログラム化できなかった。また，単調な繰り返しのドリルに陥った。人間の複雑な学習のプロセスを，プログラムに置き換えることは難しかった。

CAIは，一般の教室に広く普及するに至らなかった。しかし，今日では，子どもたちの学習を援助する道具として，コンピュータなどの教育情報機器は，重要な位置を占めている。

4. 協 同 学 習

(1) 協同学習とは

社会の情報化が加速する現代，学校の役割も見直しを迫られている。未来の子どもたちは，自宅でコンピュータに向かって，個別学習することになるのだろうか。もし仮にそうなった場合に，ほかの人たちとの社会的な接触の少なさが，もっとも懸念されるだろう。社会が変化しても，コミュニケーション能力の獲得は，今後も重要な教育目標の一つだと考えられる。同年代の子どもたちとのかかわりの中で学ぶことは，少なくない。

日本の学校は，伝統的に学級の人数が多かった。現在でも，いわゆる先進諸国との比較では，韓国などとならんで学級規模が最も大きい国の一つとなっている。また，和を重んじる伝統文化もあり，日本では学級内の子どもを，グループに分けて活動させる指導方法が発達した。

現在，こうした指導方法は協同学習と呼ばれて注目されている。協同学習の研究者として著名なジョンソン兄弟（Johnson & Johnson, 2009）は，「この60年間で，協同学習ほどうまく実践されてきた教え方は，他に例を見ない」と総括している。国内外を含めてさまざまな理論が考案され，実践されてきた。ここでは，その主なものを紹介する。

(2) バ ズ 学 習

バズ学習は，日本で生まれた協同学習の理論である（塩田・阿部, 1962）。「バズ」は，ハチの羽音を指す英語で，子どもたちがワイワイと話し合っている姿を表現している。バズ学習の特徴は，人間関係を基盤とする教育にある。具体的には，一斉学習の中で小集団を用いて，授業の能率や効果を高めることが多い。

バズ学習では，認知的目標と態度的目標の同時達成をねらう（塩田, 1989）。認知的目標とは，教科学習の到達目標である。たとえば，算数の授業で「くりあがりのある足し算ができるようになること」とか，国語で「登場人物の心情を示す言葉に気づく」という目標は，ともに認知的な目標である。一方，態度的目標とは，学習に対する興味・関心，学習への集中力と持続性・粘り，社会的技能に関わる目標などのことである。相互の協力とか責任感，リーダーシップ能力の獲得などを含んでいる。つまりバズ学習では授業を通じて，こうした社会的な技能も同時に習得させることをねらっている。

少人数での話し合いは，学級全体の中での発言よりも気楽でのびのびとできる。また，班内での役割分担や責任を経験できたり，一斉指導よりも参加機会が増えるなどの長所があると考えられる。一方，ただ話し合う機会を設けるだけでは単なるムダ話に終始する危険性があること，他の班員に依存してしまう子がでること，などの問題点も指摘される。

効果的な小集団の活用方法としては，次のような原則が示されている（杉江，1985）。

①人数は4～6名が多く用いられる。能力に関して集団内異質が良い。

②小集団でじっくり取り組めるよう課題を精選し，明確に示す。

③課題は適切な困難度であること。

④まず個人思考から入り，集団思考と適切に組み合わせる。

⑤人間関係を学級全体に広げるため，編成替えを適宜実施する。

(3) 自由バズ学習方式

従来のバズ学習は，一定のメンバーで班を固定して行うグループ活動であった。一方，市川（1987）は，課題ごとに，自由にメンバーを編成して行うバズ学習の形態を提案した。必要に応じて，人数もメンバーも柔軟に変化する。これが自由バズ方式である（中井，2007）。

自由バズにおいても，まず課題が提示された後，個別に児童生徒が考える。その後，全員が，イ「理解できて，説明もできる」，ロ「理解できるが，説明はできない」，ハ「理解できない」という三つの立場のうち一つを，机に表示する（この際，立場がお互いにわかるように，それぞれ，緑・黄・赤という3色の表示板などが用いられる）。

そして，イの「説明できる」と表示した子ども（緑色の表示）の所へ，他の子どもたちが教えてもらいにでかける。教室内を自由に子どもたちが移動して，少数の説明できる子どもの所に集まるのである。「説明できる」と表示した子どもは，やってきた子どもたちに，うまくわかるように説明しなければならない。この方式だと，従来の「固定バズ」のように同数程度の班ができるとは限らない。2-3人のグループもあれば，10人のグループもあるかもしれない。

市川（1987）は，自由バズの効果を，実験的に検討している。その結果，自由バズを中心過程に取り入れた実験学級では，それを取り入れない比較学級よりも，成績や満足度が有意に高かった。

(4) ジョンソン兄弟の協力学習

アメリカ合衆国で協同学習が発展してきた背景には，人種間などの統合という要求があると言われている。多様で異質な集団がうまくやっていけるように，と工夫された結果なのである（宇田，1994）。

ドイチュ（Deutsch, M.）は，グループ・ダイナミックスの創始者であるクルト・レヴィン（Lewin, K.）の弟子であった。彼は，1940年代，協力と競争の差異に注目した。協力事態と競争事態とを，目標という観点で定義した（杉江，2001）。「グループ内でのひとりひとりの成長が互いの喜びであるという事態が，協力である。一方，競争は，グループ内での順位を目標にして競い合う事態を言う」。つまり，一人の生徒が1位になるとほかの生徒は2位以下になってしまう，という状況をつくるかどうかの違いである。このうえでドイチュは，協同がいくつかの点で，競争よりも優れることに気付いた。

ドイチュの指導生であるミネソタ大学のジョンソン兄弟（Johnson, D. W., & Johnson, R. T.）は，ドイチュの理論を，ふつうの学級で利用可能なようにした。彼らの協力学習では，競争が使われておらず，最も純粋な協同学習と言われる。生徒たちは同じ一つのワークシートを学習する。互いに助け合い，グループ内の全員がわかるまでやる。メインストリーム（健常児と障害児との統合教育）への要求にこたえようとしたものである。何の工夫もなく統合しようとすると，かえって障害児への偏見を助長しかねない，との懸念があった（杉江, 1999）とされている。

(5) ジグソー法

人種の間の協調を目指した方法として，テキサス大学のアロンソン（Aronson, E.）らが中心に開発したジグソー法も有名である。5-6 人のグループを人種・性・能力で異質になるように編成する。そして，それぞれのグループに，学習課題の一部（下位課題）のみを与える。次に，それぞれが「専門集団」に分かれて，自分たちの担当部分について，話し合って学習する。最後に，再び元の集団に戻って，自分が学んだことをほかの成員に教える。互いに力を合わせることで，より確かな知識が構成されていき，知のジグソーパズルが完成する。

(6) 協同学習の効果

協同学習の効果を調べた研究は，非常に数が多い。ここでは，それらの中からの研究例を紹介するにとどめる。シャランとシャラン（Sharan & Sharan, 1992/ 邦訳, 2001）は，数ヶ月間にわたるグループ・プロジェクトによる効果を，小学校から高校までで調べた。この結果，成績の進歩量は，一斉指導で学んだ同じ学校の子どもたちと比べてほぼ同じか，あるいははるかに大きかった。一方，基礎的な知識を問う問題では，伝統的な一斉指導で教えられた子どもたちよりも劣っていたという。シャランらは同時に，グループ・プロジェクトが動機づけに及ぼす効果を一斉指導と比較する実験も，小学校で行っている。そして，グループ・プロジェクトによる学習は，内発的動機づけを高める可能性が高いと指摘している。

核家族化や少子化，都市化など，子どもたちの環境が激変している。そして，これに伴い，社会的技能（ソーシャルスキル）の学習機会が減少している。そこで，社会的技能を学習するための特別なプログラムが，学校で行われることがある（第 11 章参照）。ただ，こうした努力とともに，日常の授業の中に協同学習を採用していくことも，今後の教育を変えていく大きな力となるかもしれない。

●復習課題

(1) 江戸時代から明治時代にかけて，日本における教育はどのように変わったと言えるか。説明せよ。

(2) 20 世紀の初め，アメリカ合衆国でデューイの思想に影響されて行われた指導方法を一つあげて，具体的に説明せよ。

メタ分析による指導方法の効果研究

本章では，学習指導のさまざまな方法を扱っている。結局どれがいちばん良いのだ，という疑問も当然出てくるだろう。平均的な効果について，比較検証する実験が行われてきた。発見学習のように注目されてきた指導方法に関しては，実に数多い研究の蓄積がある。二つあるいはそれ以上の方法で実際に教えてみて，事後のテスト結果や進歩量などを比較するものだ。ところが，それらの研究結果が，互いに相反する場合も多い。

そこで最近では，多数の研究結果を統合し，結論を導く「メタ分析」も用いられる。この方法では，一つひとつの研究自体が，1件のデータとして扱われる。そして，効果なしから効果ありの間で，多数の研究結果が，どのように分布しているかを見る。

実験的なメタ分析では，たとえば次のような手順で研究が行われる。

(1) 関係すると思われる研究資料を収集する。

学術文献データベース等，検索の対象とする範囲や収集手順を決める。研究のキーワード（たとえば発見学習と有意味受容学習）を用いて検索し，必要な文献を収集する。

(2) 利用可能な研究に絞り込む

たとえば，①比較実験を用いた実証的研究であること，②それぞれの指導が適切になされていること，③小・中学校の児童生徒を対象としていること，④客観テストを用いて効果測定がなされていること，などの基準を設けておく。そのうえで実際にそれぞれの文献の要約などに目を通し，基準に合わない研究を除外する。

(3) 効果サイズを算出する

基準を満たす研究のみを対象として，分析する。まず，実験群における従属変数（テスト）の平均値から，統制群の平均値を引いて，差を求める。次にこれを統制群の標準偏差で割ったものを「効果サイズ」と呼ぶ。正の効果サイズは効果があることを，逆に負の効果サイズは効果がないことを意味している。

メタ分析は，多数の異なる研究者が行った実験結果を統合して，効果の有無を判断する。このため，単独の研究結果よりも説得力が高いという長所がある。一方，まったく別の目的で行われた研究を，同列に並べて比較できるのか，などの批判も浴びている。

7 個に応じた学習指導

近年，「個に応じた指導」という言葉をよく耳にするのではないだろうか。この言葉は小学校・中学校・高等学校のいずれの学習指導要領にも用いられている。たとえば，小学校学習指導要領では次のように記載されている。

> 各教科等の指導に当たっては，児童が学習内容を確実に身に付けることができるよう，学校や児童の実態に応じ，個別指導やグループ別指導，繰り返し指導，学習内容の習熟の程度に応じた指導，児童の興味・関心等に応じた課題学習，補充的な学習や発展的な学習などの学習活動を取り入れた指導，教師の協力的な指導など指導方法や指導体制を工夫改善し，個に応じた指導の充実を図ること（第１章　総則第５指導計画の作成等に当たって配慮すべき事項 2-(5)；傍点は筆者）（文部科学省, 2004）

この記載は，中学校や高等学校でもほぼ同様である。これは，どの年代の学校種であっても「個に応じた指導」が重要であるということを示していると言えよう。

もちろん学習指導要領をもちだすまでもなく，「個に応じた指導」，すなわち学習者の個人差に配慮した学習指導を行う重要性は，誰もが認識しているところであろう。ここでは，「個に応じた指導」について，心理学的な観点からはどのように扱われてきたか，また，「個に応じた指導」の具体的な方法としてどのようなものが考えられるのかについて紹介したい。

1. 学習者の特徴と学習指導法（適性処遇交互作用）

まず，次の研究について考えていただきたい。スノーら（Snow et al., 1965）は，大学生に物理学の授業を行う際，映像を用いて教える授業と，教師が実際にその場で教えるという授業を行い，その効果を比較した。では，その結果，どちらの方が効果が上がったであろうか。

結果としては，２つの教授法の効果の間に違いが見られなかった。しかし，学生たちがもつ特徴を踏まえて，教授法の効果を検討したところ，興味深い結果が得られた。その１つが，図 7-1 に示したものである。具体的に述べると，積極的で自信があるという，勢力性（ascendancy）の高い学生は，教師がその場で教えるという教授法で，より高い成績を示したが，映像で学習するという教授法ではそれほど高い成績を示さなかった。一方，消極的で自信がなく他者にあわせて行動するという，勢力性の低い学生は映像を用いて学習するという教授法で，より高い成績を示したが，教師がその場で教えるという教授法ではそれほど高い成績を示さなかった。

さて，学習の成果は単に成績だけに限られるのではなく，たとえば，学習について意欲をもつということも大切な観点である。こういった学習意欲の観点においても，先ほどと同様の結果が，倉八（1994）の研究で見られている。この研究では，英語教育において，コミュニケ

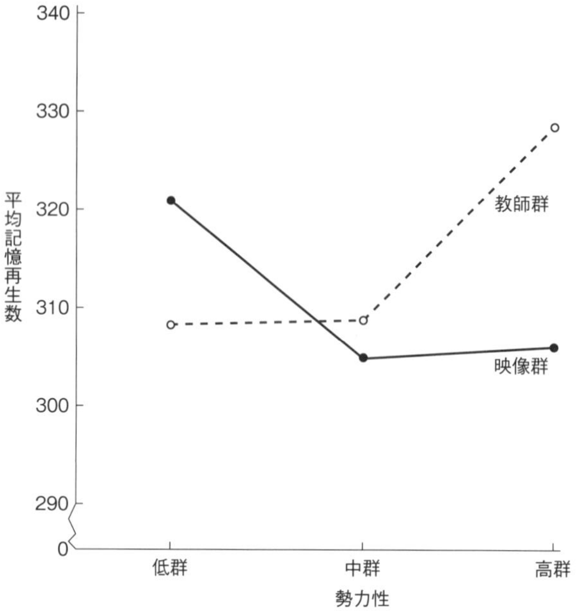

図 7-1　平均記憶再生数を指標とした勢力性の差異による授業効果の違い（Snow et al., 1965）

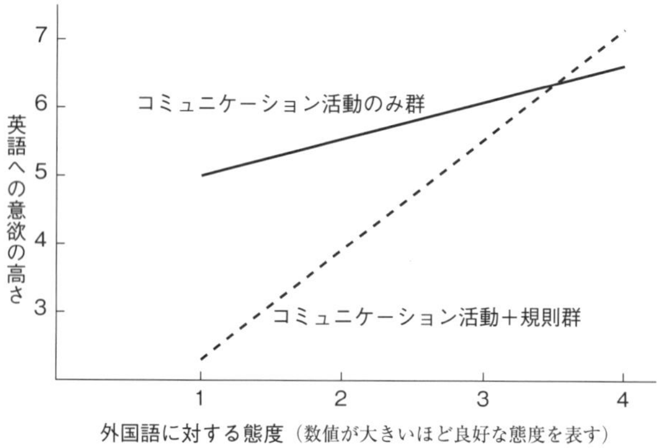

図 7-2　英語への意欲を指標とした外国語に対する態度の差異による授業効果の違い（倉八, 1994）

ーション活動のみを行う授業と，コミュニケーション活動と文法的な規則の学習を行う授業の比較を行っている。そして，両授業によってもたらされる英語への意欲の違いを，学習者がもつ外国語に対する態度の差異をふまえて検討している。結果は，図 7-2 に示すとおりである。外国語に対する態度が良好でない学習者は，コミュニケーション活動のみの授業において英語への意欲が高いが，コミュニケーション活動に加えて規則の学習も行う授業では意欲は高くない。一方，外国語に対する態度の良好な学習者においては，コミュニケーション活動に加えて規則の学習も行う授業において，若干英語への意欲が高い。

これらの研究は，勢力性の高さや外国語に対する態度という学習者の特徴の違いによって，教授法の効果に違いが生じることを示している。このように，同じ教授法であっても，学習者がもつ特徴によって，学習成果が異なることがある。すなわち，学習成果は，学習者がどのような特徴をもつのかということと，どのような教授的働きかけがなされるかの両方によって決まると言え，これを適性処遇交互作用（aptitude treatment interaction: ATI）と言う。適性（aptitude）は学習者がもつさまざまな特徴を指し，処遇（treatment）は教授的働きかけを指す。クロンバック（Cronbach, 1957）は，この両者の組み合わせにより学習の効果が示されるため，教育において両者を踏まえることが重要であると示唆している。

では，適性処遇交互作用が生じるということから，教育実践に対していかなる提言が可能だろうか。まず第一に考えられることは，学習者の特徴に応じた学習指導を行うことが重要であるということである。これはまさに「個に応じた指導」の重要性を示すものである。たとえば，最初に紹介したスノーらの研究では，勢力性の低い学生には映像を用いて学習するという教授法を用い，勢力性の高い学生には教師がその場で教えるという教授法を用いるといったことである。こうした実践を有効にすすめるためには，これから行う学習指導の効果を左右する学習者の特徴にはどのようなものがあるかを知っておく必要があり，そのうえで，目の前の学習者がそれぞれどのような特徴をもっているのかを適切に把握する必要がある。この際，学習者の様子を観察することで学習に関係する特徴を把握することがもちろん大切である。知能テストなどの客観的な指標を用いて評価を適切に行うことで，学習者の特徴を把握することができる。

さて，図 7-1 をもう一度，ご覧いただきたい。このとき，最も成果が上がっているのは，どういった条件のときであろうか。それは，教師がその場で教えるという教授法を勢力性の高い学生に用いるときである。この結果を別の視点から考えると，勢力性が低い学生は，映像を用いた教授法で効果が上がるものの，勢力性の高い学生において得られた最も高い効果ほどの効果が得られないということである。つまり，最も高い学習成果を上げようと考えるならば，勢力性に働きかけて勢力性を高め，かつ，教師がその場で教えるという教授法を行う必要がある。

このことから第二に考えられることは，学習成果を高めるために，単に学習者の特徴にあわせて学習指導法を変化させるだけではなく，学習者の特徴自体に働きかける必要もあるのではないかということである。倉八（1994）の研究においても，外国語に対する態度が良好であるほど意欲が高くなっている。そのため，最も効果を上げるには外国語に対する態度そのものに働きかける必要があると言える。別な言い方をすれば，外国語に対する態度は，対象となった授業の成果に対してだけでなく，それ自体が，英語学習において重要な要因であると考えられるであろう。このように適性処遇交互作用に関わる学習者の特徴には，それ自体を伸長させることに重要な意味をもつものもあると言ってよい。

つまり，学習者への指導的な働きかけに際しては，学習指導法を変化させることに加え，学習に関係する学習者の特徴にはどのようなものがあるかを知り，かつ，変化を促したい学習者の特徴に対して，どのように働きかければよいかについても知っておく必要がある。このことは，特定の教科の学習指導であったとしても，最も高い学習成果を上げるためには，その教科内容の指導だけではなく，学習者の特徴に働きかけるという指導も必要であることを示している。

ここまでの内容をまとめる。学習成果は，学習者のもつ特徴と教授法がともに働きあって生じるものである（適性処遇交互作用）。そのために，望ましい学習のためには，学習者の適性にあわせた処遇を行う必要がある一方，学習者の適性自体を望ましいものへと導いていく働きかけも必要であると言えよう。「個に応じた指導」ということを考えた場合，この両者に目を向ける必要があるというのが，適性処遇交互作用に関する研究知見からの示唆であると言える。

2. プログラム学習

プログラム学習（programmed learning, programmed instruction: PI）とは，個々の学習者が効率的に学ぶことを支援するために，学習内容や課題が系統的に配置された教材を用いた学習方式を指す。

プログラム学習の方式に大きく影響を与えた人物として知られるのが，オペラント条件づけの理論（第2章参照）を主唱したスキナー（Skinner, B. F.）である。スキナーは，1920年代よりティーチング・マシンと呼ばれる装置を開発していたプレッシー（Pressey, S. L.）との交流を経て，オペラント条件づけの考えを反映したプログラム学習が可能なティーチング・マシンを開発した。このティーチング・マシンでは，表7-1のようなかたちで，系統的に課題が準備される。学習者においては，各課題を遂行しながら，最終的な学習目標に到達していくことが目指されるのである。

表7-1　スキナー（Skinner, B. F.）が例示したティーチング・マシン用のプログラム（Skinner, 1958をもとに作成）

1	manufactureには，「つくる（make）」あるいは「建てる（build）」という意味があります。 用例：Chair factories manufacture chairs. まずはこの単語を，下に書き写しましょう。 □□□□□□□□□□□
2	この単語の一部は，factoryの単語の一部と似ているところがあります。どちらも，「つくる（make）」あるいは「建てる（build）」を意味する古い言葉が，語源になっているのです。 manu□□□□ure
3	この単語の一部は，manualの単語の一部と似ているところがあります。どちらも，「手（hand）」を表す古い言葉が，語源になっています。これまで，たくさんのものが，手でつくられてきたのです。 □□□□facture
4	同じ文字が，空いたスペースに入ります。 m□nuf□cture
5	同じ文字が，空いたスペースに入ります。 man□fact□re
6	Chair factories □□□□□□□□□□□ charirs.

スキナーのプログラム学習の基本原理は，次のようにまとめられる。

①スモール・ステップの原理　最終目標に至るまでの学習内容は，できるだけ小さなステップに分けた課題として学習者に提示する。これは，オペラント条件づけにおけるシェイピング（漸次的接近法）という考え方に基づく。

②積極的反応の原理　学習者に提示する課題は，多肢選択のような再認形式ではなく，積極的に解答させる再生形式にする。

③即時フィードバックの原理　学習者の解答に対しては，オペラント条件づけの理論に沿って，報酬や罰に相当する，正反応あるいは誤反応であるという情報（knowledge of result: KR）を即座に提示し，学習者の正反応を強化，あるいは誤反応を消去する。

④学習者ペースの原理　個々の学習者が，それぞれのペースで学習を進めることができるようにする。すなわち，個に応じた学習機会を提供する。

⑤学習者検証の原理　多数の学習者が誤反応を示すような課題については，当該の課題を修正したり，課題の配列を変えたりすることにより，プログラムの改善を図る。

スキナーのプログラムでは，直線的に最終目標に到達するように，課題が用意されている。これに対して，学習者の解答に応じて，課題のコースを複数用意したプログラムもある。前者は直線型プログラム，後者は分岐型（枝分かれ型）プログラムと呼ばれる。

プログラム学習の方式に沿った教材として，さまざまな学習内容に対応した数々の参考書が出版されてきた。また，コンピュータの操作により実施可能な教材の研究開発もされてきた。たとえば教育場面へのコンピュータの導入が検討されるようになった1980年代頃は，コンピュータ支援教育（computer associated instruction: CAI）の一環として，学習教材の研究開発が展開されていた。近年，同様な研究開発は，インターネットの発達に伴い，e ラーニング（e-learning）システムを念頭に置いたものへと移行している。

もっとも，プログラム学習については，短所も指摘できる。この学習方式では，知識習得のような学習目標に対する教育効果は期待できるが，教師や学習者同士の相互作用を通じて思考力を深めていくことへの支援には通じない。また，既存の教材を活用する場合を除き，プログラム学習の方式に沿った教材の開発には，費やされる時間的コストが大きい。学校教育においては，教育目的に沿いつつ，適切な教材を選択し，補助教材として個別の学習指導の機会に導入するといった活用の仕方が現実的である。

3. 完全習得学習

完全習得学習（mastery learning）とは，キャロル（Carroll, J. B.）の「学校学習のモデル」（1963）の中で示された考えをもとに，ブルーム（Bloom, B. S.）が提唱した学習指導に関する理論を指す。完全習得学習の理論においては，教師が，授業の種類ならびに質，あるいは学習時間量を，個々の学習者の特性に合うように調整することで，大半の学習者が，当該教科の内容を習得し，高い学力水準に到達することが可能であるとみなされる（Bloom, 1976／邦訳, 1980）。

教育現場で完全習得学習を導入するためには，特に2つの課題の克服が重視されている。ひとつは，教育目標を細分化してできるだけ明確にすることで，もうひとつは，その目標への到達度を適切に評価するテストを実施することである。ブルームは，両課題に対して，自ら具体的な枠組みを示す役割を果たしてきた。前者の課題に対しては，教育目標のタキソノミー（分類体系）の提案で，後者に対しては形成的評価（第14章参照）の概念に基づくテストの提案である。

教育目標のタキソノミーとは，教育目標を下位領域に分類し，さらに各領域で順次達成しなければならない下位目標に分類する営為のことを指している。ブルームによる教育目標のタキソノミーでは，教育目標は，認知的領域，情意的領域，精神運動的領域の3つに分類される。そして，たとえば認知的領域では，知識，理解，応用，分析，総合，評価という系列によって下位目標が分類され，前者の目標に関わる能力が習得されなければ，後者の能力の習得は困難だという関係が想定されている。

また，ブルームは教育活動上の評価を，活動の開始前に行う診断的評価，活動途上で行う形成的評価，終了時に行う総括的評価に分けて概念化している（第14章参照）。このうち，形成的評価は，完全習得学習の実現に重要な役割を果たすと考えられている。

完全習得学習の実践においては，形成的評価をきちんと行うために，教育目標のタキソノミーを踏まえながら，単元ごとに学習の下位目標を視覚化した目標細目表がつくられる。目標細目表をもとに，形成的評価のためのテストを作成し，それを学習者に実施するという手続きがとられる。形成的評価の主たる目的は，学習者の成績をつけることではなく，個々の学習者の目標到達状況ならびに問題点を把握して，学習の矯正や指導に生かすことにある。また，指導方法およびカリキュラムにみられる，問題点の把握ならびに改善にも活用される。

完全習得学習の理論をもとにした教育実践の効果を検討したものに，韓国の中学校で実施されたキム（Kim, H.）の研究が知られる（金, 1976）。この研究では，数学と英語の授業を対象として実験が行われた。その結果，学習内容を完全に習得した生徒の割合は，一般学級集団では50%未満だったのに対して，完全習得学習に基づく授業を受けた学級集団では70%以上で，完全習得学習の効果を裏付けたかたちとなっている。

なお，完全習得学習の具体的な手続きについては，必ずしも上述した内容に限定されない。もっとも，目標の細分化や形成的評価の導入は，いずれも個に応じた学習指導のあり方について，大きな示唆を与えていると言えるだろう。

4. 自己調整学習

学校での子どもたちの学習成果は，適性処遇交互作用の考え方からもわかるとおり，教師が学習内容をいかなる教材で何をどのように指導するかという外的な要因に影響を受けながらも，学習者である子どもたち自身がどのように学んでいくかといった，学習者自身の内的活動や行動にも大きく左右される。このことを踏まえるならば，子どもたちに対する個に応じた学習指導においては，単に学習内容を工夫して指導するのみならず，学習に対する態度，学習への動機づけ，学習の方法や技術といった，学習過程に対する指導をすることの意義は大きい。

心理学において，学習者たちの学習過程に着目してきた研究として近年特に注目されるのは，自己調整学習（self-regulated learning）という概念に基づいた一連の研究である。自己調整学習に関する研究は，ジマーマンとシャンク（Zimmerman & Schunk, 2001／邦訳, 2006）においてまとめられているが，各研究は，実にさまざまな異なる理論的背景をもっている。ただ少なくとも，自己調整学習の概念を踏まえた各研究では，おおむね共通している学習観を基盤としている。それは，学習活動というものを，個々の学習者が周囲の環境との相互作用の中で，自らの感情，認知，行動を主体的に調整しながら積極的に学び，さらにその調整能力を育んでいく過程をもつ活動であると位置づけていることである。たとえば「自分が現在何を理解しているか」あるいは「自分がどのような学習方法をとれば，効率的に知識を習得できるか」といったように，メタ認知（個人の認知的な心の働きについての認知，第3章参照）を積極的に働かせながら行動を調整する子どもは，自己調整学習に基づく学習者の一面を示していると言える。

自己調整学習の成立に重視される能力は，近年の国内の教育行政側より「自己教育力」や「自ら学び自ら考える力」という用語で指摘されてきた能力にも通じている。すなわち，自己調整学習に見られる学習観は，現代の社会のニーズに沿った学習観であると言える。さらに言えば，生きるために必要な知識や技能が高度化あるいは複雑化していく社会を俯瞰（ふかん）する限り，子どもたちの学習過程に介入しながら，彼らを自己調整学習の成立した学習者に育てていく活動は，今後も重視され続けると考えてよいだろう。

5. 個別学習指導の実践：認知カウンセリング

教室には，多様な特徴をもつ学習者がいる。そういった多様な学習者への対応法として，真っ先に思いつくのが，個別学習指導であろう。もちろん，多様な特徴をもつ学習者への対応方法として，個別学習指導が唯一のものではなく，たとえば，協同による学習によって，学習者の多様性を活かして学習を高めることも行われている（Barkley et al., 2005／邦訳, 2009）。しかし現状では，特に学習塾などにおいて，個別学習指導が幅広く行われている。そこで，ここでは個別学習指導について紹介し，望ましい個別学習指導の方法について検討を進めたい。中でも，学習者がもつ「認知的問題」について，個別対応により解決を目指す認知カウンセリング（市川, 1993, 1998）を中心に紹介をしたい。

認知カウンセリングは，“認知的な問題を抱えているクライエント（主として「何々がわからなくて困っている」という人）に対して，個人的な面接を通じて原因を探り，解決のための援助を与えるもの（市川, 1993, p.10）”である。そして，この解決には，認知心理学・教育心理学の知見が活かされ，また，この活動自体が実践研究という視点から省察がなされている（市川, 1993, 1998）。

さて，認知カウンセリングの定義だけからは，単にその場で悩んでいる問題を解決したり，その教科の手頃な解決法を伝達するだけの活動であると思われるかもしれない。しかし，この活動で目指されているのは，それらを越えて「学習者の自立を促す」ということである。すなわち，個々の学習者にあったやり方で認知カウンセラーと呼ばれる援助者が学習内容について教えるという支援だけではなく，最終的には，学習者自身で自分にあったやり方を見つけ，それを自律的に用いていくことを可能にするための支援が目指されている。これらは，前節であげられた自己調整学習の考えにも対応すると考えられ，本活動は，自己調整学習ができる学習者を育てるものであるとも捉えられるであろう。自己調整学習では，前述のとおり「メタ認知」が重要な役割を果たしているが，認知カウンセリングにもおいても学習者のメタ認知に対する働きかけが行われている。

認知カウンセリングの具体的な技法として，市川（1993）では，以下の6点があげられている。

①自己診断　「どこがわかっていないか」「なぜわからないのか」を言わせてみる。これを通して，自らが自己診断を行えるようになることを促す。

②仮想的教示　ある概念や方法を「それを知らない人に教示するつもりで」説明させる。これによって自らの理解を把握し，より明確なものとする。

③診断的質問　どこまでわかっているかを試すための質問をすることによって，理解状態を明確に把握する。

④比喩的説明　本質的な部分以外のところが伝わってしまうことに注意しながら，概念の本質を比喩（アナロジー）で説明する。

⑤図式的説明　学習内容を整理して図式化する。そして，その図式をどのように見るかについて，理解を深める。

⑥教訓帰納　問題を行った後，「なぜ，はじめは解けなかったのか」「問題をやってみたことによって何がわかったのか」を考えることで，「教訓」という一般的なルールを導き出す。

学習者の自立を目指す認知カウンセリングでは，これらの技法を，認知カウンセラーが教授方略として用いるだけでなく，学習者自身にも学習方略として獲得されることが目指されている（具体的な事例は，市川（1993, 1998）に幅広く紹介されている）。この6つの技法の中で，自己診断・仮想的教示・教訓帰納は，学習者自らのメタ認知的気づきを直接的に促すものであるといえよう。特に，教訓帰納は，その場の学習を越えて，さまざまな場面で望ましい学習のやり方を広げていくためには核となるものであると考えられる。

この教訓帰納については，基礎的研究の視点から，認知カウンセリングとの関わりの中で，検討が行われている（寺尾, 1998）。そこでは，「学業成績の高い学習者は，問題解決の失敗から有効な教訓を引き出すことができる」「教訓帰納という学習方略によって，問題やその正解の抽象化を行うことで（一般的なルールを導き出すことで），転移（他の学習場面でも，学習した内容が活かされること）は促進される」「適切な教訓帰納は，解決に失敗した自分の解法を正解と比較することによって促進される」といったことが見出されており（寺尾, 1998, p.183,（　）内は本節筆者が追加），教訓帰納の有効性が示されている。また，問題の解決に有効な教訓が引き出せなかった生徒は，「数学は暗記だ」「数学は多くの問題を解いた人の勝ち」「やる気や集中力が足りなかった」といった教訓を引き出しており，ここには「暗記主義・物量主義」「やる気＝根性論」という学習観があらわれていることが示唆された。そのため，個人がもつ「学習観」も学習に関わる重要な「適性」として注目し，個別指導の中で働きかけをしていく必要があると言える。

さて，認知カウンセリングでは，臨床の問題を解決するカウンセリングと同様に，クライエントの状態について確認が行われる。ここでは，来談のきっかけとなった認知的な問題はもちろんのこと，たとえば，生育歴などクライエントのもつ背景情報も把握しながら指導が進められる。これらは，学習活動そのものではないが，学習に大きな影響を与えうるものであり，まさに，個々の学習者の適性について目を向けた働きかけが行われていると言えるであろう。

このように認知カウンセリングでは，多様な側面から学習者の適性に目を向け，それに配慮しながら，学習者の自立を促す技法を用いた働きかけを行い，学習者自身が自律的に自らの学習を改善する方法を身につけさせるという活動が行われている。

個々の学習者は多様な特徴をもつが，指導者がその特徴のすべてにあわせた教育活動を続けていくことは，きわめて困難である。それゆえ，やはり「学習者自身」が自らの特徴を把握し，それにあわせた学習を進めていくということが，完全に「個に応じた学習」を実現する唯一の方法であると考えられる。その意味では，個別学習指導を通して，まずは指導者によって自律的な学習を進めるための支援が個々の学習者にあわせた形でなされ，最終的には学習者自身で自律的に学習を進めていけるようになることが，個別学習指導が理想的に求める目標となるのではないだろうか。

個に応じた指導としての少人数授業

クラスサイズ（学級内の子どもたちの人数規模）をできるだけ小さくした授業は，国内では少人数授業と呼ばれている。国内においては，平成 13 年度（2001 年度）より，「公立義務教育諸学校の学級編成及び教職員定数の標準に関する法律」の改正で「学級の弾力的編制」が認められたことを契機に，一般的な 40 人学級を 2 クラスに分けるなどをした少人数授業の実践が，一部の自治体を中心に積極的に行われるようになった。

クラスサイズと教育効果との関連について検討する研究は，国内外で行われており，クラスサイズを小さくすることの有効性がおおむね示されてきた。では，クラスサイズを小さくすることが，子どもたちの学習にとって，なぜ効果的になりうるのだろうか。

西口（2003）は，15 人規模と 30 人規模の小学校 4 年生の算数授業を対象とした観察を行い，教師が子どもたちと相互作用する時間についてまとめている。その結果，15 人規模の学級において，子どもたちに割り当てられた学習課題を行うという個別学習の際に，教師が効率的に個別指導を行っていることが示されたのである。

表 7-2　クラスサイズが異なる算数授業の中での個別学習の時間および，当該時間中に教師が 1 人あたりの児童と関わった時間（西口，2003 をもとに作成）

	クラスサイズ小	クラスサイズ大
児童数（1 授業あたりの平均）（注 1）	15.4 人	32.0 人
個別学習の時間（1 授業あたりの平均）（注 2）	16.2 分	15.3 分
個別学習の時間中に，教師が児童と関わった時間（児童 1 人あたりの平均）	21.2 秒	6.3 秒

注 1　観察対象となった授業は，クラスサイズ小では 20 授業，クラスサイズ大では 10 授業であった。
注 2　観察したいずれの授業も，45 分授業であった。

具体的には，15 人規模の授業と 30 人規模の授業において，子どもたちが個々に学習課題を遂行する時間（個別学習の時間）を測定し，その時間の中で，教師と個々の子どもたちとの間で相互作用が行われた時間が検討されている。両クラスサイズともに，個別学習の時間は 16 分前後とほぼ同じだったが，ここで注目すべきは，その時間内で教師が個々の子どもたちと直接的な指導的関わりが行われた時間である（表 7-2）。

30 人規模のクラス（表 7-2 のクラスサイズ大）では，子ども 1 人あたり 6.3 秒であったのに対して，15 人規模のクラス（表 7-2 のクラスサイズ小）では，1 人あたり 21.2 秒であった。個別学習が行われた時間が，今回の観察対象のように両者でほぼ同じならば，単純に考えればクラスサイズが 30 人規模から 15 人規模と半分になると，1 人あたりの子どもが教師から指導を受ける時間は 2 倍になることまでは十分予測可能なことである。ただ実際には，15 人規模のクラスサイズでは，30 人規模のクラスサイズの 3 倍以上（＝ 21.2/6.3）だったのである。これは，15 人規模のクラスにおいて，個別学習時の教師の指導的関わりの機会が，きわめて効率的に設けられていたことを意味する。その根拠として，クラスサイズが小さくなると，16 分前後の個別学習時間でも，ほぼすべての子どもたちに関わることができるため（西口, 2007），子どもたちの机の上にあるプリントやノートを見ながら，誰を対象に個別指導をするかを見極めるための「素通り」という余分な時間が不要になることがあげられる。

こうした根拠については，さらに検証すべき余地はある。ただ少なくとも，少人数授業が，個に応じた学習指導をする環境として適しているという可能性には注目してもよいだろう。

●復習課題

（1）完全習得学習の成立のために，教育目標のタキソノミーと形成的評価がどのような役割を果たすのかについて説明せよ。

（2）夏休みに入る直前の中学生に，休業期間中の自主的な学習の進め方をアドバイスすることになった。いかなることに留意しつつ，どういったアドバイスをするとよいだろうか。本章でてきた理論や概念も踏まえながら，その内容についてまとめよ。

8 不適応への介入技法

欲求不満や不安に陥ったときに，それらを解消して，心の平衡状態を保とうとする働きを適応機制（防衛機制）と言う（第５章参照）。人には，自ら心のバランスを図る力が備わっているのである。しかし，適応機制が，いつも適切な度合いで働くとは限らない。自分が相手に抱いている敵意を，相手が自分に向けているものと認知するという，投射の適応機制による不適応反応が習慣化した場合には，すぐに他人に言いがかりをつけて攻撃するなどの反社会的行動（第９章参照）を起こすことがある。また，逃避や退行などの適応機制による不適応反応が習慣化した場合には，不登校や引きこもりという非社会的行動（第９章参照）をとることがある。さらに，適応機制が極端に働き，かつ，病気にかかりやすい体質を備えている場合には，種々の精神疾患が引き起こされる。

このように心のバランスを崩して，不適応行動を起こしたり，精神疾患にかかったりする人がより適応的に生きていくことを可能にするために，心理学や精神医学の分野では，それらの学問を基礎として，さまざまな援助方法が開発されてきた。心理学の専門家が行う援助法を心理療法，精神医学の専門家が行う援助法を精神療法と区別したり，心理関係者が言語面接を中心に行う援助法をカウンセリングと呼んで心理療法と区別したりすることもある。しかし，本章では，特に上記のような区別を行わずに，心のバランスを崩して不適応を起こしている人に専門家が専門的な技法を用いて行う援助法を「心理療法」と総称し，心理療法における個人や家族集団に対して行う具体的な介入技法を５つの流れに沿って紹介する。

1. 行動論的アプローチ

(1) 行動論と行動療法

第２章で取り上げたレスポンデント条件づけやオペラント条件づけなどの行動論的学習理論に基づいて，客観的に決められる不適応行動をターゲットに定め，その行動の変容や消去，新しい行動の獲得を行い，問題の解決を図る技法が開発されるようになった。行動論を不適応行動の治療に適用することから，アイゼンク（Eysenck, 1959）は，このような技法を包括的に行動療法と呼び，その名を広めた。

(2) レスポンデント条件づけを応用した行動療法

条件刺激と無条件刺激の対提示によって条件反応が引き起こされるようにすることをレスポンデント条件づけと言う。このレスポンデント条件づけを応用し，不安を制止する技法として，ウォルピ（Wolpe, 1958）は，系統的脱感作法を考案した。系統的脱感作法は，その後の不安の治療の母体とも言える技法で（山上, 2005），レスポンデント条件づけの逆制止（逆条件づけ）の原理と脱感作の原理を組み合わせたものである（図 8-1）。逆制止とは，たとえば，不安を引き起こす場面で，呼吸法によるリラクセーションを行ったりして，不安と相容れない反応を対提示し，不安を抑制させることにより，その人に不安を引き起こさせる場面と不安反応の結びつきを弱めさせることを言う。また，脱感作とは，刺激に対する敏感さが減少する過程のことを言う。系統的脱感作法は，比較的容易な場面での不安を軽減させることによって，より困難な場面での不安を軽減させるという原理を利用しており，具体的には以下のように行う。①患者の不安反応を制止できるリラクセーションを習得させる，②患者に不安反応を引き起こす場面をあげさせ，不安が弱いものから強いものへ段階的に配列した不安階層表（表 8-1）を作成させる，③不安階層表の各場面を容易なものから順番に患者にイメージさせるか具体的に体験させ，引き起こされた不安をリラクセーションによって制止させることを繰り返す。最も強い不安を引き起こしていた刺激場面での不安を制止できれば，治療が終了する（竹綱，1999）。

上記のように，不安と相容れないリラックス法のような刺激との対提示による方法を用いなくても，不安を引き起こさせる刺激に患者を長時間さらすと，すなわち，エクスポージャー（exposure）させると，その場面に慣れて，自然に不安が低減していくことがことがわかってきた。そこで，不安を引き起こす場面を系統的脱感作法のように階層化し，治療場面では，主観的な不安点数が 50 点程度のものを取り上げ，その刺激にさらして不安が低減することを実感させてから，もっと不安の低い場面から順番に患者自身が自分でエクスポージャーするようにホームワークを課すというやり方が考案された（福井，2008）。条件づけられていた不安反応を低減し，不安を引き起こしていた場面とリラックスした反応との結びつきを強めるのである。このような技法を文字どおりエクスポージャー法と呼ぶ。最近では，コンピュータ映像を用いてリアルに場面を再現して，その刺激に慣れるようにするヴァーチャル・リアリティ・エクスポージャー法なども開発され，特定のものを恐れる恐怖症などの治療に効果を上げている（たとえば，宮野ら，2002）。

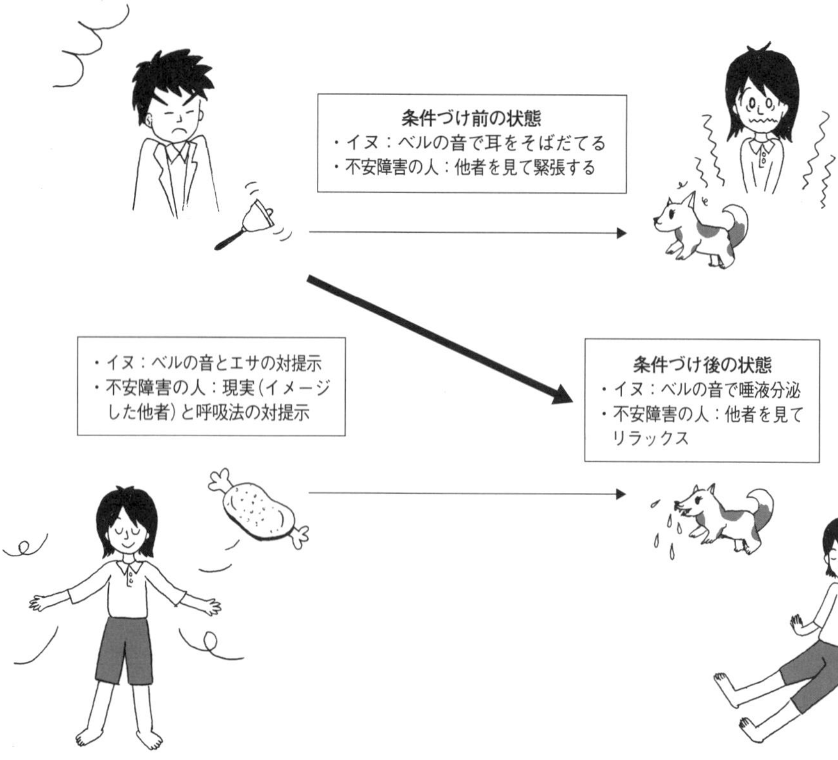

図 8-1　レスポンデント条件づけと不安の低減との関係（福井，2008 を参考に作成）

表 8-1　不安階層表の一例

	主観的な不安の点数
1　クラス全体の前で口頭発表を行う	10
2　ゼミの中で口頭発表を行う	8
3　話したことのない先生に質問をする	7
4　店員と話をする	5
5　電話で注文する	4
6　友だちと話をする	2

(3) オペラント条件づけを応用した行動療法

ある行動のあとに，報酬が与えられると，その行動と報酬との間の随伴性を学習し，その行動の出現頻度が増加する。これがオペラント条件づけである。オペラント条件づけを応用した介入技法には，さまざまなものがあるが，ここでは，トークンエコノミー法，タイムアウト法，シェイピング法を紹介する。

報酬による正の強化の働きを積極的に利用した技法として，トークンエコノミー法（Ayllon & Azrin, 1968）がある。トークンエコノミー法は，入院患者等が目標とする行動を正しく遂行できたときに代用貨幣であるトークンを与えて，目標行動を強化する方法をとる。トークンには，主に，シールやチップなどが用いられ，それらが一定量に達すると病院内の売店で品物と交換できたり，欲しいものが与えられたりする。正の強化を行う強化子としては，上記のトークンエコノミー法における代用貨幣の他に，点数，表彰状，バッジ，菓子を与える，クラス委員など名誉ある役に任命する，教師や親がほめ言葉をかける，好きな遊びをできるようにさせるなど，さまざまなものがある。

次に，正の強化子を一定期間与えないようにして行動を減らす技法の一つとして，タイムアウト法がある。たとえば，学校では，問題行動が生じたら，正の強化子である学級の活動からタイムアウトさせることにより，問題行動の消失を図るのである。タイムアウト法は具体的には以下のように行う。①望まれる行動を教え，タイムアウトの説明とタイムアウトの時間を説明する（タイムアウトの時間は 1-5 分程度），②問題行動が出現したら，問題行動であることを伝え，「○分間タイムアウトルームへ行きなさい」とだけ伝える，③タイムアウトルームに入ったら，時間を計測し，予定の時間で出してあげられるようにする，④タイムアウトの時間が終了したら，タイムアウト中のことを尋ねたりせず，元の活動に戻す（福井, 2008）。

また，複雑で新しい行動を獲得する際に用いられるのが，シェイピング法である。シェイピングとは複雑で新しい最終目標となる行動に至るまでの道のりを段階的に分け，スモールステップで順次小さく分けられた行動を遂行させて，最終的に目標行動を獲得させることである（内山, 1988）。小さな課題をクリアするたびに，ほめたり，認定証を渡したりなどの適切な強化を与えることがポイントとなる。シェイピング法は，トイレットトレーニングや，ピアノ，水泳，跳び箱など新しい課題を習得するときに，広く用いられている方法である。

なお，上記のような行動療法を導入する際，まずは，行動を生起させる原因（先行刺激）や行動の結果を探り，治療計画を立てることが多い。このように，先行刺激（antecedent behavior），行動（behavior），行動の結果（consequences）の相互関係を探ることを行動療法では，機能分析と呼んでいる（松見, 2007）。機能分析を行い，治療計画を立て，どの介入技法をどのように用いるのがふさわしいかを決めるのである。たとえば，教師が近くにいるときに自分の頭を叩く自傷行為をしてしまう男児がいて，その自傷行為に教師が注目すると，ますます男児が自傷を行ってしまう場合，つまり，教師の注目が正の強化子として働いていることが分析できた場合，教師が自傷行為に注目しないように計画を立てて，それを実行すると，男児の自傷行為が減るようになる（図 8-2）。この機能分析を土台にした行動療法は，現在，応用

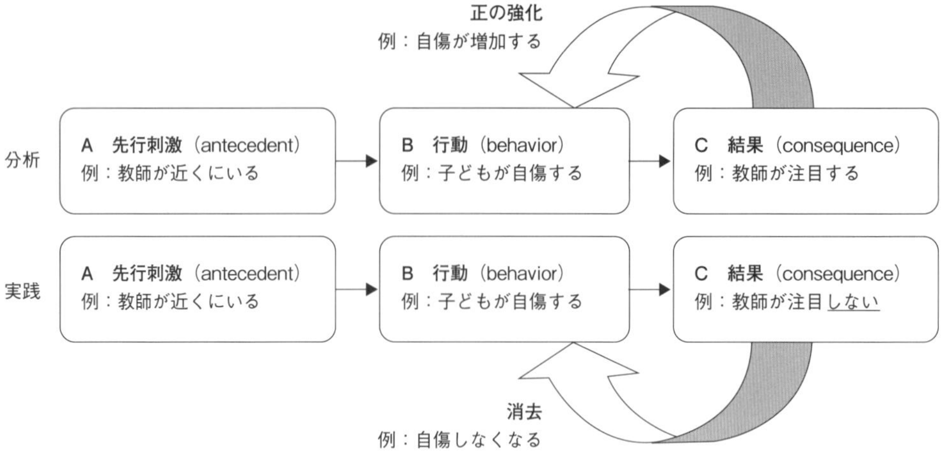

図 8-2　応用行動分析における機能分析と実践

行動分析と言う理論枠で説明されることが多い（山上, 2005）。

(4) 社会的学習理論を応用した行動療法

レスポンデント条件づけやオペラント条件づけで行われるような直接の経験がなくても，他者の行動を見聞するという間接経験だけで，人は学習することができる。この他者の行動を見聞するという代理経験による学習を社会的学習（Bandura, 1971）と言う。観察のみによって学習が成立する場合を観察学習と呼び，観察後に，模倣してモデルの行動と一致した場合に強化を受けるものを模倣学習と呼ぶ。

このような社会的学習を不適応行動の改善のために利用した技法がモデリング法である。たとえば，野菜嫌いの子どもに野菜を食べさせたい場合に，親や治療者がおいしそうに野菜を食べている姿を見せて，本人の注意を向けさせ（注意過程），その食行動の情報を本人の中に取り込ませて（保持過程），本人が野菜を食べる行動を模倣したら（運動再生過程），親や治療者がほめるなどの正の強化をする（動機づけ過程）。そうすれば，目標行動である野菜を食べるという行動が再生しやすくなるのである。モデリング法は，自閉症の子どもなどへの言語訓練やソーシャルスキルトレーニング（生活技能訓練）（第 11 章参照）でとられる主要な技法ともなっている。

(5) 行動療法と認知行動療法

行動療法では，当初，外に明確に現れている行動のみを問題にしていた。しかし，認知心理学の隆盛に伴って，行動療法においても認知の役割が重視されるようになった。また，次節で紹介する認知論的アプローチによる心理療法でも，従来の行動療法によって開発されたものと共通する部分が多かったため（今野, 2005），認知論的アプローチと行動論的アプローチを統合する動きが強まり，近年では，両者のアプローチに基づいた心理療法をまとめて認知行動療法と呼ぶことが多い。

2. 認知論的アプローチ

(1) 認知論と認知療法，認知行動療法

前節で述べてきたように，行動論的アプローチは，外に明確に現れている行動を問題にし，行動を修正改善することに主眼をおいた介入法である。しかし，1970 年代に入ると，人のも

のの考え方や信念，すなわち，認知こそが行動の問題を引き起こすという考えが出てきて，行動療法においても，認知を重視する動きが出てきた。そして，行動療法とは別に，人の認知に焦点を当て，思考パターンや信念のあり方に働きかけて感情や行動を変容させることを目的とした広い意味での認知療法が台頭した。しかし，1980 年代に入り，それまでは行動療法とは独立していた認知療法も，行動論的技法を数多く取り入れ，現在では，認知療法と認知行動療法の間に実質的な差異はないとされている（藤澤・大野, 2005)。

(2) エリスの論理療法における不合理な信念（イラショナルビリーフ）の修正

問題となる感情や行動は，物事の捉え方，考え方という認知によって引き起こされるという認知療法の基本的な考え方は，エリス（Ellis, 1962）の ABC 図式に要約することができると言われている（鎌原, 1999)。苦悩を活性化させる出来事（activating events）から，望ましくない感情や行動という結果（consequences）が直接もたらされるのではなく，その出来事をどう捉えるかという自分の信念（ビリーフ）（belief）が関係していると考える。たとえば，一人の生徒に反抗されて，その教師が落ち込んでしまった場合に，その生徒が反抗したから落ち込んだという単純な図式ではなく，その間に「教師はすべての生徒に慕われていなければならない」というような教師の思いこみが関わり，落ち込みの感情が引き起こされたと考えるのである。このような思いこみを不合理な信念（イラショナルビリーフ）と呼ぶ。教師は，このようなイラショナルビリーフを強くもつ傾向があると考えられている（第 12 章参照)。エリスの考えをもとにして，教師のイラショナルビリーフを測定する目的で，教師特有の指導行動を生むイラショナルビリーフ尺度（河村・國分, 1996）が日本で作成されている。

後に，エリスは上記の ABC 図式を拡張して，ABC のあとに，DE を付け加えている（図 8-3)。D は論ばく（disputing）で，E は効果（effects）である。エリスが創始した論理療法（論理情動療法）では，不合理な信念を見つけたら，治療者が，さまざまな方法を用いてその不合理で固い信念に論ばくし（石隈・伊藤, 2005)，すなわち，その信念が不合理であることを指摘し，合理的で柔らかい信念に修正しようとするのである。上記の例で言えば，「教師はすべての生徒に慕われていなければならない」という固い信念を「生徒全員に慕われるに越したことはない。しかし，いつも全員に慕われるなどという可能性は低いのではないだろうか。それに，その生徒が自分を嫌って反抗してきたとは限らない」というように，柔らかい考え方に変えていくようにする。論ばく（D）がうまくいくと，効果（E）が現れて考え方が変わり，考え方が柔らかくなると落ち込みも少なくなるのである（石隈・伊藤, 2005)。

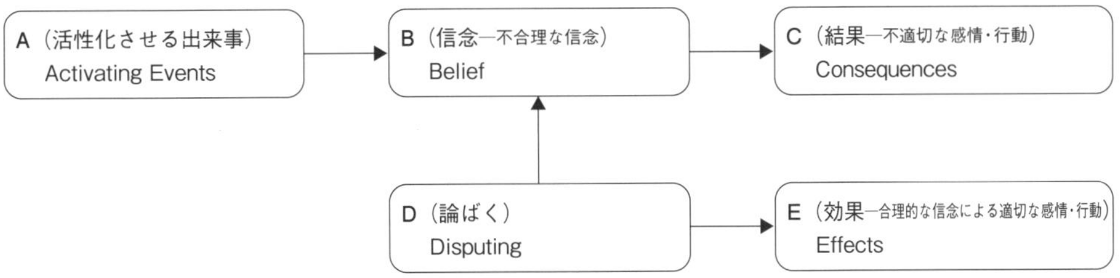

図 8-3　エリスの論理療法における ABCDE 図式

(3) ベックの認知療法における推論の誤りの修正

抑うつ的な人が悲観的で歪んだ考え方をすることは，以前からよく知られていたが，ベック（Beck, 1976）は，この抑うつ状態と歪曲された認知との関係を明らかにし，歪曲された認知を健全な認知に修正し，症状の改善を図る認知療法を開発した。認知療法では，ある状況で，自然に自動的に湧き起こってくる思考を自動思考と呼び，また，心の深層に気づかれないまま存在し，似たような自動思考を生じさせる考え方の基本的枠組みをスキーマと呼んだ。そして，あるネガティブな出来事が起きたときに，誤った推論の傾向をもっていると，その出来事を事実とかけ離れた形で捉えて，マイナスの自動思考を生じさせてしまい，その自動思考が望ましくない感情や症状を生み出すと考えた（図 8-4）。ベックの認知療法のモデルは，エリスが不合理な信念という一つの概念だけで捉えた認知を，スキーマ，推論の誤り，自動思考というように分けて捉えており，ベックの図式はエリスの ABC 図式の発展型と考えられる（福井, 2008）。

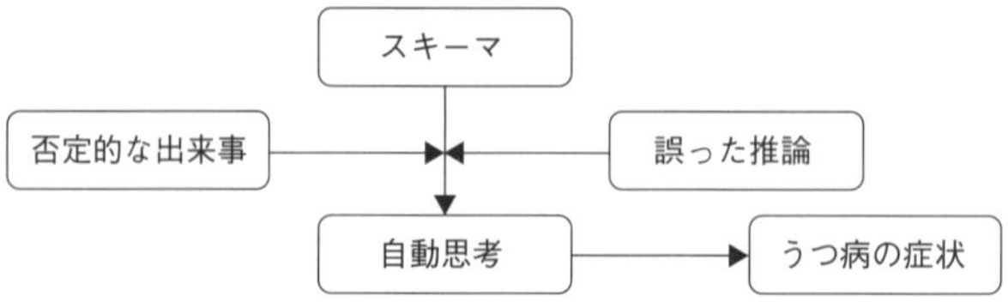

図 8-4　ベックによるうつ病の認知の歪みモデル（福井, 2008 を参考に作成）

たとえば，心の深層に自分は誰からも愛されないというスキーマをもっている教師が，ある日，女子生徒たちがおしゃべりしている横を通り過ぎようとしたときに，生徒たちがぱっと話をやめてこちらを見たが，自分には挨拶もしてくれなかったという出来事に遭遇したとする。そこで起きていることと実は関係がないのに自分自身とすぐに関連づけて考えてしまうような誤った推論の傾向(表 8-2)をもっている人の場合には，「生徒たちは自分の悪口を言っていたに違いない」という自動思考が本人の頭の中に浮かび，落ち込んでしまう。そして，繰り返し似たような自動思考が自分の頭の中に浮かぶようになり，抑うつ状態に陥っていくのである。

表 8-2　認知療法における誤った推論の具体例

場面例：担任をしている女子生徒たちの 1 グループが，自分が近づいたときに，ぱっと話をやめて，自分に挨拶もしなかった……。		
1 自己関連づけ		そこで起こっている事柄と自分との関係性を大きく考えすぎたり，特定の出来事に対する個人的な意味について考えすぎたりする傾向
	自動思考例	「生徒たちは，グループ内で自分の悪口を言っていたに違いない！」
2 分極化した考え		ある出来事に対して，白か黒か，良いか悪いか，極端に考える傾向
	自動思考例	「生徒全員に慕われなければ，教師としてはおしまいだ！」
3 選択的抽出		ある部分だけを抜き出し，状況全体の重要性を見失ってしまう傾向
	自動思考例	「女子生徒にあんな態度を取られたことで頭がいっぱいだ。もう，何もできない！」
4 恣意的推論		証拠がない場合や実際にはまったく正反対の証拠がある場合に，ある結論に飛躍する傾向
	自動思考例	「生徒たちに自分は嫌われているに違いない！」
5 過度の一般化		一つの出来事に基づいて妥当性のない一般化を行う傾向
	自動思考例	「自分は，教師として，何一つまともにできない！無能だ！」

Beck（1976）を参考にして作成した。誤った推論には，他にも，情緒的関連づけや過大視・過小視などがある。

認知療法では，問題点を洗い出したら，認知の歪みに焦点を当てて，治療を進める。患者と治療者が話し合いながら，認知の歪みを修整する作業には，「5 つのコラム法」という作業が役に立つことがある（大野, 1999）。5 つのコラム法では，①その出来事が起きた状況，②そのときの感情，③そのときの自動思考，④代わりの考え，⑤最終的な感情を順番にコラムに書き込んでいく（表 8-3）。このように，認知療法では，日常に起きた出来事を書き出して検討して，自動思考を変えながら，その患者に特有のスキーマを探っていき，最終的にはスキーマを変容することを目標とするのである（福井, 2008）。認知療法は，うつ病性障害の他にも，不安障害や身体表現性障害などの精神医学的障害に効果的であることが明らかにされている（大野, 1999）。

表 8-3　認知療法における「5 つのコラム法」の例

その出来事が起きた状況	：担任をしている女子生徒たちの 1 グループが，自分が近づいたときに，ぱっと話をやめて，自分に挨拶もしなかった……。
そのときの感情（1-100）	：落ち込み 80　怒り 50　不安 30　悲しみ 30
自動思考	：女子生徒たちが自分の悪口を言っていたに違いない。 自分は生徒たちに嫌われている。教師として，もうおしまいだ。
代わりの考え	：教師が突然近づいてきて，生徒たちは驚いたのかもしれない。今度は，自分からさわやかな声かけをしてみよう。それに，一部の女子の気持ちが全生徒の気持ちと一致しているとは限らない。
最終的な感情（1-100）	：落ち込み 30　怒り 10　不安 10

自動思考までを書く「3つのコラム法」や，自動思考の根拠やそれに対する反論の2つのコラムを途中に追加した「7つのコラム法」もある。

3. 精神分析的アプローチ

(1) フロイトの力動論と精神分析

パーソナリティの力動論（第5章参照）で取り上げられたように，精神科医のフロイト（Freud, 1917, 1964）は，心に無意識の領域があることを指摘した。また，心には，超自我・自我・イド（エス）の3つの領域があり，自我が中枢的な機能を担っているとし，心理的活動を，この3つの力の相互作用として力動的に理解した。このようなフロイトの精神力動論に基づいた治療理論および技法を精神分析と言う。また，厳密な意味での精神分析とは方法が異なるが，広い意味では精神分析的な立場で行う介入を精神分析的アプローチ，または，精神分析的心理療法と呼ぶ（一丸, 1998）。

フロイトは，無意識をさまざまな神経症的な（現在の社会不安障害，パニック障害，恐怖症，転換性障害，強迫性障害等の）症状を理解する手がかりと考えた。人は意識の世界で自分にとって認めたくない嫌なことを体験すると，一時的に混乱し，その体験を意識から追い払って無意識の世界に押し込めようとする。以上のような心の働きを適応機制（防衛機制）の一つの抑圧（第5章参照）と言うが，抑圧されているものがあまりに大きくなると，意識を邪魔するようになり（鶴田, 1995），さまざまな神経症的症状となって外に現れる。神経症の治療では，抑圧された無意識内容，特に幼児期の体験を意識化し，解釈を行い，それらを洞察することを通じて，症状が消えることを目指した。フロイトの精神分析学における発達理論（第1章参照）によれば，乳幼児の発達段階は，口唇期，肛門期，男根期と進んでいくが，それぞれの段階での欲求が満たされないと欲求不満が生じ，その水準で固着し，発達が部分的に停止すると考えた。特に，男根期には，幼児が異性の親に近親相姦的願望をもつことをフロイトは見出し，異性の親に対する愛着，同性の親への敵意，その敵意のために罰せられる不安という3つの葛藤が起きると考えた。これを，ギリシャ神話中の人物で，知らずに父を殺害し母と結婚したエディプスにちなんでエディプスコンプレックスと名づけたことは有名である（成田, 2005）。そして，このエディプス葛藤を抑圧して無意識の領域に押し込めたままでいる，つまり，父と母と自分との三者関係に未解決な問題を残していると，大人になってから神経症を発症する一因となるとフロイトは考えたのである。

無意識に接近する技法として，フロイトは自由連想法と夢分析を生み出した。自由連想法は，患者が心に浮かぶことを何でも語り，連想を繰り返して，無意識が次第に意識に浮かび上がってくるようにするものである。夢分析は，無意識の内容は自我機能が緩んでいる睡眠中に出現しやすいため，患者が実際に見た夢を素材にして，連想を活発に行い，夢の意味するものを積極的に汲み取り，自己理解を深めていくようにするものである（名島, 1998）。自由連想法でも夢分析でも，治療の途中で意識から排除されている苦痛な体験を意識化するまいとして患者に抵抗が働く。患者は，これまで機械的，盲目的，無意識的に反復してきた葛藤，親イメージ，対人関係のパターンなどを治療者に投影させるようになる（成田, 2005)。この現象を転移と呼ぶが，転移感情も治療の抵抗の原因となる。しかし，抵抗も転移も治療を進めるうえでは有効な手がかりをもたらし，治療者がこれらに解釈を加えることにより，患者の自己洞察を促していくことができるのである（成田, 2005)。なお，治療者が日常的に誰かに対して抱いている感情を患者に対して向けるようになることもある。この現象を逆転移と呼ぶが，逆転移も，患者を理解するための有益な情報となる。また，熟練した心理療法家に自分の担当するケースを点検してもらうスーパーヴィジョンや，自らの心理的成長を図る教育分析を通して，面接者は自分の逆転移感情を点検することができる。

治療構造として，精神分析では，患者が寝椅子に横たわって，治療者は患者から見えないところに座ることが多いが，精神分析的心理療法では，対面して面接を行うことが多く，自由連想法そのものを使うことはまれである（一丸, 1998)。また，精神分析は，週に3～5回程度行われるが，精神分析的心理療法では，週に1～2回が適切な頻度と考えられている（一丸, 1998)。

(2) ユングの分析心理学

パーソナリティの類型論（第5章参照）で紹介されたように，ユング（Jung, 1923）は，人を内向型と外向型に分けたことで知られ，精神分析家として，フロイトと共に10年間仕事をしていた。しかし，やがて，フロイトと袂を分かつこととなった。そのため，ユングの思想は，精神分析学の分派ということにもなるが，ユングは，自身の学説を，分析心理学と呼び，分析心理学またはユング心理学（ユング派）として，日本での注目度も高い。

分析心理学では，フロイトの精神分析学と同様に無意識を重視し，意識の態度に対して，無意識の態度を考え，この二つは補い合う関係にあるとしている（河合, 1967)。たとえば，意識の態度があまりに外向的な人は，外へ向きすぎた心的エネルギーを内側に向けようとする無意識の側からの動きが生じて，内向的な性格を帯びた空想活動が盛んとなったり，他者を配慮しない自己中心的な態度をとったりするようになるために，症状が複雑化すると考えるのである（河合, 1967)。

また，ユングは，無意識を二層に分けて考え，個人的無意識と集合的（普遍的）無意識とに区別した（河合, 1967)。無意識の一つは，過去の体験が抑圧された個人的無意識で，フロイトが指摘した従来の無意識に相当する。もう一つの無意識は，より深い人格層にある人類に共通の普遍的な無意識であり，その内容は，人がこの世に生れ落ちて以来，すべての人の心の中に宿っている無数の元型によって満たされているとした（横山, 1999)。元型の連鎖として人の一生を考えた場合，子ども元型，永遠の少年，永遠の少女，アニマ（男性の中の女性像)，アニムス（女性の中の男性像)，太母（グレートマザー)，老賢者などの元型が重要である。その他，理解しやすい元型として，影があげられる。影の内容は，個人の意識によって生きられなかった面，その個人が認容しがたいとしている心的内容であり，それは文字どおり，その人の暗い影の部分をなし，無意識下に抑圧される傾向がある（河合, 1967)。たとえば，従順で攻撃的なことを一切しないように育てられてきた人の影は非常に攻撃的な性質をもったものとなる。一般に悪の部分を影が背負うことになるが，影があってこそ，生きた人間としての味が生じる（河合, 1967)。元型それ自体は，見ることができず，イメージとしてのみ現前するものであるが（横山, 1999)，元型がイメージを通して自分の意識的世界に取り込まれれば，そうでない場合には思いもよらないおのれの可能性に開かれるのである（氏原, 2005)。

分析心理学では，不適応は，意識が無意識に圧倒されるなど，意識と無意識のバランスが崩れてしまっているために起こるものと考え，意識と無意識が心の中で相互に交流できるようにしていくことが心理療法の目的となる。無意識の世界は，イメージとして患者に意識化される。そのため，夢や空想，絵画などの創造的活動を用いて，患者のイメージの世界の活性化を図るのである。特に，夢は意識と無意識の相互作用のうちに形成されるものとして，夢分析によって，連想や解釈を行っていく（河合, 1967）。また，砂を入れた木箱の中にミニチュア玩具などを置いていく箱庭療法や，雑誌や広告などからの切り抜きを貼りつけていくコラージュなどの表現療法が導入されることも多い（木村, 1985；山中, 2003）。これらは，言語的，絵画的イメージの表現能力が豊かではない人でも，イメージの世界を意識化しやすい技法と言える。

4. ヒューマニスティックアプローチ

(1) ヒューマニスティック心理学の潮流

心理学的アプローチの中で，それまでの潮流であった行動論的アプローチや精神分析的アプローチに加えて，自己成長能力や主体性という人間の健康的で積極的な側面を強調した人間性中心，すなわち，ヒューマニスティックアプローチの流れが起き，マズロー（Maslow, 1954）が人間性心理学を提唱した。第4章で紹介されたように，マズローは，人間が自己実現に向かって絶えず成長していくという人間観に立ち，欲求階層説を提案したことで知られる。

また，フランクル（Frankl, 1947）は，ナチス収容所での体験をもとに，人間はいかなる苦悩の中に生きても，なお責任と自由をもち，愛や意味を求める可能性を有することを強調し，個人の価値を実現することを援助する実存分析（Frankl, 1952）を創始した（越川, 1999）。この実存分析も，人間の高い精神性を重視するヒューマニスティックアプローチの流れの中にあると言える。

(2) ヒューマニスティックアプローチとロジャーズのクライエント(来談者)中心療法

ヒューマニスティックアプローチの流れの中にある心理療法で，現在までも中心的立場にある心理療法は，ロジャーズ（Rogers, 1951）の提唱したクライエント（来談者）中心療法である（田畑, 1995）。ロジャーズ派は日本で最もポピュラーな学派と言われている（野島, 1999）。クライエントは法律の相談では依頼人，ビジネスでは顧客と訳される言葉であり，ロジャーズは，来談する人も治療を受ける者としての患者ではなく，クライエントと呼んだ。治療者の役割は，クライエントの自ら問題を解決し，成長する力を信頼し，クライエントが自由に自己を表現し，自分で問題を解決することを援助することにあると考えた。従来の治療者主導で来談者に指示を与えるカウンセリングに対し，ロジャーズの提唱したカウンセリングは，治療者が「傾聴」に徹して，具体的に指示を出したり，解決策を提案したりしない。そのために，1940年代には，従来の指示的カウンセリング（Williamson & Foley, 1949）に対比させて，非指示的（non-directive）カウンセリングと呼ばれた。しかし，1950年代には，「非指示的カウンセリング」という呼称が，ややもすると単なる技術と受け止められる危険性もあったため（野島, 1999），自らの立場をクライエント中心療法（client-centered therapy）（Rogers, 1951）と呼んだ。1960年代前半までには，言語化の難しい精神病患者等に対して，クライエントの内的な体験過程を重視する試みも見られ，やがて，ジェンドリン（Gendlin, 1961）によって，内部の体験過程に焦点を当てるフォーカシングが創始された。1960年代後半には，ロジャーズは，心理的に健常な人々の心の成長を目指したエンカウンターグループ（またはグループエンカウンター）と呼ばれるグループアプローチの手法を創出し，対象を広げたために，呼び方もパーソンセンタード（人間中心）アプローチへと転換していった。

(3) クライエント中心療法で重視される治療者の態度

クライエント中心療法の創始者であるロジャーズ自身は，治療者（カウンセラー）の技法の大切さを認めてはいるが，特に具体的な技法には触れていない。他方，クライエントの人格の成長や変容を治療的に促進するために，治療者の態度を重視し，クライエントの人格変化のために必要十分な条件（Rogers, 1957）として，以下のような治療者の態度をあげている。

第一は，自己一致である。ロジャーズ（1961）は，自分についての自分自身の考え（自己概念）と実際に自分が直接経験しているもの（経験）とが不一致の状態にあるときが，不適応の状態，自己概念と経験とが一致しているときが適応の状態であると述べている（図8-5）。クライエントは，自己が不一致の状態にあるわけであるが，そのクライエントを援助するカウンセラーは，クライエントとカウンセラーとの関係の中で，自己一致の状態になければならない。内的に純粋で統合された人間であるということから，この第一の条件を純粋性と呼ぶことも多い。

第二は，無条件の肯定的関心である。相手の「こういうところは悪いがああいうところは良い」というような評価的，条件つきの好意ではなく，良いところも悪いところも含めて，あるがままのクライエントを受け入れることによって，クライエントは，自由に自己表現できる。第二の条件は受容と表現されることも多い。

第三は，共感的理解である。カウンセラーがクライエントの内面を内側から理解し，かつ，そのように感じたことを伝達し，確かめていくことである。「私には，あなたの感じていることが～のように感じとられますが，そのように理解してよろしいでしょうか」というように言葉で確認しつつ，面接は行われることが多い（田畑, 1995）。

上記のような治療者の態度に接すると，クライエントは自分を見つめることができるようになり，自己の行動を真に理解し，その自己理解を受容すると，自分の行動をいっそう現実的に，満足のいくように統制できるようになる（東山, 2005）。このようなクライエントの人格変化をもたらす治療者の態度を育むために，ロジャーズは，治療者自身の人間的成長に重きをおいているのである。

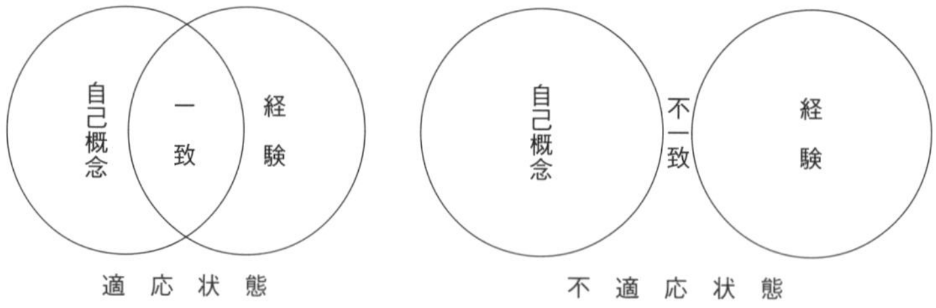

図8-5　ロジャーズによる適応と不適応の考え

子どもの心理療法：遊戯療法（プレイセラピー）

子どもは，言語による内省力や表現力が弱いため，子どもの心理治療には，言語中心の心理療法に代わり，遊びを用いることが多い。これを遊戯療法（プレイセラピー）と呼ぶ。

遊びは，子どもにとっては最も自然な活動である。大切にされる体験の少ない子どもが，自分に関心を向けてくれる大人に守られながら，存分に遊べること自体に治療的な意味がある。また，子どもは，遊びの中で自由に自己表現できるときには，自分の内的な世界を外に出してくることが多い。その表現は，直接的な方法による場合もあるが，現実の問題を暗に映し出している（隠喩（メタファー）となっている）場合もある。たとえば，ごっこ遊びが，単なるものまね遊びではなく，問題を抱えている現実の家族関係を投影し，治療者とメタファーでやりとりしていることも多いことは，想像に難くないであろう。

遊戯療法は，精神分析の流れを汲むものと来談者中心療法の流れを汲むものの二つに大別される。精神分析的アプローチとして，フロイト（Freud, 1926）の児童分析とクライン（Klein, 1932）の遊戯分析が，過去における子どもの無意識的問題に焦点を当てている（蔭山, 1995）。他方，来談者中心療法の影響を受けた遊戯療法として，アクスライン（Axline, 1947）の子ども中心療法があり，その考えは現在の遊戯療法の主流となっている。来談者中心療法のロジャーズは，人間の自己回復力に信頼をおき，カウンセラーの態度の三条件として，自己一致（純粋性），無条件の肯定的関心（受容），共感的理解をあげた。アクスラインは，この三条件をもとに，遊戯療法のより実践的な「8つの基本原理」を定めた（以下は，弘中（2002）の意訳を引用）。

①治療者は，できるだけ早く，子どもとの間にラポール（温かく親密な関係）をつくりあげねばならない。

②治療者は，子どもがどのような状態にあっても，あるがままに受容する。

③治療者は，子どもがここでは自分の気持ちを自由に表現しても大丈夫だと感じられるような，大らかな雰囲気をつくるようにする。

④治療者は，子どもの感情を敏感に察知し，察知したその感情を適切な形で子どもに伝え返し，子どもの洞察を促すようにする。

⑤子どもは適切な機会さえ与えられるならば，自分で自分の問題を解決できる能力をもっている。治療者はこのことに信頼を置き，解決の道を選び取っていく子どもの主体性を尊重する。

⑥治療者は，いかなる形でも，子どもに指示を与えようとはしない。子どもが治療をリードし，治療者はそれに従っていく。

⑦治療者は，治療を早く進行させようとはしない。治療は徐々に進展するプロセスであることを認識しておく。

⑧治療者は，治療の場が著しく現実から遊離することを防ぐために必要な，また，子どもが治療者との関係においてもつべき責任を自覚するのに必要な制限を設ける。

弘中（2002）によれば，非現実的な自由さは，かえって子どもに不安や動揺を与える危険がある。そこで，そのような危険を回避するための必要最小限の歯どめとして，時間と場所を守る，過度に攻撃的な行為を禁止するなどといった，⑧のような制限のルールを設けるのである。子どもを自由に活動させればよいのではなく，子どもを守るための制限が必要なのは，教育場面での枠組みの大切さに通じる。

遊びを通して子どもと存分に関われる部屋を学校側が用意しておくと，遊戯療法のトレーニングを受けたスクールカウンセラーや教育相談担当教師は，個別ケースに対して力を発揮しやすいであろう。

5. システムズアプローチ

(1) システム理論と家族療法

システムズアプローチは，科学の基礎理論の一つであるシステム理論に立脚した心理・社会的援助の総称である。システム理論では，自然や世界，社会，機械等のさまざまな現象や仕組みを，同じシステムという概念で捉えることを提唱した一般システム理論（Bertalanffy, 1968）や，物事の因果関係を直線的にではなく，円環的に捉え，フィードバックなど，今では，おなじみになった用語を含んだサイバネティックス理論（Wiener, 1951）が初期の理論として有名である。

1960年代以降，とりわけ1970年代に入ると，家族を治療対象とした家族療法では，システムズアプローチがさかんに用いられるようになった（亀口, 1997）。システムズアプローチによる家族療法（吉川, 1993）では，家族を一つのまとまったシステムとみなし，その家族システムに働きかける。すなわち，家族の一人に問題が起きても，その個人に原因を帰するのではなく，家族システムの問題と捉え，システムの修正を図るのである。そのため，家族療法にかかわる治療者をシステムセラピストと呼ぶこともある。また，家族のメンバーすべてが互いに影響し合っていると考えるため，表面的に問題を呈している個人をIP（identified patient，患者とみなされた人）と呼ぶことが多い。

(2) 家族療法の技法

家族療法には，多くの学派があり，さまざまな技法を用いて，家族システムに介入する。ここでは，学派にこだわらず，ジョイニング，リフレーミング（枠組みの転換），実演化（エナクメント）という，家族療法に特徴的と思われる3つの技法を紹介する。

家族システムの一部にセラピストが介入していくときには，ジョイニングという技法でシステムに溶け込んでいく。強い葛藤を抱えた複数のメンバーが同席する面接では，カウンセラーが対立する家族のいずれかに引きずり込まれそうになることも少なくない（亀口, 2005）。その場合に，セラピストが誰の見方もしない中立的な態度を取るということも考えうるが，ジョイニングでは，セラピスト自らが家族の交流の間に溶け込み（安村, 1992），積極的に家族の感情の流れの中に飛び込んで，家族と共に問題の脱出口を探すのである（亀口, 2005）。家族の世代間の関係性を紙に図示したジェノグラム（世代関係図）を家族の構成メンバーと共に作りながら，治療を進めていくこともある（亀口, 2005）。

次に，ある問題状況を捉える枠組みを変えることによって，その状況に帰属していた意味を根本的に変更する技法をリフレーミングと言う（亀口, 1997）。たとえば，学校へ行かない子どもがいる家族において，学校という枠組みの中では，確かにその子は不登校児であるとみなせる。しかしながら，家という枠組みの中では，祖父母の話し相手であったり，母の慰め役であったりと，家族を思う子どもという肯定的な捉え直しができる。すなわち，不登校であることにも積極的な意味づけを行うことができるのである。

家族が陥っている問題状況や主訴を，特定の家族メンバーの説明によって理解しようとするのではなく，実際にあった出来事を家族のメンバーたちにその場で演じて再現してもらうのが実演化と呼ばれる技法である（亀口, 2005）。ロールプレイをしてもらうことで，家族メンバーたちも問題の場面が再確認できるし，セラピストも家族の日常について知るよい機会となる。

世の中に問題のない家族は存在しないだろうが，問題に自分たちだけでは対処できず，袋小路に追いつめられている家族も多い。そのような閉塞状況に風穴を開け，その家族がもっている潜在的な問題解決能力をうまく引き出す支援（亀口, 2005）を，専門的な介入技法を用いて行うのが，家族療法なのである。

教師による心理療法的アプローチと学級担任

心理療法はいくつかの潮流に分類することができるが，実際の臨床現場では，さまざまな考えや技法を組み合わせて用いることが多い。また，教師は，心理療法家ではないため，心理療法を学校現場で専門的に用いることはないが，何らかの不適応を起こしている子どもへの援助を行う際には，今までに開発されてきた心理療法の思想や技法は大いに参考となるであろう。実際のところ，伝統的かつ経験的に，教師が類似のことを行っている例は少なくないのではないか。

たとえば，来談者中心療法で重視しているカウンセラーの受容的共感的態度は，来談者中心療法の専売特許ではなく，すべての心理療法を行う基盤となる態度であり，かつ，教師が子どもを援助する際にも信頼関係（ラポール）を築く基本となる。次に，行動療法に関連させて述べれば，不登校に陥った子どもに教師が関わる際，玄関先で会う→自宅で二人の時間を共有する→外の喫茶店で会う→他の子どもがいない時間に登校する→保健室で過ごす→行事だけクラス参加する→授業に一部参加するなど，段階的に，行動目標を定め，不安を低減させていくやり方は，教師ならば，考えつきやすい方法であろう。また，遊戯療法のコラムで紹介したように，言語表現の未熟な子どもに遊びや描画などの活動を通して自己表現してもらう場面では，教師と子どもとのやりとりは，メタファー（暗喩）を用いたものも自然に多くなる。それは，分析心理学の心理療法におけるイメージの活性化とも通じるであろう。さらに，子どもの不適応を子ども単独の問題と捉えず，その家庭に何らかの問題を大抵の教師は見てとる。保護者と連携をとり，保護者の支え役として，長期的に親面接を行う場合も少なくない。

以上のように，教師が経験的に行ってきた関わりと心理療法とには，関わりの浅深の違いはあるものの，共通点も多い。そこで，今後，教師に必要なのは，従来から心理療法家が行ってきたように，自身の行動目標や役割を，意識化して捉え直してみることではないだろうか。日本には，指導熱心な教師が多いと推測されるが，思いが強いゆえに，誤ったビリーフに支配され，熱心に関わっているつもりが，独善的で一方的なやり方に陥っている場合もありうる。自分がどのような思いをもち，どのような行動をとり，どのような効果を上げているのか，自己点検や他者の客観的な目での再検討が必要であろう。

日本では，不適応を起こした子どもと保護者への援助は，学校教育相談という呼称で，長い間，教師が担ってきた。「学級王国」と呼ばれるほど，学級担任の影響力が強く，それは，逆に，担任一人への物理的，心理的な負担の大きさをも物語っていた。そこで，近年，教師が内外の連携によって問題に対応することが多くなり，チーム援助という用語も定着してきた。日本独自に配置されている養護教諭に支えられ，また，特別支援教育施行による特別支援教育コーディネーターの配置という新たな影響も受けながら，学校内外の支援態勢もそれなりに整ってきている。先述のように，ビリーフの強い一教師の独善に陥らないためにも，チームで問題に対処することのメリットは大きい。しかし，事例に関わる人の数の増加に伴い，逆に，学級担任の重要性や責任の重さを捉え直す必要も出てきたように思われる。関係者の数が増えても，最終的にはその事例を学級担任が抱えきるのである。問題の子どもを担当しているしんどさを関係者が理解し，前線に立って奮闘している担任を尊敬し，いかに担任が誇りをもちつつ，生き生きと活躍できるかを第一に考えながら，チーム援助を行いたいものである。

●復習課題

（1）心理療法の 5 つのアプローチは，それぞれ，どのような基礎理論に基づいて開発されたものであるかをまとめよ。

（2）心理療法における不適応への介入技法から，教師（将来教師となる自分）が学べることは何かを考えて述べよ。

9 問題行動の諸相ならびに予防と対応

子どもたちは，学校生活において，勤勉であること，規律正しいこと，良好な対人関係を形成すること，といったように，社会的に望ましいとされるさまざまな行動様式を身につけることが求められる。そして子どもたちは，数々の課題を克服しながら成長していくことになる。しかし，子どもたちのなかには，学校で直面する課題をうまく克服できず，学校という場で要求される行動様式とは相容れない行動的反応を示すことがある。いわゆる問題行動である。本章では，子どもの問題行動に着目し，それらの諸相をまとめ，教師としての予防と対応のあり方についてまとめておきたい。

1. 反社会的行動と非社会的行動

子どもの問題行動については，これまでしばしば反社会的行動と非社会的行動という区分で理解されてきた。この節では，問題行動を，反社会的行動と非社会的行動に分けて紹介したい。

(1) 反社会的行動

1) 反社会的行動とは

反社会的行動は，法や規範といった社会秩序から逸脱した行動を指す。具体的には，傷害，窃盗などの重い刑罰に関わる法規に触れるような行為から，将来に罪を犯して法に触れる行為をする恐れのある虞（ぐ）犯行為，飲酒，喫煙，薬物乱用，刃物等所持，金品の不正請求や持ち出し，暴走行為，深夜徘徊，家出，不純異性交遊などの行為までが含まれる。学校で反社会的行動が現れる場合，教師およびクラスメートへの暴力や反抗，校内の器物損壊，授業妨害，怠学，校則違反などというかたちで見られることになる。

2) 反社会的行動の生起要因

子どもが反社会的行動を起こす要因とされるものは，事例によってさまざまである。ここでは，とりわけ広く注目されてきた要因として，次の4種類をあげておくことにしたい。一つ目は，親ならびに家庭との否定的な関係である。平成11年4月の「第3回非行原因に関する総合的研究調査」では，一般少年と，補導された少年や少年鑑別所在所の少年にあたる非行少年に調査を実施している（総務庁青少年対策本部, 1999)。この調査を概観すると，反社会的行動を起こしてきたとされる非行少年は，一般少年よりも，親からの愛情の不足感，暴力への脅威，家庭への冷たい印象をもつ傾向がうかがえる（図9-1, 2, 3)。とりわけ，親が子どもに暴力を示しがちな家庭環境では，子どもも自らの問題対処の手段として，暴力を振るう行動様式を身につけるという社会的学習（第2章参照）が成立しやすいと言える。

二つ目は，学習活動に対する不適応という要因である。総務庁青少年対策本部（1999）の調

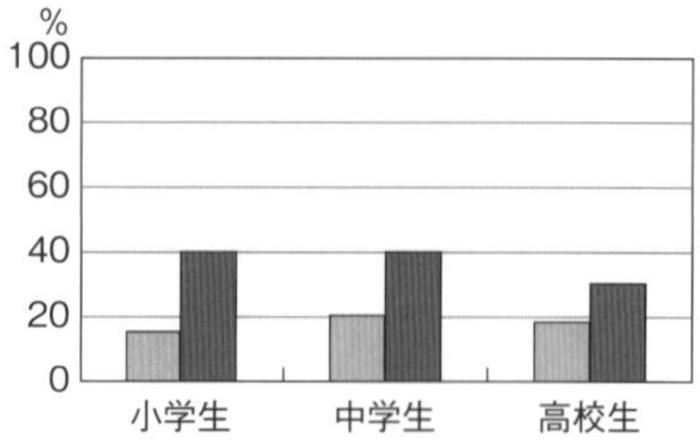

図 9-1 「親から愛されていないと感じる」（小学生では「よその家に生まれてきたらよかったと思う」）への回答（総務庁青少年対策本部，1999）

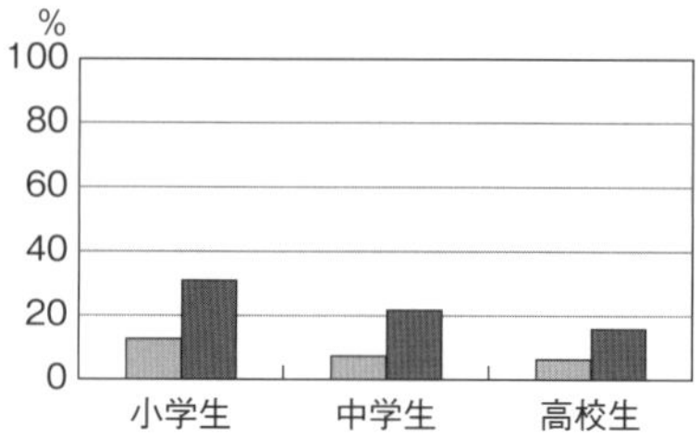

図 9-2 「親は家の中で暴力をふるう」への回答（総務庁青少年対策本部，1999）

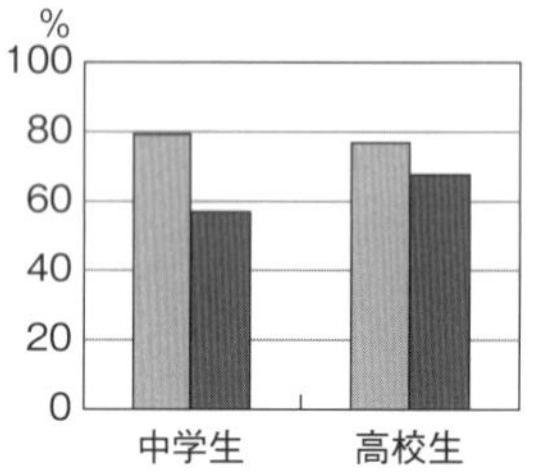

図 9-3 「家庭の雰囲気は暖かい」（総務庁青少年対策本部，1999）

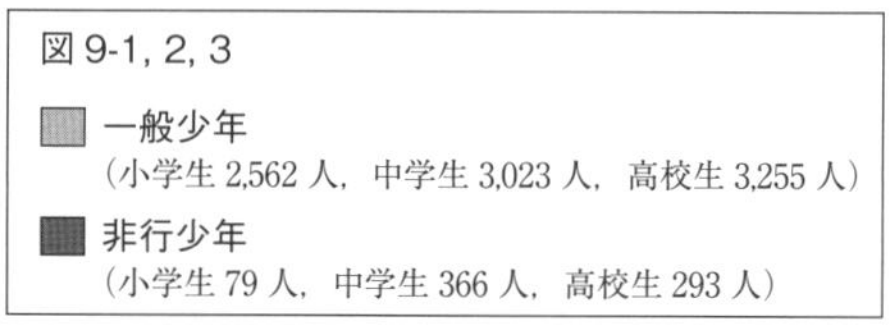
図 9-1, 2, 3
一般少年
（小学生 2,562 人，中学生 3,023 人，高校生 3,255 人）
非行少年
（小学生 79 人，中学生 366 人，高校生 293 人）

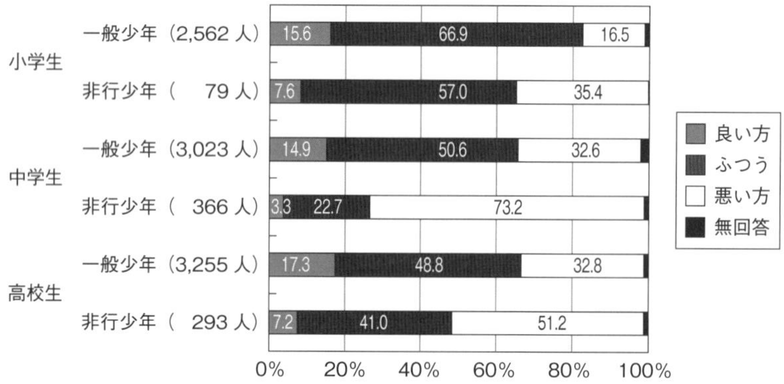

図 9-4　クラスの中での自分の成績（総務庁青少年対策本部，1999）

査によれば，非行少年は一般少年に比べて，学級の中で，自分の成績が「悪い方」であるという回答の比率が高い傾向にある（図 9-4）。学習活動は，学校生活の大半を占めるため，学校規範に適応しようとする動機づけも失いやすい。

三つ目は，本人のパーソナリティに関する要因である。総務庁青少年対策本部（1999）の調査においては，一般少年と非行少年に，自分の性格について質問を行っている。そのなかで，「頭にきた時は，自分でおさえられないことが多い」という質問について，一般生徒の中学生および高校生がそれを認める回答は，それぞれ 29.8%，24.7%であったのに対して，非行生徒では，それぞれ 45.6%，38.9%と相対的に高かった。非行少年において，攻撃的で衝動性の高いパーソナリティの傾向を有することがうかがえる。

四つ目として，反社会的行動の経験が要因となり，後の反社会的行動を促すというメカニズムをあげることができる。それというのも，反社会性の行動を日常で遂行する子どもは，その後の反社会的行動につながるパーソナリティを形成しやすいからである。たとえば酒井ら（2007）の研究によれば，小学校高学年における反社会的行動の経験の多さが，2 年後の自己志向性の低下に関連している。ここで言う自己志向性は，個人が選んだ目的や価値観に従って，状況に合った行動を自ら統制し調整する能力を指している。すなわちこの研究結果からは，反社会的行動の経験が，未来の反社会的行動の抑制を困難にする内面の形成につながることがうかがえる。また，反社会的行動が常習的な子どもは，日常で受ける学業や対人関係によるストレスを，反社会的行動により解消している。こうした経験の結果として，反社会的行動を繰り返していると見ることができる。すなわち，反社会的行動から心理的な報酬を得るという，オペラント条件づけの正の強化が生じているのである（第2章参照）。

3）反社会的行動の予防

学校および学級を対象とした反社会的行動の予防に重要な取り組みは，規範の明確化ならびにその規範に基づく学校・学級運営である。具体的には，まずは校内あるいは学級内の規則について，子どもたちにはっきりと示すことである。保護者向けにも，規則について周知する機会があるとよい。そのうえで，規則に従った積極的で毅然とした教育的介入が求められる。さらに，個々の子どもたちに応じた予防を考えるならば，先述の反社会的行動の要因に留意した教育的支援が求められる。特に，パーソナリティの要因に注目するならば，年齢が高くなると人間のパーソナリティは固定化していくが，児童期や青年期においては，その安定性は相対的に低いことが知られている（Caspi et al., 2005）。そのため，低年齢の時期より攻撃的で反抗的な行動の一面を示す子どもが，結果として成人期に至るまでに反社会的行動を起こしやすいパーソナリティを形成してしまわないためにも，できるだけ発達段階の初期からの予防教育が重要であると言える。

4）反社会的行動への対応

反社会的行動を起こす子どもへの対応については，二つの介入のための視点に留意することが求められる。一つは，認知・行動面への介入による再発の防止，すなわち将来の反社会的行動を防ぐという矯正教育の視点である。これについては，先述した予防の手立てと同様に，学校・学級の規範，さらには社会規範を遵守することについての毅然とした指導が求められる。こうした指導のあり方としては，ゼロトレランスといった考えに基づく指導が注目されている。ゼロトレランスとは，加藤（2000）によれば，規則違反者に対して，寛容さ（トレランス）なしで，規則どおりに措置をする指導方式で，規則に従って罰則を適用して責任を取らせるやり方である。こうした方式の実践には，学校内の教員間であらかじめ歩調を合わせつつ，子どもや保護者にゼロトレランスの考え方についての理解をあらかじめ浸透させておくことが必要条件と言える。また，規則違反者に対しては，罰則とともに，毅然たる矯正教育の機会を提供するというシステムを確立させることも必要である。加えて，反社会的行動を起こす子どもは，しばしば日常のストレスへの対処行動として反社会的行動を行っている。そのため，反社会的行動に頼らないストレス対処（ストレスコーピング）ができるような，最低限の社会的スキルの育成を支援することも求められる（第11章参照）。

反社会的行動を引き起こす子どもの対応にあたり，もう一つの視点として留意すべきことは，不安定な情緒面にも留意しつつ，個々の子どもの実態を理解しながらすすめる開発的な心理的援助である。すなわち，その子どもが社会で適応的になるのみならず，率先して自立した活動ができることを支えるということである。具体的には，当該の子ども自身の学習面，心理・社会面，進路面，健康面などの実態，ならびに家庭環境の背景にある問題について把握することから始める。そして，個に応じた指導計画を立てるのである。なおこうした活動は，アセスメントと呼ばれる。アセスメントの内容を踏まえて，学校およびその他の生活への適応はもちろん，自立支援に向けた，具体的な対応を行うことになる。さらに後日，その対応のあり方についても評価を行う。その評価の結果に応じて，柔軟に再アセスメントも行いつつ，指導を続けていくのである。

また，特に学校全体が反社会的行動により荒れてしまったような場合，チーム援助（石隈ら, 2005）と呼ばれるアプローチも注目したい。チーム援助では，学級内のさまざまな混乱に，学校内の教員のみならず，保護者や医療機関，相談機関などの人々が援助チームを形成し，相互に協力しながら問題に取り組み，現状の危機対応から，将来の再発予防を行っていくのである。

一連の介入においては，教師や周囲の大人の存在自体が，こうした子どもたちのストレッサー（ストレスの原因）になり，彼らとの対立を生むことが多い。そうした状況を避け，彼らのストレスを緩和するソーシャルサポートの源泉として，共生しあう支援者となれるような介入が望まれる。

(2) 非社会的行動

1) 非社会的行動とは

非社会的行動は，人間関係に消極的であったり逃避したりする行動を指す。学校に関連した子どもの非社会的行動は，授業中における内気や引っ込み思案といった態度，クラスメートの中にうまく溶け込めないことによる孤立，相互作用が求められる状況であるにもかかわらず言葉を発しない緘黙，他者との交わりからの回避行動，さらには次節で取り上げる不登校といったかたちで見られることになる。

非社会的行動を示す子どもは，日常的には，いわゆる「おとなしい子ども」であり，そうしたことから「良い子」と捉えられることもある。そのため周囲の大人たちは，反社会的行動を引き起こす子どもに対する場合とは異なり，早急な指導的介入の必要性を感じにくい。しかしながら，その結果として，当該の子どもの内面にある深刻な問題への適切な援助がないままに，事態がより深刻になる可能性があることについて留意しなければならない。

2) 非社会的行動の生起要因

非社会的行動を子どもが起こす要因については，代表的なものとして次の四つをあげることにしたい。一つ目はパーソナリティに関する要因である。特に，非社会的な行動を示す子どもの内面には，情緒的な不安定，特に対人関係における不安というものをしばしば確認することができる。二つ目は，動機づけの要因である。過去の人間関係や，学校での活動経験が，失敗に満ちたものであったり，活動自体に価値を見出せなかったりした場合，当該の活動を維持しようとする動機づけは低減し，むしろ避けようとする動機づけが高まることになる。三つ目は，対人技能である社会的スキルの不足という要因である。非社会的行動は，社会生活で必要とされる行動を，円滑に実践するための技能を十分に習得されず，社会性の発達という点で未成熟な子どもが引き起こす行動であるとみなすことができるのである。四つ目は，周囲から行動修正の指導を受けた経験の乏しさという要因である。先述のとおり，子どもの非社会的行動は，反社会的行動に比べると，周囲の大人から問題視されるという傾向が弱い。特に，親においてこうした傾向が見られると，改善に向けた積極的な介入が，日常的にほとんど行われないことになる。結果として，子どもの非社会的な行動様式は，維持あるいは強化されていくことになるのである。

3) 非社会的行動の予防

学校および学級における非社会的行動への予防には，非社会的行動の要因に留意する限り，子どもたち同士および教師との関係を育む学校・学級環境づくりが大切である。たとえば，通常の学習場面において社会性を育むことができるように，子どもたち同士が積極的に相互作用する仕掛けを準備したりして，協同しながら学び合えるような環境づくりは役立つだろう。こうした環境づくりは，協同学習の考え方を学習の場に導入することにより実現可能である（第6章参照）。また，場合によっては，総合的な学習の時間など活用して，対人技能を高める教育を積極的に行うとよいだろう。こうした教育は，ソーシャルスキル教育（佐藤・相川，2005）として知られる（第11章参照）。ソーシャルスキル教育の代表的なプログラムには，対人関係の見本となる事例を示して学習させるモデリング，仮想場面での対人相互作用を実演させるロールプレイといったものがある。こうした教育を通じて，子どもたちは，適切なスキルを育み，対人関係についての自信，あるいは期待や価値意識を高め，結果として非社会的行動に陥りにくい内面を形成していくことが見込まれる。

4）非社会的行動への対応

非社会的行動を示す子どもへの対応のあり方としては，二つの介入のための視点に留意することが必要である。とりわけ，本人ならびに家庭環境などの背景についての特徴を理解したうえでの，主に情緒面を支える心理的援助である。そのためには，まずは個別の指導的介入に資するアセスメントを綿密に行うことから始められる。そして，担任の教師との良好な関係づくりや，カウンセリング，場合によっては対人場面での不安の除去を行う系統的脱感作法（第8章参照）などの心理療法の考え方を参考にした介入などをすすめていくのである。そうした介入の成果については，随時，再アセスメントの資料として活かし，次の介入のための計画を立てていくのである。もう一つは，認知・行動面に着目した再発の防止である。とりわけ先のアセスメントの結果として，対人技能を身につける必要性が高いと判断される場合は，予防のあり方と同様な考え方により，ロールプレイやモデリングなどを計画的に取り入れて，積極的な指導的介入を行っていくことが必要である（第11章参照）。以上のような要領により，学校生活や日常生活への適応的な状態に戻るまで，適切な援助や指導を計画的に継続していくことが望まれる。

2. 不　登　校

(1) 不登校とは

不登校（non-attendant）の学術的な定義は，必ずしも明確ではない。古くから，神経症の一種としての学校恐怖症（school phobia），学業に対する怠けという反社会的なニュアンスが含まれる怠学（truancy）という概念があるが，これらにあてはまらない事例もあることから不登校という用語が用いられている。また登校拒否（school refusal）という類似した用語があるが，「登校を拒否している（したくない）」のではなく「登校したいのだけどできない」という事例もあるため避けられている。

不登校という用語が国内で使われるようになったのは，1980年代後半あたりからである。文部科学省においては，近年まで「学校ぎらい」という用語をしばしば使用していたが，現在では不登校を用いるようになっている。

文部科学省が示す不登校の定義は，国内の教育実践や研究においてしばしば参照されている。同省の「学校基本調査」においては，その手引の中で，「何らかの心理的，情緒的，身体的あるいは社会的要因・背景により，登校しないあるいはしたくともできない状況にある者のうち，病気や経済的な理由による者を除いたもの」で「年間に連続または断続して30日以上欠席した者」としている（文部科学省，2009a）。

(2) 不登校の現状

文部科学省が平成21年度に実施した「児童生徒の問題行動等生徒指導上の諸問題に関する調査」（文部科学省, 2009b）によれば，平成20年度における不登校児童生徒数は，小学校で22,652人，中学校で104,153人，合計すると126,805人である。これを，全児童生徒数に対する割合で表すと，小学生では0.32%（314人に1人），中学生では2.89%（35人に1人），小中学生全体では1.18%（85人に1人）に相当する。また，同調査によれば，全国の小中学校のうち，不登校の児童生徒が在籍する学校の割合は，平成20年度において，小学校で42.9%，中学校で85.0%，全体で56.7%である。すなわち，どこの学校でも，不登校児童生徒が在籍してもおかしくないという現状であることがわかる。

(3) 不登校の生起要因

文部科学省は，現代教育研究会（2001）に委託して，平成5年度の不登校生徒で中学校を卒業した者を対象とした「不登校に関する実態調査」を実施している。この調査によると，不登校のきっかけとなった要因として，「友人関係をめぐる問題」（45%），「学業の不振」（28%），「教師との関係をめぐる問題」（21%）といったものがあげられている。すなわち，学校にまつわるものが上位を占めている。一方で，「児童生徒の問題行動等生徒指導上の諸問題に関する調査」（文部科学省, 2009b）では，学校関係者を調査対象として，児童生徒が不登校になったきっかけと考えられる状況を尋ねている（図9-5, 6）。これによると，学校にまつわる要因のほか，「親子関係をめぐる問題」も目立つ。両者の調査結果の違いは，調査対象者が，不登校者本人であるか学校関係者であるかといった点に起因するものと推察できる。

さらに，過去の年度別不登校者の割合を踏まえて，社会構造の変化が不登校の子どもを増大させているという指摘もされている。たとえば，小林（2005）は，1977年から80年を機に，中学校で不登校生徒の割合が増大してきたことを取り上げ，その要因として，兄弟数の減少，地域の結びつきの弱体化，特定の世代が遊ぶことになる玩具の増大により，異年齢間での集団遊びが見られなくなったことをあげている。

すなわち，不登校の生起には，いくつかの代表的な要因があげられるものの，個人の要因，社会構造の要因などが，きわめて重層的に影響していることによってもたらされていると言える。したがって，目の前の不登校にある子どもたちを理解する際には，単純に特定の要因に帰属させず，それぞれの事例に特有な要因が背景にあるとみなす姿勢が必要であろう。

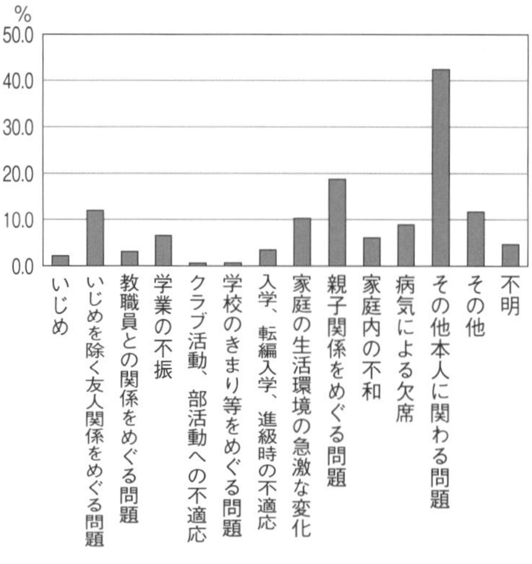

図9-5　小学生が不登校になったきっかけと考えられる状況（文部科学省, 2009b）（複数回答あり）

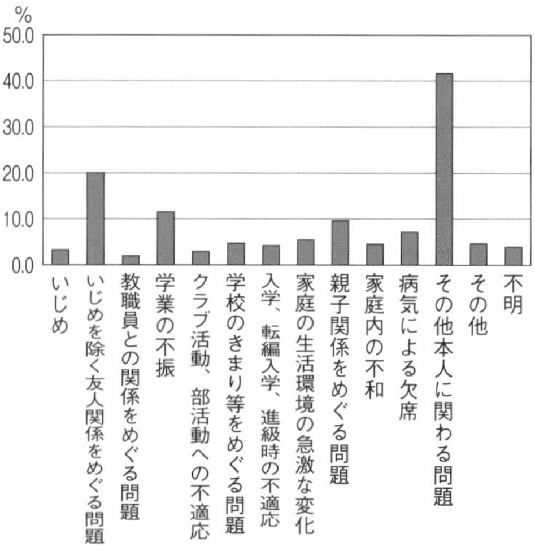

図9-6　中学生が不登校になったきっかけと考えられる状況（文部科学省, 2009b）（複数回答あり）

(4) 不登校の予防

不登校のきっかけとなるさまざまな要因から子どもたちを守るという方針に基づいて，教育現場における予防のあり方を考えることは，ある程度までは有意義であろう。学校という場に限定した不登校の要因に注目すると，友人関係および教師との関係にまつわる問題，学業上の問題が，不登校の要因となりうることは，先述した調査で示されているとおりである。このことを踏まえて小林（2003）は，不登校問題の予防には，学校での先述の問題から子どもたちにもたらされるストレス反応を弱めるために，対人関係に関連したソーシャルスキルや，学業活動にまつわる行動に対するセルフコントロールといったストレス対処スキルが重要な役割を果たすと指摘している。ならびに，他者から得られる有形無形の援助であるソーシャルサポートの重要性についても示されている。

ただ個々の子どもが不登校になるきっかけは実にさまざまであるうえ，地域の結びつきの弱体化など，社会構造の要因を踏まえた予防的対応はそもそも困難である。まずは，日常の子どもの微妙な変化に対して，日頃より気を配るといった心がけが，予防としては何よりも大切な姿勢だと言える。

(5) 不登校への対応

まずは，問題解決に向けて，不登校の子ども自身を理解し，対応のあり方についてアセスメントを行うことである。たとえば，いかなるスキルが欠如しているか，どういったものの見方が子どもを支配しているか，どういった情動に支配されているか，あるいは学力上の問題はないかなどについての理解をしていく。また，家庭環境についての情報も，子どもの現状を理解することに役に立つことがある。こうした情報を踏まえつつ，認知・行動面に焦点を当てた教育的な指導的介入，あるいは情緒面にも着目したカウンセリングなどの心理的援助による介入をすすめていく。

また，不登校の子どもにおいては，次のことがおおむね共通していることは留意しておくとよい。それは，不登校という状態そのものが，不登校を維持させているということである。言い換えれば，不登校になるきっかけとなった要因はさておき，昨日までの不登校の状態こそが，今日の不登校の要因となっているということである。小林（2003）は，不登校の事例に関する研究を通じて，不登校の子どもにおいては，本人の情動面，行動面，認知面において，不登校を維持させる悪循環が成立していることを指摘している。そこで，この悪循環から抜け出すことができるように，子どもの生活の変化をいかに支援していくかが，不登校への対応の鍵であると言える。

3. い じ め

(1) いじめとは

学校において，子どもたちが良好な人間関係を形成し，維持することは，適応的な日常生活を送るうえで重要なことである。しかしながら，一般的な社会での人間関係と同様に，子どもたちの関係は，時としてもつれが生じることがある。いじめは，対人関係のもつれが深刻なかたちで現れたものであり，その関係の中には子どもたちの反社会的行動や非社会的行動も垣間見られる。

いじめは，これまでさまざまな表現により国内外で定義されてきた。ラインズ（Lines, 2008）は，これまでの文献に示されたいじめ（bullying）の定義について調べている。そして，いじめについて，社会で見られる攻撃性の特殊なケースといった表現にとどまるものから，顕在的あるいは潜在的な攻撃行動を網羅的に記述するものまでを確認している。日本においても，いじめについてはさまざまな定義がされてきた。そのうち，現在では文部科学省による定義が，教育場面や研究において広く参照されている。2007（平成19）年度の時点で文部科学省から示されている定義では，いじめは「当該児童生徒が，一定の人間関係のある者から，心理的，物理的な攻撃を受けたことにより，精神的な苦痛を感じているもの」とされている。

(2) いじめの現状

いじめという現象は，日本の学校ではどの程度生じているのだろうか。文部科学省では，「児童生徒の問題行動等生徒指導上の諸問題に関する調査」を，学校を対象に毎年実施している。この調査（文部科学省, 2008）によると，2007（平成19）年度に学校でいじめが認められた件数を示す認知件数は，小学校，中学校，高等学校，特別支援学校の調査対象校40,038校において，合計101,127件であった。単純に平均すると，1校あたりおよそ2.5件程度のいじめが認知されていることを示している。また，上の文部科学省の調査とは，実施時期や対象，方法は異なるが，国内で実施されたいじめの大規模な実態調査として，森田ら（1999）の調査が知られる。この調査における小学校5年生から中学校3年生までの6,906名の回答によれば，1996（平成8）年度2学期の間でのいじめ被害経験者は13.9%，加害経験者は17.0%であった。こうしたデータを見る限り，いじめがどの学級にも起こりうることがうかがえる。

上述した大規模な調査を通じて，いじめは頻繁に起こる現象であることがわかってきたものの，日常においてはきわめて表面化しにくい現象である。森田ら（1999）の調査によれば，性別や校種を問わず，いじめの加害者のうち，およそ半数程度は，被害者にとって「よく遊ぶ友だち」であることが示されている。加えて，いじめられた際の行動として，男子で40.1%，女子で58.7%が「気にしないふり」をする一方で，教師や友だちに助けを求めたり，親に打ち明けたりする児童生徒は少数であることが明らかになっているのである。教師などの周囲の身近な大人であっても，いじめという現象に気づきにくいことが推察できる。

また，一度生起したいじめは，日常の学級において，維持されやすい。森田（1994）は，学級内のいじめの現象を説明するために「いじめ集団の四層構造」という概念を提唱している。これによると，いじめが生起している学級の中には，被害者と加害者という存在のみならず，いじめを見て楽しむ「観衆」，見て見ぬ振りをする「傍観者」が存在していると言う。すなわち，いじめの問題の周囲には，「観衆」や「傍観者」という存在によって，その解決とは無縁の対人力学が作用し，むしろ学級集団においていじめが維持されていると言えるのである。

この他，近年では，携帯電話やコンピュータを利用したいじめも無視することができない。いわゆるネットいじめ（cyber bulling）である。インターネットに関わる子どもの問題行動について，西口（2008）は，①違法情報および有害情報の閲覧，②情報の安易な発信，③他者とのトラブルが生じるインターネット利用，④インターネットへの過度な依存という4タイプにまとめている。このなかで，ネットいじめは③に該当する。具体的には，メールで悪口を書いたり，インターネット上のブログや「学校裏サイト」と呼ばれるところに，被害者に対する誹謗中傷を書いたり，個人情報を暴露したりするといった加害者の手口などが知られる。こうしたネットいじめは，一般のいじめ以上に大人の目の届かないところで起こるために秘匿性が高く，被害者にとって公開されることが望まれない情報をインターネット上に開示されるという通常のいじめとは異なった悪質性を持っている。

(3) いじめの生起要因

いじめの生起に影響する要因については，加害者の要因，被害者の要因，それぞれの家庭の要因，学校の要因，社会の要因などが示されており，きわめて多岐にわたっている。しかしながら，内藤（2007）が指摘しているように，いじめが生起する要因として，さまざまな論者からこれまであげられてきたものはあまりに混在しており，相互に矛盾したものさえも含まれている。加害者の行動の原因だけに注目しても，その説明は難しい（Lines, 2008）。こうした問題については，実証的なアプローチでの研究はきわめて困難であるが，教育心理学からの研究を積み上げげる余地は大きい。

(4) いじめの予防

いじめを学校で予防するためには，2種類の介入の方向性が考えられる。一つ目は，主に子どもたちの情緒面に介入して，学級内の雰囲気を良好にすることを目指す方法である。こうした介入の代表的なものとしてあげられるのは，構成的グループエンカウンター（國分・國分，2004）と呼ばれる予防・開発的カウンセリングである（第11章参照)。構成的グループエンカウンターでは，その活動への参加者に対して，「ふれあい」（本音と本音の交流）と「自他発見」（自他の固有性・独自性・かけがえのなさの発見）をもたらすことをねらいとしている。これまで，こうしたねらいのもとで，これまで多種多様なエクササイズが開発されてきた。そして実際に学校で用いて，子どもたちへもたらす効果についても検討がされてきた。たとえば，中井（1998）は，中学校を対象に，構成的グループエンカウンターの短期集中型プログラムを実践している。この実践を通じて，学級雰囲気の向上が確認されている。また，肯定的メッセージ法と呼ばれる技法も，学級の良好な雰囲気を構築するための介入方法として知られる。これは，教師から子どもたちに対して，あるいは子どもたち同士で，能力があり，優れており，個性的な存在であると肯定する情報を伝え合う取り組みである。市川ら（1995）は，小学校6年生を対象に，教師から子どもたちへの肯定的メッセージ，子どもたち同士で相互に交わす肯定的メッセージを学級内で用いることを支援する実践を通じて，学級雰囲気の向上を確認している。

いじめを予防するための二つ目の方法としてあげられることは，主に子どもたちの認知・行動面への介入による社会性の育成である。具体的には，まずは，いじめを許さないことを明確化した学級経営を行うことがあげられる。そのためにも，新学期の段階より，学級内の人間関係のあり方に関わる規範意識を育む指導が求められる。また，非社会的行動の予防でも触れたような，ソーシャルスキル教育（佐藤・相川, 2005）を通じて，対人関係能力を高めることも大切である（第11章参照)。ならびに，日頃より，協同学習（第6章参照）の考えに基づいた授業を展開することも，対人能力を育むことに資するであろう。

こうした予防は，ネットいじめに対しても同様に機能することになるだろう。ただ，ネットいじめの予防という取り組みを徹底するならば，携帯電話やコンピュータの基本的な使い方から，情報モラルに関する幅広い内容までを指導していくことが求められる。

(5) いじめへの対応

いじめは，対人関係のもつれが，きわめて深刻なかたちとなった現象であると考えることもできる。したがって，被害者にもたらされる影響については，対人関係のストレッサーによるストレス反応の問題として理解することができる。ストレス反応は，心理的，身体的，行動的なものに大別される。たとえば，心理的反応には，抑うつ，不安，恐怖感，身体的反応は，頭痛，不眠，行動的反応は，不適応行動と総称されるものや，回避行動としての不登校，最も深刻である自殺があげられる。懸念すべきは，被害者のストレス反応は，大きな苦痛を伴ういじめを経験するほど長期化する点にある（坂西, 1995)。場合によっては，心的外傷後ストレス障害（post-traumatic stress disorder: PTSD）と診断されることもある。

そのため，いじめが認知された場合，まずは被害者への心理的なケアが求められる。香取（1999）によれば，いじめの被害経験者は，人から信頼される体験をしたり，いじめられた経験への見方を前向きに変えたり，いじめの経験について身近な人に語ったり他者の体験談を聞いたりすることで，否定的影響を軽減することができる。森田ら（1999）の調査によれば，生起したいじめを，教師が対応していたと被害者が認識する事例において，60％程度の介入効果が確認されている。特にいじめられる頻度が低くて短期間のものほど，こうした介入の効果を期待することができる。

また，加害者と認定される子どもに対しては，反社会的行動を引き起こした子どもへの対応と同じように，今後の再発防止を想定した指導的なかかわりが求められる。すなわち，いじめという加害行為は，社会秩序から逸脱した行動であるということを理解させるための毅然とした指導が必要である。

さらに徹底した対応をするのであれば，学級全体への介入，家庭などの協力を得た取り組みが求められる。子どもたちは，学級内外のさまざまな人間関係の中で生活を送っている。この点を踏まえ，ノルウェーでは，オルヴェウスを中心に，いじめ被害者，加害者の個人に留まらず，学級全体，学校に所属する教員，親，さらには地域社会をも対象とした，予防も含めたいじめ防止プログラムが開発されている（Olweus & Limber, 2007）。

近年問題とされてきたネットいじめへの対応においても，上述してきた要領と基本的には変わらない。ただ，インターネット上に誹謗中傷や個人情報の内容が広く公開されることは，そうした情報の回収さえ困難な事態も招き，被害者においては取り返しのつかない心理的苦痛を伴うことにもなる。こうした意味でも，ネットの世界にも広がりやすいこれからのいじめという問題に関しては，未然防止や，再発防止の予防教育が重視されることは言うまでもない。

誰にとって「問題」であるか

本章で取り上げたような，社会通念上，問題であるとして認識されやすい子どもの行動については，問題行動であると明言しやすい。もっとも，日常の学校の中では，「授業において，やや元気すぎて落ち着かない」「学習態度に，若干改善の余地がある」などといったように，子どもの一つの行動に対して，教師の間でも問題行動であるか否かといったかたちで判断の分かれるような事例がしばしばある。こうした子どもの行動については，問題行動と言えるのだろうか。この点に関連して，教師の指導についての数々の具体的な方法を提案したことで知られるゴードン（Gordon, 1974／邦訳, 1985）の考え方を紹介したい。

ゴードンは，問題所有（problem ownership）という概念を用いて，教師あるいは子どもの誰が，否定的感情（不満や怒りなど）としての「問題」を所有しているかという観点で，子どもの行動を理解する方法を紹介している。まずは，下の図 9-7 のような四角形の内側に，子どもが取りうるすべての行動が含まれるとみなす。また子どもの行動

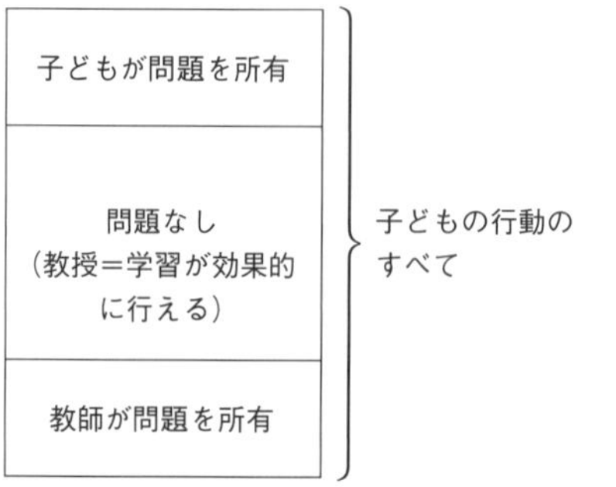

図 9-7 「問題所有」の考え方による子どもの行動の分類（Gordon, 1974／邦訳, 1985 をもとに作成）

を，教師が「問題」を所有する行動，子どもが「問題」を所有する行動，両者が「問題」を所有しない行動（問題なし）に分ける。ゴードンによれば，両者が「問題」を所有しない行動が展開されるときに，学級内で「教える（教授）」と「学ぶ（学習）」の過程が効果的に展開されるということである。

こうした考え方を通じて，われわれが問題行動というものをどのように捉えるとよいかについて，次のことを指摘することができる。問題行動というものは，誰にとって「問題」なのかによって規定されるということである。すなわち，ある人物から見たときの「問題」も，別な人物にとっては「問題」でないということは十分にありうるということである。

日々子どもを危機から守りつつ育むことが求められる大人の立場に立った場合，この考え方はきわめて大切である。問題行動というものについては，顕在化した一面的な行動のみによって規定することはそもそも困難だということを言い表しているからである。すなわち，子どもの特定の顕在化した行動が，教師や親の立場では「問題」とはみなされない場合でも，子どもにとっての「問題」のサインになっていることもありうるのである。

ここに，A 君という中学生がいるとしよう。A 君は，友だちに対してたいへん思いやりがある。そのため，友だちからのさまざまな要望に対して，実に誠実に対応している。そうした姿勢ゆえに，多くの友だちからさらなる信頼を得ることにつながっている。こうした A 君の振る舞いに対して，大人たちは対人関係のあり方についての中学生の手本として称えることさえあるかもしれない。しかし，仮に A 君が，友だちからの期待に応えなければという観念によって支配されており，その観念により一連の行動を，否応なく取っていることを，われわれが知ったとすればどうだろう。A 君の一連の行動に対するわれわれの見方は揺らぐことだろう。ちなみに A 君の振る舞いは，さらにエスカレートすれば，いじめの被害者となりうる可能性もはらんでいる。子どもの顕在化した行動が，安定した適応的な内面に支えられているのか，あるいは不安定な内面によって支配されているのかという観点により，親や教師にとって「問題」ではないが，子どもにとって「問題」であるといった，子どもにおける潜在的な危機を発見することにつながるのである。

●復習課題

（1）不登校の予防と対応のあり方についてまとめよ。
（2）いじめの予防と対応のあり方についてまとめよ。

10 特別支援教育：通常学級での支援を中心に

近年，国内において，子どもたち一人ひとりのニーズに合った教育支援に関する基本的な考え方の枠組みは，特殊教育から特別支援教育への転換というかたちで大きく変化した。このことは，障害をもった子どもたちへの教育支援のあり方について，教育現場での新たな取り組みを起こす契機となっている。本章では，特別支援教育の基本的な考え方ならびに実践上の留意点について，通常学級での特別支援教育の取り組みを念頭に置きながら概説することにしたい。

1. 特別支援教育とは

(1) 特別支援教育の始まり

平成19年（2007年）度から，特別支援教育が学校教育法に位置づけられた。そして，平成18年度までの盲学校・聾学校・養護学校は特別支援学校，そして小学校・中学校の特殊学級は，特別支援学級と呼ばれるようになった。

特別支援教育とは何か。文部科学省（2007）は「特別支援教育の推進について（通知）」を平成19年4月1日に公示し，幼稚園，小学校，中学校，高等学校，中等教育学校及び特別支援学校において行う特別支援教育について，基本的な考え方，留意事項等をまとめている。

これによると，特別支援教育とは，①障害のある幼児児童生徒の自立や社会参加に向けた主体的な取組を支援するという視点に立ち，幼児児童生徒一人ひとりの教育的ニーズを把握し，その持てる力を高め，生活や学習上の困難を改善又は克服するため，適切な指導及び必要な支援を行うものであり，また，②これまでの特殊教育の対象の障害だけでなく，知的な遅れのない発達障害も含めて，特別な支援を必要とする幼児児童生徒が在籍する全ての学校において実施されるものである。さらに，③障害のある幼児児童生徒への教育にとどまらず，障害の有無やその他の個々の違いを認識しつつ様々な人々が生き生きと活躍できる共生社会の形成の基礎となるものであり，我が国の現在及び将来の社会にとって重要な意味を持っている。

つまり，特別支援教育の始まりは，視覚障害，聴覚障害，身体障害，知的障害，病弱の児童生徒はもとより，知的障害を伴わない発達障害，そしてそれ以外の教育的ニーズをもつすべての幼児児童生徒の支援の充実につながっているのである。

(2) 特別支援教育開始の背景

近年，特別支援学校や特別支援学級に在籍している児童生徒は増加する傾向にあり，通級による指導を受けている児童生徒も増加している。文部科学省の調べでは，平成18年5月1日現在，義務教育課程において，現在の特別支援学校及び小学校・中学校の特別支援学級の在籍者並びに通級による指導を受けている児童生徒の占める割合は児童生徒総数の約1.9%，幼稚部・高等部の特別支援学校在籍者を含めると約1.7%となっている。

さらに，文部科学省が平成 14 年に実施した「通常の学級に在籍する特別な教育的支援を必要とする児童生徒に関する全国実態調査」の結果では，知的発達に遅れはないが，学習面・行動面で著しい困難を示し，特別な教育的支援を必要とする児童生徒（発達障害の可能性がある児童生徒）が約 6.3％の割合で通常の学級に在籍している可能性を示している。

このように，特別な教育的な支援ニーズのある児童生徒が通常学級にも多く存在すること，また対象となる幼児児童生徒の総数が増加していることが明らかとなり，従来の教育制度を見直す必要性が出てきた。また，障害の種類や重症度の多様化・重複化が明らかとなり柔軟な対応が可能となる教育システムが必要となってきたこと，世界的にもわが国においても障害理念と教育のあり方に対する考えが変化してきたことも特別支援教育の成り立ちの背景にある。

(3) 特別支援教育の場

各幼児児童生徒の能力を最大限に伸ばしていけるように，能力と状態にあった学習の場を選択することは，その幼児児童生徒の将来と，心身の健康にとって非常に重要なことである。特別支援教育の場として，特別支援学校，特別支援学級，通級による指導，あるいは通常の学級がある。

1) 特別支援学校

通常の学級における指導だけでは，その能力を十分に伸ばすことが困難な幼児児童生徒については，一人ひとりの障害の種類・程度等に応じ，特別支援学校の幼稚部・小学部・中学部・高等部（専攻科）に就学することができる。特別支援学校での学習環境は，クラスの人数も少なく，教師一人あたりの担当人数も少ないものであるため，きめ細かな対応が可能である。教師は特別支援教育に関する教員免許状をもつ者が原則として配置される。また，特別支援学校では，障害が重度であり通学が難しい場合には，訪問教育を行っている。

特別支援学校への就学の対象となる障害は，視覚障害，聴覚障害，知的障害，肢体不自由，病弱，そして，これらの重複障害である。従来の盲・聾・養護学校は複数の障害種別を受け入れることができるように特別支援学校に一本化された。これにより，幼児児童生徒の障害の程度の軽重や障害の重複に合わせ，柔軟な教育が可能となった。ただし，特別支援学校という学校名からは個々の学校がどの障害種別を扱う学校か明らかでなくなるため，各特別支援学校の扱う障害種別を積極的に提供すべきこととされている。

また，特別支援学校は，地域の学校のセンター的機能を果たすこととなった。よって，地域の幼稚園・保育園・小学校・中学校・高等学校などの要請に応じ，助言・相談等を行っている。その具体的な内容としては，「小・中学校等の教員への支援」「特別支援教育等に関する相談・情報提供」「障害のある幼児児童生徒への指導・支援，福祉，医療，労働などの関係機関等との連絡・調整機能」「小・中学校等の教員に対する研修協力機能」「障害のある幼児児童生徒への施設設備等の提供」があげられる。

2) 特別支援学級

小学校・中学校・高等学校の「特別支援学級」は，少人数の学級であり，障害の種別ごとに置かれる。対象の障害種別として，知的障害，肢体不自由，病弱・身体虚弱，弱視，難聴，言語障害，自閉症・情緒障害の学級がある。学校内での交流学級も積極的に行われる。

3) 通級による指導および通常学級

「通級による指導」は，小・中学校の通常の学級に在籍し，ほとんどの授業を通常の学級で受けながら，障害の状態等に応じた特別の指導を週 1 から 3 時間程度，特別な場（通級指導教室）で受ける指導形態である。対象は，言語障害，自閉症，情緒障害，学習障害，注意欠如・多動性障害，弱視，難聴などである。特別支援教育の制度に変わり，これまで通級による指導の対象になっていなかった，学習障害，注意欠如・多動性障害が新たに加えられた。

また，通常学級における教育支援は，発達障害（学習障害，注意欠如・多動性障害，高機能広汎性発達障害），そのほか教育的支援ニーズのある児童生徒を対象として行われる。

2. 教育的支援ニーズのある児童生徒の理解と教師の対応：基本的な考え方と姿勢

教育的支援ニーズのある児童生徒とかかわる際にまずはじめに大切なことは，「障害＝できない」という固定観念をなくすことである（辻井, 2007）。そのうえで，一般的な理解として各障害の基本特性について学習を重ね，理解をすることが求められる。さらに，特別支援教育に関連する医学・教育・福祉・心理の領域の実践と研究は日進月歩であり，常に新しい情報にアンテナを張っておく必要がある。

次に一般的な理解を参考にしながら，個人特性の理解に努める。同じ障害でも，性格や好み，さまざまな面での能力，環境のほか，個人による違いは大きい。障害や苦手さ，違いを「個性」としてもつ各児童生徒の一人ひとりを理解し，支援を行っていくことが重要である。このとき，児童生徒がどのようなことを望んでいるのか，何に意欲をもっているのか，どういうことを面白い・楽しい・不安と思っているのか，何に抵抗を示しているのか，といった心理面への配慮を忘れずにいたい。教師に自分のことを理解してもらっている安心感が，学校生活を送るうえでの支えとなる。

児童生徒の発達段階や状態を的確に把握したら，取り組む課題を設定し，指導の場と方法を考える。得意なことやもてる力を活かしつつ，もともとの機能の問題でうまくいかないところは少しずつできることを増やし，代わりのバイパスを作ることで適応を図り，また使える社会資源を利用することをともに考える。

このことは，障害名をもたない児童生徒にも同じことである。どの児童生徒も得手不得手をもつ。本人が「困難」と感じることがあり，それを乗り越えるために必要であれば支援を行っていくのである。

教育的支援の目的は「普通」に近づけることではなく，社会の中で，児童生徒自身が主体的に自立して生きていくことができる力をつけること，そして安心して精神的に健やかに過ごせるように支援することである。児童生徒が，自分を理解し，「働く（就労）」「暮らす（生活）」「楽しむ（余暇）」を柱としてバランスの取れた社会生活をいかに送るかについて，ビジョンをともに考えることも重要である（中村・須田, 2007）。

3. 通常学級における特別支援教育

通常学級において特別な教育的支援を行うということが，特別支援教育の制度が整えられ初めて法的に定められた。これは非常に画期的なことである。よってここからは，通常学級における特別支援教育に焦点をあてて論じる。このとき，発達障害について学習しておくことは必須である。そのため，発達障害について概説し，対応の留意点と支援の実践を説明する。

(1) 発達障害とは

発達障害は生まれつきの脳機能の発達の問題によるものであり，その原因は育て方によるものではない。発達障害に共通した特徴は，知的能力とは独立して，認知，言語，運動，社会的技能などの獲得に遅れが見られるなど発達に偏りが見られることである。

発達障害には，精神遅滞（Mental Retardation: MR），広汎性発達障害（Pervasive Developmental Disorder: PDD），注意欠如・多動性障害（Attention-Deficit/Hyperactivity Disorder: ADHD），学習障害（Leaning Disorder: LD），発達性協調運動障害（Developmental Coordination Disorder: DCD）が含まれる。それぞれの詳細については，後に説明する。

発達障害の中には，知的な遅れが見られないか，見られても軽度であるものが存在する。このような場合，本人の努力不足や親の子育ての問題と誤解されてしまうことが多く，発見と対応のスタートが遅れることがしばしばである。発達障害としての理解が進んできてはいるが，実際には対象児やその家族に対する風当たりが厳しい。

これまでは，知的障害を伴う場合以外は，支援を受ける必要があるにもかかわらず公的支援を受けることがなかなかできなかった。しかし，最近ようやく知的な障害を伴わない，もしくは伴っていても軽度である児童生徒たちにも光が当たり始め，特別支援教育として各自のニーズに合った教育を受けることが可能になった。つまり，今まで知的な問題をもたないために，公的支援の対象にならなかった発達障害の児童生徒が通級指導の対象となり，また通常学級の中にいても支援を受けることができるようになったのである。

(2) 診断と障害の重複

発達障害については，「精神疾患の診断・統計マニュアル（DSM- Ⅳ -TR）」（APA: American Psychiatric Association, 2000／邦訳, 2003）もしくは，「精神および行動の障害―臨床記述と診断ガイドライン」（邦訳, 2005; 世界保健機関（WHO）作成の「疾病および関連保健問題の国際統計分類第10改訂版（ICD-10）(2003)」所収）によって，診断されるのが一般的である。

専門機関の受診（確定診断）は決してゴールではない。診断により，①子どもの特徴についてより深く理解し，②蓄積されてきた知見をもとに支援の方向性を見出し，効果的な対応の手立てを考えることができる。また，③発達の全体のイメージを予想することができ，④「つまずき」の予防が可能となるのである。

適切な対応を行うためには，まず障害について理解することが重要である。よって，次項からはそれぞれの障害の特性について，DSM- Ⅳ -TR の診断基準を参考に説明する。

(3) 障害の理解と対応

1）精神遅滞，知的障害（MR）

①精神遅滞と知的障害　知能検査によって測定された知能指数が70以下の場合，知的障害と言う。知的障害と精神遅滞はほぼ同義として扱われ，教育・行政では知的障害，医学では精神遅滞と表現することが多いが，これらは厳密には異なる。精神遅滞とは，さらにその知的障害により社会的な適応障害を生じた場合と定義される。精神遅滞の診断基準は表10-1に示すとおりである。なお，知的能力の測定には，TK式田中ビネー知能検査Ⅴや WISC- Ⅲといった標準化された知能検査を用いるのが一般的である。

表10-1　精神遅滞の診断基準（DSM- Ⅳ -TR; APA, 2000／邦訳, 2003より）

A.	明らかに平均以下の知的機能：個別施行による知能検査で，およそ70またはそれ以下のIQ（幼児においては，明らかに平均以下の知的機能であるという臨床的判断）
B.	同時に，現在の適応機能（すなわち，その文化圏でその年齢に対して期待される基準に適応する有能さ）の欠如または不全が，以下のうち２つ以上の領域で存在：コミュニケーション，自己管理，家庭生活，社会的／対人的技能，地域社会資源の利用，自律性，発揮される学習能力，仕事，余暇，健康，安全
C.	発症は18歳以前である。

②知的レベルによる分類　精神遅滞（知的障害）は，知的レベルによってさらに分類されている。知能指数が35以下の場合を重度精神遅滞，35-50の場合を中度精神遅滞，50-70の場合を軽度精神遅滞と呼ぶ。

通常学級における一斉の授業で学習内容を理解していくには，およそ85以上の知能指数であることが必要となる。知能指数が70-85を示す場合（「境界知能」と呼ぶ），明らかな知的障害と言えず，学習場面で困難を示すことが予測されるが支援の対象として認識されにくい。状況によっては，周囲の理解と支援が必要なレベルであり，適性と環境を考え，自立して社会生活を送ることができるよう支援したい。

③罹患率　知的障害がある人は全人口の約2.1％前後である。そして，前述の定義に従った精神遅滞は1.1-1.2％である。知的障害をもつ児童生徒のうち，89％が軽度の知的障害であり，また，境界知能を示す児童生徒は全体の14％となる（杉山，2007）。

知的障害は他の障害と重複することが多い。また，通常学級で支援を受ける対象となる発達障害のグループは境界知能の占める割合が大きい。特に学習障害では大半がこの境界知能を示すと言われる。

2）広汎性発達障害（PDD）

①広汎性発達障害とは　広汎性発達障害は，社会性の障害，コミュニケーションの障害，きまったパターンに固執するこだわり行動を共通の特徴としてもつ，自閉症（DSM-Ⅳ-TRでは自閉性障害，ICD-10では小児自閉症と呼び同義であるが，本書では一般的に使われる「自閉症」と以下記す）を中心とした障害である。自閉症スペクトラムとも呼ばれ，自閉症のほか

表10-2　自閉症の診断基準（DSM-Ⅳ-TR; APA, 2000／邦訳, 2003より）

A. （1）（2）（3）から合計６つ（またはそれ以上），うち少なくとも（1）から２つ，（2）と（3）から１つずつの項目を含む。

（1）対人的相互反応における質的な障害で以下の少なくとも２つによって明らかになる。
- a）目と目で見つめ合う，顔の表情，体の姿勢，身振りなど，対人的相互反応を調節する多彩な非言語的行動の使用の著明な障害
- b）発達の水準に相応した仲間関係を作ることの失敗
- c）楽しみ，興味，達成感を他人と分かち合うことを自発的に求めることの欠如（例：興味のある物を見せる，持ってくる，指差すことの欠如）
- d）対人的または情緒的相互性の欠如

（2）以下の少なくとも１つによって示されるコミュニケーションの質的な障害：
- a）話し言葉の発達の遅れまたは完全な欠如（身振りや物まねのような代わりのコミュニケーションの仕方により補おうという努力を伴わない）
- b）十分会話のある者では，他人と会話を開始し継続する能力の著明な障害
- c）常同的で反復的な言語の使用または独特な言語
- d）発達水準に相応した，変化に富んだ自発的なごっこ遊びや社会性をもった物まね遊びの欠如

（3）行動，興味，および活動の限定された反復的で常同的な様式で，以下の少なくとも１つによって明らかになる。
- a）強度または対象において異常なほど，常同的で限定された型の１つまたはいくつかの興味だけに熱中すること
- b）特定の機能的でない習慣や儀式にかたくなにこだわるのが明らかである
- c）常同的で反復的な衒奇（げんき）的運動（例：手や指をぱたぱたさせたりねじ曲げる，または複雑な全身の動き）
- d）物体の一部に持続的に熱中する

B. ３歳以前に始まる，以下の領域の少なくとも１つにおける機能の遅れまたは異常：（1）対人的相互反応，（2）対人的コミュニケーションに用いられる言語，または（3）象徴的または想像的遊び

C. この障害はレット障害または小児期崩壊性障害ではうまく説明されない。

表 10-3　アスペルガー障害の診断基準（DSM-Ⅳ-TR; APA, 2000／邦訳, 2003 より）

A. 以下のうち少なくとも２つにより示される対人的相互反応の質的な障害：
　（1）目と目で見つめ合う，顔の表情，体の姿勢，身振りなど，対人的相互反応を調節する多彩な非言語的行動の使用の著明な障害
　（2）発達の水準に相応した仲間関係を作ることの失敗
　（3）楽しみ，興味，達成感を他人と分かち合うことを自発的に求めることの欠如（例：他の人たちに興味ある物を見せる，持ってくる，指差すなどをしない）
　（4）対人的または情緒的相互性の欠如
B. 行動，興味および活動の，限定的，反復的，常同的な様式で，以下の少なくとも１つによって明らかになる。
　（1）その強度または対象において異常なほど，常同的で限定された型の１つまたはそれ以上の興味だけに熱中すること
　（2）特定の，機能的でない習慣や儀式にかたくなにこだわることが明らかである
　（3）常同的で反復的な衒奇（げんき）的運動（例：手や指をぱたぱたさせたり，ねじ曲げる，または複雑な全身の動き）
　（4）物体の一部に持続的に熱中する
C. その障害は社会的，職業的，または他の重要な領域における機能の臨床的に著しい障害を引き起こしている。
D. 臨床的に著しい言葉の遅れがない（例：２歳までに単語を用い，３歳までにコミュニケーション的な句を用いる）。
E. 認知の発達，年齢に相応した自己管理能力，（対人関係以外の）適応行動，および小児期における環境への好奇心について臨床的に明らかな遅れがない。
F. 他の特定の広汎性発達障害または統合失調症の基準を満たさない。

に，レット障害，小児崩壊性障害，アスペルガー障害，特定不能の広汎性発達障害が含まれる。代表的である自閉症とアスペルガー障害の診断基準は表 10-2, 3 に示すとおりである。

日常場面で見られる行動として，人の気持ちや場の雰囲気をうまく汲み取れない，友だちとうまく遊べない，会話が一方的で自分の興味のあることばかり話してしまう，非常にこだわりが強く，何かがいつもどおりでないとパニックになるといったものがある。また，音などに対する過敏性など，聴覚や視覚，触覚に知覚過敏をもつ者もいるため，配慮が必要である。

さらに，知的障害を伴わない場合は，高機能広汎性発達障害と言われる。広汎性発達障害の中でも，自閉症に関しては重度の知的障害を伴う場合から，知的障害を伴わない場合までその幅は広い。よって，自閉症のうち知的障害を伴わない場合を，特に高機能自閉症と呼ぶ。アスペルガー症候群は知的障害を伴わない場合がほとんどであり，高機能広汎性発達障害に含まれる。

②自閉症の対人関係のもち方のタイプと発達　自閉症のタイプについて，ウィング（Wing, 1996／邦訳, 1998）が分類を行っている。孤立型，受動型，積極奇異型がある。それぞれの特徴は以下に示すとおりである。

孤立型：人との交流を好まない。幼児期にこのタイプであることが多い。また，知的障害のあるものが多い。

受動型：受身であれば対人関係を築くことができる。おとなしく手のかからない子として映る。

積極奇異型：多動，人とのかかわりには積極的であるが，かかわり方がマイペース，徐々に受身に移行していくことも多い。

本人の成長と，早期からの対応により，孤立型から受動型，受動型から積極奇異型，積極奇異型から受動型など姿を変えていくことも多い。一言で自閉症といっても，さまざまなタイプがあることと成長とともに姿が変わっていくことを認識し，常に目の前の子どもの姿を見る

ことを忘れてはならない。

③**対応の基本**　状況の把握や情報の統合が苦手であるため，「環境の構造化」「情報の与え方の工夫（簡潔な情報提供）」「こだわりの活用（予定など）」「見通しを立てること」に留意して支援を行うことが望まれる。また，いじめのターゲットになりやすい傾向があるため，情緒的な傷つきを配慮し，良好な対人関係の経験を積み重ねることができるように他の児童生徒との関わりに配慮する必要がある。

適切な指導を受けていれば，それぞれの児童生徒の長所やこだわりを活かして，職業や余暇を楽しむことができるようになる。たとえば，裏をかいたりしない素直さや指示されたことを最後まできちんとこなすまじめさは，長所として活かすことができる。また，数字に対する関心の高さ（こだわり）などを職業選択に考慮することにより，もてる力を最大限に発揮することができる。

3）注意欠如・多動性障害（ADHD）

①**注意欠如・多動性障害とは**　「多動性（過活動）」「不注意」「衝動性」を症状の特徴とする発達障害である。じっと待つなどの社会的ルールが増加する小学校入学前後に発見される場合が多い。通常，症状が7歳までに確認されるが，多動性が顕著でない場合，周囲が気づかない場合も多い。注意欠如・多動性障害の診断基準は表10-4に示すとおりである。

日常場面では，注意力・集中を維持しにくい，衝動的に発言してしまう，そわそわして落ち着きがない，などがよく見られる特徴である。日常生活や集団場面で本人および周囲が困ることも多いが，適切な治療と環境を整えることによって症状を緩和することも可能である。

治療・教育の成果と本人の加齢に伴い，「多動性」は外からは目立たなくなるが，潜在的に本人の中で「落ち着かなさ」などが残る可能性は高い。

②**注意欠如・多動性障害のタイプ**　DSM-Ⅳ-TRでは症状に従い，以下の3種に下位分類がされる。

混合型：過去6ヶ月間，基準A（1）不注意と（2）多動性・衝動性の基準をともに満たしている場合。

不注意優勢型：過去6ヶ月間，基準A（1）を満たすが基準A（2）を満たさない場合。

多動性・衝動性優勢型：過去6ヶ月間，基準A（2）を満たすが基準A（1）を満たさない場合。

なお，発症率は男子の方が女子よりも高い。ただし，女子の場合は多動性が目立たない不注意優勢型であることが多く，発見が遅れがちである。

③**対応の基本**　周囲からの理解を得にくいことから，自己イメージの悪化が二次的に反抗的態度につながり，反抗挑戦性障害を合併することもある。反抗挑戦性障害は，同年齢で同じ社会的背景をもっている子どもの行動の正常範囲を明らかに超え，怒りっぽくかんしゃくを起こしやすい，反抗的で大人の要求や規則に従うことを徹底して拒否する，わざと他人をいらだたせるといった，拒絶的，反抗的，挑戦的な行動パターンを示す。

注意欠如・多動性障害は，飽くなき知的好奇心，ひらめきや創造性，特定分野での生産性を強みとして社会で活躍したり，生活を楽しんだりすることができる場合も多い。彼らの可能性の芽をつまないためには，周囲の理解とサポートこそが一番重要となる。

対応の基本は教育場面，家庭での支援となる。ただし，薬物療法が有効な場合もあるので医療機関との連携は必須である。

表 10-4　注意欠如・多動性障害の診断基準（DSM- Ⅳ -TR; APA, 2000 ／邦訳, 2003 より）

A.（1）か（2）のいずれか
（1）以下の不注意の症状のうち６つ（またはそれ以上）が少なくとも６ヶ月間持続したことがあり，その程度は不適応的で，発達の水準に相応しないもの。
＜不注意＞
- a）学業，仕事，またはその他の活動において，しばしば綿密に注意することができない，または不注意な過ちをおかす。
- b）課題または遊びの活動で注意を持続することがしばしば困難である。
- c）直接話しかけられたときに，しばしば聞いていないように見える。
- d）しばしば指示に従えず，学業，用事，または職場での義務をやり遂げることができない（反抗的な行動，または指示を理解できないためではなく）。
- e）課題や活動を順序立てることがしばしば困難である。
- f）（学業や宿題のような）精神的努力の持続を要する課題に従事することをしばしばさける，嫌う，またはいやいや行う。
- g）課題や活動に必要なもの（例：おもちゃ，学校の宿題，鉛筆，本，または道具）をしばしばなくす。
- h）しばしば外からの刺激によってすぐ気が散ってしまう。
- i）しばしば日常の活動で忘れっぽい。

（2）以下の多動性－衝動性の症状のうち６つ（またはそれ以上）が少なくとも６ヶ月以上持続したことがあり，その程度は不適応的で，発達水準に相応しない。
＜多動性＞
- a）しばしば手足をそわそわ動かし，またはいすの上でもじもじする。
- b）しばしば教室や，その他，座っていることを要求される状況で席を離れる。
- c）しばしば，不適切な状況で，余計に走り回ったり高いところへあがったりする（青年期または成人では落ち着かない感じの自覚のみに限られるかもしれない）。
- d）しばしば静かに遊んだり余暇活動につくことができない。
- e）しばしば“じっとしていない”，またはまるで“エンジンで動かされているように”行動する。
- f）しばしばしゃべりすぎる。

＜衝動性＞
- g）しばしば質問が終わる前に出し抜けに答え始めてしまう。
- h）しばしば順番を待つことが困難である。
- i）しばしば他人を妨害し，じゃまする（例：会話やゲームに干渉する）。

B. 多動性－衝動性または不注意の症状のいくつかが７歳以前に存在し，障害を引き起こしている。
C. これらの症状による障害が２つ以上の状況〔例：学校（または職場）と家庭〕において存在する。
D. 社会的，学業的，または職業的機能において，臨床的に著しい障害が存在するという明確な証拠が存在しなければならない。
E. その症状は広汎性発達障害，統合失調症，または他の精神病性障害の経過中にのみ起こるのではなく，他の精神疾患（例：気分障害，解離性障害，またはパーソナリティ障害）ではうまく説明されない。

4）学習障害，発達性協調運動障害

①学習障害，発達性協調運動障害とは　学習障害は全般的な知的発達に遅れはないものの，聞く，話す，読む，書く，計算する，などの能力のうち，特定のものの習得と使用に著しい困難を示す状態を指す。字を読むことや書くことが苦手な場合，特に発達性ディスレクシア（Dyslexia）と呼ばれる。学習が始まるまで気づかれにくく，就学後に発覚する場合も多い。学習障害の診断基準は表 10-5 に示すとおりである。

発達性協調運動障害は，身体を動かしにくい身体疾患があるわけではないのに，知的能力から期待されるよりも運動がへただったり，絵や文字を書いたりする手先の運動が苦手だったりと，いわゆる「不器用さ」が全面に出た状態を言う。学習障害，発達性協調運動障害ともに，他の発達障害との合併が多く見られる。

表 10-5　学習障害（学習能力障害）（DSM- Ⅳ -TR; APA, 2000 ／邦訳, 2003 より）

読字障害
A. 読みの正確さと理解力についての個別施行による標準化検査で測定された読みの到達度が，その人の生活年齢，測定された知能，年齢相応の教育の程度に応じて期待されるものより十分に低い。
B. 基準 A の障害が読字能力を必要とする学業成績や日常の活動を著明に妨害している。
C. 感覚器の欠陥が存在する場合，読みの困難は通常それに伴うものより過剰である。

算数障害
A. 個別施行による標準化検査で測定された算数の能力が，その人の生活年齢，測定された知能，年齢相応の教育の程度に応じて期待されるものより十分に低い。
B. 基準 A の障害が算数能力を必要とする学業成績や日常の活動を著明に妨害している。
C. 感覚器の欠陥が存在する場合，算数能力の困難は通常それに伴うものより過剰である。

書字表出障害
A. 個別施行による標準化検査（あるいは書字能力の機能的評価）で測定された書字能力が，その人の生活年齢，測定された知能，年齢相応の教育の程度に応じて期待されるものより十分に低い。
B. 基準 A の障害が文章を書くことを必要とする学業成績や日常の活動（例：文法的に正しい文や構成された短い記事を書くこと）を著明に妨害している。
C. 感覚器の欠陥が存在する場合，書字能力の困難は通常それに伴うものより過剰である。

特定不能の学習障害
このカテゴリーは，どの特定の学習障害の基準も満たさない学習の障害のためのものである。このカテゴリーには，3 つの領域（読字，算数，書字表出）のすべてにおける問題があって，個々の技能を測定する検査での成績は，その人の生活年齢，測定された知能，年齢相応の教育の程度に応じて期待されるものより十分に低いわけではないが，一緒になって，学業成績を著明に妨害しているものを含めてもよい。

②学習障害と発達性協調運動障害への対応の基本　各児童生徒の苦手さ，認知に合わせて使用可能な手段，代わりとなるバイパスを見出し，練習する。たとえば，視覚的に記憶することが苦手であれば，聴覚的に記憶するなどである。また，専門機関の理学療法や作業療法などを活用することも有益である。適切な対応がなされていれば，苦手さをもちながら社会適応していく者が多く，予後は比較的良好である。

(4) 二次的な障害への配慮

発達障害における一次的な障害とは，もともとの障害特性のことであり，ものの見方・認知の仕方が独特であるといったことがあげられる。また，苦手なことと得意なことの差が大きいということも特徴である。これらは，あくまでも生まれながらの要因で，「自然にできるようにはなりにくい」特性である。本人に合った形でどう支援するかが課題である。

二次的な障害は，一次的な障害を理解されずに対応された結果，生じる。学習面でのつまずきや対人関係のつまずきが重なり，「うまくできない」失敗体験を積みやすい。さらにそれに対して叱責されることも多く，自己評価が下がりやすい。児童生徒によっては，不登校や心身症など情緒的な障害につながることもある。

また，養育者にとって独特であるわが子は理解しにくく育てにくいと感じることもあり，望まずとも虐待等へつながることもある。

一時的な障害よりも，二次的な障害により，成人期に社会適応が難しくなるケースも多い。二次的な障害は，日常経験の積み重ねにより生じる。よって，日々のかかわりの中で常に気をつけていたい。

(5) 支援の実践

1) 学校での支援体制を整える

学校内での協力体制を整えるためには，校内委員会，ケース検討会，その他の話し合いの機会を活用して情報を共有することが必要である。そして，児童生徒の姿について，共通理解を図り，統一的な対応を行っていく。担任一人だけで対応するものと決めず，学校全体で理解し，必要に応じて柔軟に役割分担をして対応する。チームで支援する意識を忘れてはならない。保護者，専門家も支援者のメンバーであることを忘れない。

また，発達障害児は学年の変わり目など変化の時期が得意ではない。丁寧に引き継ぎを行うことが重要である。

2) クラスでの対応

①環境調整　指示や授業の聞きやすさ，掲示物の見やすさ，必要な器具や機材の使いやすさ，移動のしやすさなどを考え，教室内でのその子どもにあった座席，掲示物や器具・機材の配置，ロッカーなどの位置などを考慮し，工夫する必要がある。

また，学年や学校の変わり目には，どの学校・教室で学習するかをコーディネートすることも重要である。

②必要なスキルを身につける　児童生徒自身が，環境に合わせていく力を育てていくことを考える。また，本人の特性に合った進路および環境を選択していけるよう共に考える。

③周囲の子どもへの対応　周囲の子どもたちは，対象となる児童生徒への教師のかかわり方を模範とすることを意識しておくとよい。

周囲の子どもたちが大変な思いをしている場合には，彼らの気持ちを理解し共感をしつつ，対象児童生徒を具体的にどう理解し，どのようにしていったらよいかを説明し，話し合う。対応の仕方にクレームを出す児童生徒の中には，その子自身が支援を求めるメッセージを出していることもあるということを心に留めておきたい。

また，ある特定の子どもへの支援と考えて行った対策が，実は周囲の子どもにも必要なものだったということもある。教師自身が「特別扱い」ということにとらわれずにいれば，特定の児童生徒への支援が学級全体への教育のあり方を見直すきっかけになる。

3) 保護者との連携

学校での支援をより充実させていくためには，保護者との連携，問題意識の共有が大切である。児童生徒の育ってきた全過程を理解しているのは保護者である。また，家庭の様子と学校の様子が異なっている場合もあるが，話をよく聴き，状況による姿の違いを共有して，それぞれの場でどのように対応していくかの方針を一緒に考えていくという姿勢が大切である。ただし，教育現場は忙しいため，なかなかゆっくり話をする時間がとれないこともある。よって，連絡帳の活用などさまざまなツールを有効に使うことが大切である。

4) 専門機関・専門家との連携

教育的支援の基本は学級での対応にあるが，学校の支援だけですべてまかなおうと思わないことが大切である。問題行動の理解，二次的な問題への対応や保護者のフォローには専門的な介入が有益である場合もある。具体的には，スクールカウンセラーの活用，その他の専門機関（医療機関・児童相談センター・教育センターなど）との連携などがある。

怒りのコントロール：認知行動療法的介入（吉橋ら，2008）

社会性，コミュニケーション，想像力に障害をもつ広汎性発達障害の子どもは，自分の感覚で「気持ち」という非常に「あいまいなもの」を捉えることがとても苦手である。彼らは，自分の置かれている状況の理解が十分ではないことが多いうえに，自分の気持ちを的確に捉えて表現することがうまくできないので，自分の思い通りにいかないと，怒りを爆発してしまうことがある。さらに，怒っているときに上がったボルテージを自分で下げることが苦手である。社会に適応していくために，本人が快適に生きていくために，感情のコントロールを覚えることは大切となる。

高機能広汎性発達障害の子どもたちは知的障害を伴わない。この能力を活かした介入方法の一つに「認知行動療法的介入」がある。認知行動療法は，出来事や経験をどのように解釈するかという「認知プロセス」に注目し，認知プロセスにおいて生じるゆがみや誤り（認知の歪み）を見出し，それを変化させていくことを目指す介入法である（第8章参照）。認知行動療法において，感情や行動は認知に影響されて起こるものであるとみなされ，感情や行動をコントロールするために不安や怒りをあおるような認知を修正することが求められる。そして，新しい物事の捉え方を学習し，日常生活でもそのスキルが使えるよう練習することが重要とされる。

実際の支援について説明する。怒ってはいけないとわかっていても，怒りが爆発してしまう子どもは，頭が真っ白になって自分の怒りのプロセスがわからなくなっている。客観的に把握することが難しいのである。よって，「何がどうして起こったか」を一緒に考え，できているところは，それを言葉にして伝える。まずは，このように一緒に整理し，必要に応じて認知の修正を行う。自分の体験とその概念を結びつけることが苦手なので，日記などを活用して繰り返し説明する。また，情報の統合が苦手な彼らにとって効果的な指導となるように，情報がわかりやすく提示されているワークブックを作成するとよい。次に，いくつかスキルとして，たとえば「運動するといい」「相談するといい」といった枠組みを用意しておいて，状況に応じてどのスキルを用いるとよさそうなのかを一緒に考える。使えそうなスキルを探り当て，実際の生活の中でコントロールできるようにしていく。

このような支援を地道に続けていくことで，こうした子どもに感情の理解の促進と行動の変容がみられるようになる。

●復習課題

(1) 発達障害にはどのようなものがあったか。それぞれの特徴をまとめよ。
(2) 通常学級における特別支援教育では，どのような点に留意する必要があるか。説明せよ。

11 ライフスキルを高める教育

学校教育の場では，教師は子どもたちに対して，社会で一人の人間として生きていくために必要な能力を育むことが望まれている。こうした能力としてあげられるものは，実に多岐にわたることが知られている。なぜならば，子どもたちが社会のなかで直面することになる課題は，ひじょうに多様性を帯びているからである。

子どもたちは，多様な課題の一つひとつに対して，次のような自問をしながら直面することになるだろう。「現在そして将来，自分は何がしたいのか」「どのように人と関わっていくとよいのか」「自分は一体何を望むのか」「どうすれば居心地のよい時間が送れるのか」「さまざまな問題，たとえば不安や葛藤が生じてきたとき，怒りや悲しみに圧倒されそうになったときに，どのように対処するとよいのか」。果たして，こういった課題を乗り越えていくためには，具体的にどのような能力が必要とされるのだろうか。

世界保健機関（WHO）は，生きていくうえで必要な心理社会的能力を「ライフスキル」という概念で表している。ライフスキルは，「日常生活で生じるさまざまな問題や要求に対して，建設的かつ効果的に対処するために必要な能力」と定義される（Division of Mental Health, World Health Organization, 1994）。こうした能力を高めることで，人間は自らの身体的，精神的，社会的に良好な状態を維持し，周囲の人たちとの関係においても適応的に生きていくことができると考えられる。つまり，子どもたちにおいても，自らのライフスキルは良好な日常生活を送ることと関連しており，さらにそのスキルを高めることが，現在あるいは将来に向けた円滑な社会生活には欠かすことができないと言ってよい。

本章では，まずはライフスキルの構成要素ならびに，各要素と子どもたちの学校生活とのつながりを確認したうえで，学級の子どもたちに対して，教師がライフスキルを育むうえで実践可能なグループアプローチを紹介する。さらに，ライフスキルと関わりが深く，ライフスキルの育成と同様に近年注目されている，キャリア教育についてもまとめておくことにしたい。

1. ライフスキルの構成要素

ライフスキルについては，世界保健機関（WHO, 1994）により，10 項目の構成要素からなる下位スキルが掲げられている。それらは，「意思決定」「問題解決」「創造的思考」「批判的思考」「効果的コミュニケーション」「対人関係スキル」「自己意識」「共感性」「情動への対処」「ストレスへの対処」として概念化されている。それぞれのライフスキルについて，WHO による説明を参考にしながら紹介したい。

①意思決定　意思決定とは，生活上のさまざまな局面に対して，建設的な決定を行うためのスキルである。すなわち，現在または将来，自分は何をしたいのか，あるいはどうすべきかの判断が必要なときには，主体的な意思決定の能力が問われることになるのであ

る。

②**問題解決**　問題解決は，日常の問題を処理するためのスキルを指している。こうしたスキルを有しないと，重大な問題を抱え続けることになるため，心理的ストレスや身体的不調をもたらすことにもなる。そのため，問題解決のスキルを獲得することにより，心身への悪影響を防ぐことにつながる。また，困難な問題に直面した場合に，一般的に周囲から期待される振る舞いは，課題をどうにかして克服する，すなわちやり抜くことである。もし困難を乗り越えて，問題解決をやり抜くことができるならば，自らの効力感を高め，また周囲からの称賛を受けることによって，次なる課題への動機づけが維持および向上することになる。

③**創造的思考**　創造的思考は，現前の課題に対して，いかなる行動の選択肢があるか，あるいはそれらの行動がいかなる結果をもたらすかについて，あらかじめ考えることを可能にするスキルである。こうしたスキルは，日常で意思決定および問題解決に迫られた際に，それに伴う行動を遂行する前から，当該行動の結果を予測することに役立つ。そのため，意思決定ならびに問題解決のスキルを支えることにもつながっている。

④**批判的思考**　批判的思考は，自らが得ることになる情報や，自らの経験について，客観的な視点から分析するスキルである。社会の中で，また他者との関係において，自らの態度や行動に影響を及ぼす要因を認識することにつながる。ならびに，それらの要因について，無批判に受け入れるのではなく，冷静に評価することを可能にする。客観的に現実を見定めることに関わるスキルであるということから，適切な意思決定ならびに問題解決の行動に大きく関わってくるスキルでもある。

⑤**効果的コミュニケーション**　効果的コミュニケーションとは，日常生活の背景にある文化や状況に即して，自己表現するスキルである。ここで言う自己表現は，意見や要望，欲求や恐れといった，実にさまざまな表現が含まれる。これは，社会とのつながりを円滑なものにするためには欠かせないスキルである。言語のみならず非言語的なコミュニケーションに自覚的になること，明確な表現力，疑問に思うことを質問すること，他者から上手に支援を求めること，交渉力，上手な断り方，傾聴する姿勢，そして後述の対人関係スキルに通じる。

⑥**対人関係スキル**　社会で生きていく以上，対人関係を避けることはできない。対人関係がうまくいかなければ，精神的な安定を保つことも難しい。対人関係スキルは，こうした対人関係において，好ましいかたちで振る舞うためのスキルである。このスキルを有することにより，人間の心身の健康に重要とされる，良好な家族関係ならびに友人関係を構築あるいは維持することが可能となる。また，対人関係を建設的に解消することを助けるスキルでもある。

⑦**自己意識**　自己意識とは，自分自身の特徴について，総合的に知ることである。自己意識が育まれることにより，自分がストレスを感じる状況について理解することが可能になる。また，前述した効果的なコミュニケーションや対人関係のスキルとともに，後述する他者への共感性のスキルを育むことにも重要な役割を担っている。さらに，自分自身をより深く理解することで，自分に特有のものの見方や考え方が明確になったり，自分はどうありたいのか，どうしたいのかが明確になったりするため，適切な意思決定のスキルにも通じる。

⑧**共感性**　共感性とは，自分の経験してきたこととは異なる文化的あるいは民族的な境遇に置かれた他者の人生について，イメージすることができるスキルである。共感性を有することで，さまざまな支援や寛容さを必要とする人々や，偏見をもたれやすいような人々を支えることができる。共感的なスキルが高まれば，他者との関係も穏やかでより安

定したものになることが期待できる。そのため，前述した対人関係スキルにも通じていると言える。また，他者の視点をイメージできるということは，自分の主観的な見方を離れて，新しい視点を獲得することを意味するため，客観的に柔軟にものを見る能力を高めることにもつながっている。

⑨情動への対処　情動への対処は，自分や他者の情動について認識し，情動が行動に及ぼす影響について理解し，情動に適切に対処することである。怒りや悲しみといった強い情動に対して，適切に対処できないと，自らの心身の健康に対して，きわめて悪影響を及ぼすことが懸念される。そうならないためにも，まずは自らの情動に対してあくまで冷静な立場を取ることができるための力を育むことが大切であると言える。

⑩ストレスへの対処　ストレスへの対処とは，生活上のストレッサー（ストレスをもたらす要因）を認識し，ストレスが心身に及ぼす影響について知り，自らのストレスの状態をコントロールすることである。物理的環境やライフスタイルを変えることによって，ストレッサーを減らすことが含まれる。ならびに，避け難いストレッサーに脅かされないように，柔軟な発想あるいは思考をする方法について学ぶことも含まれる。たとえば，目の前の困難に対して，「もう無理だとしか思えない」というものの見方は，強いストレスをもたらすことになる。しかし，「もしかしたら何かやれることがあるのでは」という発想ができれば，ストレスを弱めることになり，さらには「やれそうなことをしてみよう」という積極的なストレスへの対処のきっかけにもなるだろう。

以上，10項目からなるライフスキルの構成要素についてまとめてみた。これらを踏まえつつ，学校教育の場を含む子どもたちの日常生活に目を向けてみると，ライフスキルが，子どもたちが良好な生活を送っていくうえで，きわめて重要であることについてあらためて認識することができる。

まず，学校での学習に関するさまざまな局面においては，子どもたちが思考を深めることにつながる活動の重要性が，特に近年注目を集めている。子どもたちの深い思考を伴った活動の過程において，創造的思考および批判的思考のスキルは重要な役割を担うであろう。また学習活動に限らず，学校生活での困難を，実際に乗り越えていくためには，批判的思考，創造的思考の支えのもと，意思決定，問題解決のスキルが必要である。特に進路選択のような場面では，意思決定，問題解決のスキルの役割はきわめて大きい。安易な意思決定により，子どもたちが将来に関する望まない結果を引き受けてしまうという事態は，教育者としてはできる限り避けたい。それゆえ，とりわけ進路指導を留意した場合，あらかじめこうしたスキルを子どもたちに高めるように支援していくことはとても大切である。

また，教師や友だちをはじめとしたさまざまな他者との関係においては，対人関係スキルはもちろんのこと，効果的コミュニケーション，共感性といったスキルが重要となる。ならびに，自らを相対的に眺めることを可能にする自己意識のスキルも，他者との円滑な関わりを築くうえでは欠かせない。

さらに，学校生活は，一人ひとりの子どもたちにとって，必ずしも毎日が順風であるとは限らない。生きていく限り避けることのできないストレスやプレッシャーには，実践的，具体的，効果的な，ストレスへの対処，情動への対処のスキルが必要となってくることだろう。

もちろん，子どもたちがこうしたライフスキルを求められる機会は，生涯にわたって存在することになる。それゆえ，まず学校教育の段階において，ライフスキルを高めることを可能にするための，有効な方法が求められることは言うまでもない。

2. 学校でライフスキルを育む方法

(1) ライフスキルを育む各種方法の共通点およびその概要

ライフスキルを育むことに資する学校で実践可能な教育方法は，いくつかあげることができ，いずれの方法も共通点は多い。特に，学級の子どもたちでグループを構成して，相互作用を求めながら実践するという形式が目立つ。こうした形式は，グループアプローチと総称される。グループアプローチの形式を導入すること自体が，ライフスキルの構成要素である，効果的コミュニケーションならびに対人関係スキルの育成に直接的に結びつくと言える。

グループアプローチでは，子どもたちが主体的に活動に参加して体験的に学ぶ，体験型学習が用いられることが多い。受動的に知識を覚える学習法とは違い，実際に行動（ワーク，エクササイズ）をしながら体験的に学ぶため，学んだことを日常生活でも実行に移しやすくなると考えられている。また，グループを活用して，ブレインストーミング，ロールプレイ，ゲーム，ディスカッション，ディベートなどを行うことが多い点も共通している。こうした学習方式について，ライフスキルの10項目と関連づけてその意義を述べるならば，ほとんどの活動が能動的な行動を要求されることから，意思決定ならびに問題解決の育成につながる活動として成り立っているとみなせる。特に，ブレインストーミングは創造的思考，ロールプレイは共感性をはじめとする諸スキル，ディスカッションおよびディベートは批判的思考の育成等に結びついていると考えられる。

さらにライフスキルを育むグループアプローチを詳しく見ていくと，大まかな手順や，グループワークのプロセスで生じる現象，各プロセスで教師に求められる役割についても，共通点を確認することができる。これらについて，以下にまとめておきたい。

まず，グループアプローチの開始時には，教師がこれから行う活動のねらいを説明して，実習の目的を明確にする。その際，教師自身においては，当該活動におけるねらいと，ライフスキルの構成要素との関連について，留意しておく必要があるだろう。

とりわけ，こうしたグループアプローチを学級で導入し始めた段階であるならば，教師は，受容的肯定的にグループのメンバーの話を聞くことの重要性を伝える必要がある。受容的肯定的な雰囲気の中で，はじめてより自由に率直な意見が言えるようになるからである。たとえば，批判されるのではないか，無視されるのではないかといった恐れが子どもたちにあれば，率直に感じたことや考えていることを表出することはないだろう。そうなってしまうと，ワークのねらいを達成することはほとんど困難である。

教師は，事前のこうした確認作業をすませたあとで，テーマに沿って，グループで協力して話し合ったり，ロールプレイをしたり，作業をしたりする活動へと導いていく。ここでは，体験を共にすることが大切になってくる。また，これらのワーク（エクササイズ）は，できるだけ楽しめるよう工夫される必要がある。楽しいと思えることで，積極的な参加を促すことができるからである。

ワークの後には，グループ内でその過程をふりかえることが重視される。具体的には，作業後に，各自がふりかえりのための用紙の設問に答える形などで考えを深めていくことを促す。そして，各自が感じたこと，気づいたことなどをグループで共有（シェアリング）するように仕掛ける。子どもたち同士が感じたことを共有し合い，意見を交換し合うようにすることで，自分一人では気づかなかったことにも気づきを得たり（認知の拡大），時に自分の考え方に修正を加えたりする機会となる。こうした機会は，ライフスキルにおける自己意識を高めることにつながる。同時に，他者から肯定されたり受容されたりすることで，仲間に対する信頼を育み，仲間意識を高めるといった，共感性の育成にもつながることになる。

なお，グループ内での相互作用を促進させるためのグループの人数（グループサイズ）であるが，学級でこうしたワークを導入しはじめた段階では4人前後が望ましい。この程度の人数であれば，全員が発言をしやすいし，メンバーも一人ひとりに丁寧に対応しやすいからである。しかし慣れてくれば，7人前後のサイズにすることも効果がある。メンバーの人数を増やすことでより多くの人の意見を聞け，視野を広げる（より多くの視点を身につける）機会になりうるからである。

ここで，グループでの活動の特徴という観点から，上述のアプローチの効果について付言しておきたい。グループアプローチがうまく機能すると，メンバー同士がお互いの姿から学び合うという関係が成立することが知られる。こうした現象は，モデリングと呼ばれる（第2章参照)。特に，先述した受容的肯定的にグループのメンバーと関わるという関係がうまく機能することにより，こうしたモデリングによる学習は成立しやすくなると言える。メンバー同士の振る舞いをモデリングすることで，相互にライフスキルを高め合うことにもつながるのである。

一方で，グループでの活動がうまくいかなくなることもありうる。しかしこうした状況は，ライフスキルの育成ということを考えると，情動への対処ならびにストレスへの対処という，自らのネガティブな状態を克服するためのスキルを育む重要な機会であるとも言える。もっとも，こうした際には，教師が果たすべき役割はひじょうに大きい。教師においては，その状況を暖かく受け止めて，しかしポイントをおさえた指導的な言葉がけをすることが要求される。その際，どういう言葉が，どういう問いかけが，相手に必要なのだろうかと考えを巡らせながら，言葉を発することが求められる。さらに，その言葉が子どもたちにどのように受けとめられたのかを考える必要もあるだろう。

(2) ライフスキルを育む代表的プログラム

さて，ライフスキルを育むことにつながる具体的な方法については，先述してきたグループアプローチを軸とした体系的なプログラムが，さまざまな立場から提唱されてきた。ここでは，代表的なプログラムとして，ライフスキル教育，構成的グループエンカウンター，ソーシャルスキル教育と呼ばれるものについて簡単に紹介する。

1) ライフスキル教育

世界保健機関（WHO, 1994）のライフスキルの構成要素を直接的に踏まえて実施されるアプローチを指している。ここでは，実際にスキルを育むための課題を練習することがライフスキル教育では不可欠な要素であるとして，主体的参加学習を促進する方法を提案している。

参加者は，小グループもしくはペアで，与えられたテーマについて話し合う。次に，たとえば短いロールプレイのシナリオを作り，種々のライフスキルをさまざまな状況に適用する練習をする。最後に，教師は宿題を課し，当該テーマについてさらに家族や友達と話し合うことを推奨することで，種々のスキルを育むための課題の練習を促すことになる。

2) 構成的グループエンカウンター

構成的グループエンカウンター（structured group encounter: SGE）では，「自己理解」「他者理解」「自己受容」「自己表現・自己主張」「感受性の促進」「信頼体験」をねらいとするエクササイズとシェアリング（エクササイズを通して気づいたり感じたりした，自分のことや他者のことなどをホンネで伝え合い，共有し合う）が行われる。そして，こうした活動を通じて，参加者は，本音と本音の交流や感情交流を体験することになる（國分ら, 2004)。

3）ソーシャルスキル教育

ソーシャルスキルとは，「良好な人間関係をつくり保つための知識と具体的な技術やコツ」（相川，1999）と定義される。ソーシャルスキル教育では，適切な対人行動についての基本的な知識，人間関係に関する一定のルールやマナー，他者の思考と感情の理解の仕方，自分の思考と感情の伝え方，人間関係の問題を解決する方法などを教える（相川，1999）。

以下に，國分ら（1999）によるソーシャルスキル教育の概要を紹介することにしたい。

ソーシャルスキル教育の進め方（相川，1999）は，①インストラクション（言語的教示：言葉によって教える），②モデリング（教えようとするスキルのモデルを示し，それを観察させ，模倣させる），③リハーサル（インストラクションやモデリングで示した適切なスキルを，子どもの頭の中，あるいは実際の行動で何回も繰り返し反復させる），④フィードバック（インストラクションに従って実行した行動や，モデリングやリハーサルで示した行動に対して，適切である場合には褒め，不適切である場合には修正を加える），⑤定着化（教えたスキルが日常場面で実践されるよう促す。具体的には，教えたスキルを機会あるごとに思い出させる，教えたスキルがどんな日常場面で使えるか考えさせる，宿題を出して教室以外の対人行動を記録させるなど）である。

教師は，暖かい受容的な態度で臨み，楽しい雰囲気づくりを心がける。具体的には，子どもたちの考えや感情を受け入れ，親しみのある声で話し，ゆったりしたペースで進める。フィードバックの際には，行動の中の肯定的な側面を見出し，それを強調したフィードバックを行うよう心がける必要がある。行動が不適切であったり不足したりしている場合も，否定的な言い方を避け，「こうすればもっとよくなる」「うまくするためにはこうすればいい」という肯定的な言い方をするとよい（相川，1999）。

実践においては，留意すべきことがある。まず，学級内の人間関係がうまくいってない場合は，うまくいってない問題の解決を優先させる必要がある。特に，教師と子どもの関係がうまくいっていない場合は，その関係改善が何よりも優先される。ならびに，子どもに不安が強い場合や，攻撃性あるいは憂鬱などの情緒面の問題を抱えている場合にも，その解消に向けた介入を優先することが必要である。このことについては小林（1999, 2005）が指摘しているが，子どもにおいて，感情に問題を抱えている場合，種々のソーシャルスキルを育む課題の実践は困難であり，指導効果があまり上がらないからである。まずは，不安定な感情をコントロールすることが，当該の子どもにおいては重要な課題となるのである。

以上３つのアプローチについては，それぞれきわめて具体的な事例を紹介したテキストやワークブックが出版されている。詳細については，それぞれの出版物を参考にするとよいだろう。

3. キャリア教育

ライフスキルは，いかに生きるかという課題に関わるスキルであり，これは進路選択の際にも要求されるスキルである。そのため，ライフスキルの育成は，進路選択の能力を育むことを主眼として近年注目されているキャリア教育との関わりが深い。そこで本節では，キャリア教育についてまとめることにしたい。

(1) キャリア教育とは何か

文部科学省では，キャリア教育を「望ましい職業観・勤労観及び職業に関する知識や技能を身に付けさせるとともに，自己の個性を理解し，主体的に進路を選択する能力・態度を育てる教育」と定義した（文部科学省，1999）。また，同省「キャリア教育の推進に関する総合的調査研究協力者会議報告書―児童生徒一人一人の勤労観，職業観を育てるために―」の骨子（文部科学省，2004）では，「児童生徒一人一人のキャリア発達を支援し，それぞれにふさわしいキャリアを形成していくために必要な意欲・態度や能力を育てる教育」と示している。こうした動向を背景として，国内においては，キャリア教育に対する意識が，教育の場で高まりつつある。

(2) キャリア教育で育む能力

国立教育政策研究所生徒指導研究センター（2002）が出した「児童生徒の職業観・勤労観を育む教育の推進について（調査研究報告書）」に，「職業観・勤労観を育む学習プログラムの枠組み（例）―職業的（進路）発達にかかわる諸能力の育成の視点から」（以下「学習プログラム」）が示された。国内のキャリア教育の実践にあたっては，現在この「学習プログラム」が重要視され，実践の目安として参照されることが多い。この「学習プログラム」では，職業的（進路）発達にかかわる4つの能力領域（「人間関係形成能力」「情報活用能力」「将来設計能力」「意思決定能力」）に含まれる8種類の能力が示されている。詳細については，表11-1を参照されたい。

表11-1　職業観・勤労観を育む学習プログラムの枠組み
（例）―職業的（進路）発達にかかわる諸能力の育成の視点から

領　域	領域説明	能力説明
人間関係形成能力	他者の個性を尊重し，自己の個性を発揮しながら，様々な人々とコミュニケーションを図り，協力・共同してものごとに取り組む。	【自他の理解能力】自己理解を深め，他者の多様な個性を理解し，互いに認め合うことを大切にして行動していく能力
		【コミュニケーション能力】多様な集団・組織の中で，コミュニケーションや豊かな人間関係を築きながら，自己の成長を果たしていく能力
情報活用能力	学ぶこと・働くことの意義や役割及びその多様性を理解し，幅広く情報を活用して，自己の進路や生き方の選択に生かす。	【情報収集・探索能力】進路や職業等に関する様々な情報を収集・探索するとともに，必要な情報を選択・活用し，自己の進路や生き方を考えていく能力
		【職業理解能力】様々な体験等を通して，学校で学ぶことと社会・職業生活との関連や，今しなければならないことなどを理解していく能力
将来設計能力	夢や希望を持って将来の生き方や生活を考え，社会の現実を踏まえながら，前向きに自己の将来を設計する。	【役割把握・認識能力】生活・仕事上の多様な役割や意義及びその関連等を理解し，自己の果たすべき役割等についての認識を深めていく能力
		【計画実行能力】目標とすべき将来の生き方や進路を考え，それを実現するための進路計画を立て，実際の選択行動等で実行していく能力
意思決定能力	自らの意志と責任でよりよい選択・決定を行うとともに，その過程での課題や葛藤に積極的に取り組み克服する。	【選択能力】様々な選択肢について比較検討したり，葛藤を克服したりして，主体的に判断し，自らにふさわしい選択・決定を行っていく能力
		【課題解決能力】意思決定に伴う責任を受け入れ，選択結果に適応するとともに，希望する進路の実現に向け，自ら課題を設定してその解決に取り組む能力

国立教育政策研究所生徒指導研究センター「児童生徒の職業観・勤労観を育む教育の推進について（調査研究報告書）」2002

(3) 学校でのキャリア教育の方法

1) 基本的な考え方

キャリア教育は，文部科学省（2004）によって指摘されるように，学校のすべての教育活動を通して推進するものである。このことから，教師はあらゆる場面で常に意識を高めながら，日頃の教育活動をよく考えて実践することが求められる。すなわち，特別活動，各教科，道徳などを関連づけながら，社会に出てからの生き方につながる学習，社会で主体的に生きる力を育てる学習を実践する必要がある。そして，キャリア教育では，先述のとおり「学習プログラム」の4領域に含まれる8種類の能力を重視している。したがって，こうした能力を育むことを目指した取り組みが望まれる。

なお，現状の教育現場においては，キャリア教育は職場体験，インターンシップ，職業人講話などといったかたちで実践されることが多い。これらの実践においては，特に「学習プログラム」で示される職業理解能力および役割把握・認識能力を育むことにつながっている。ただ，これだけでは先述の能力を網羅しておらず，キャリア教育としては不十分である。もし，現状のキャリア教育の枠組を活かして，指導内容を充実させるとするならば，行動プランを立てる，訪問先の仕事内容を調べる，グループで発表をする，自己の将来計画を意識させるテーマで感想文を書く，などのかたちでの事前・事後指導が大切で，そうした指導により，学習プログラムの4領域8種類を網羅すると考えてよいだろう（国立教育政策研究所生徒指導研究センター, 2003）。

2) グループアプローチによるキャリア教育

キャリア教育は，生き方について考える取り組みであるとみなすことができる。そういう捉え方をするならば，キャリア教育はライフスキルを高めることと深く結びついていると言ってよい。

ライフスキルを高めるための教育においては，グループアプローチが有効であることは，先の節でも触れたとおりである。キャリア教育におけるグループアプローチの導入については，必ずしも特別な考え方ではない。たとえば国立教育政策研究所生徒指導研究センター（2003）からは，キャリア教育の取り組みにおいて，「調査・話し合い等の場や機会の確保と充実」ということが指摘されてきた。「話し合い」という用語にあるとおり，グループでの作業がキャリア教育に資することは，これまでにも言われてきたことである。そこで，ここではグループアプローチによるキャリア教育の方法について紹介したい。具体的には，「グループでの調べ学習」といった方法について紹介する。この方法では，学んでいく目標（課題）・実施手順・方法などをグループで考えて決め，発表に向けて計画を立てながら実行していくプロセスによって進められる。具体的には，次の手続きで進められる。それぞれの手続きが，キャリア教育に関する「学習プログラム」の8種類の能力とどのように関わっているかについては，各概念を括弧内に示しながら説明したい。

①調べ学習の課題設定と全体の流れの企画　ブレインストーミング，ディスカッション（コミュニケーション能力）をしてテーマを決め，必要な情報は何かを決める。そのプロセスで，さまざまな選択肢について比較検討したり，葛藤を克服したりして，主体的に判断し，ふさわしい選択・決定を行う（選択能力，課題解決能力，計画実行能力）。

②情報収集　情報を収集（情報収集・探索能力）する方法を話し合いながら決めて（選択能力），作業を分担する（役割把握・認識能力）。保護者や身近な人，地域の人などの協力のもとで，子どもたちが実際に保護者や地域の人にインタビューをする（コミュニケーション能力）。

③**発表のしかたを決める**　メンバーで話し合いながら，情報を整理して必要なものを選び，その情報を組み立てて（情報収集・探索能力），発表する内容を決める（選択能力，課題解決能力）。わかりやすく正確につたわるか，聞く人の関心を集めるか，視覚的にも非言語的にも優れているかなど，効果的な表現方法を検討して決める。重要な点・疑問点などを話し合い，その中から発表後のグループ討論のテーマを選ぶ（選択能力，課題解決能力）。

④**グループで発表をする**　クラスのメンバーの反応を感じ取って，確かめながら，効果的に正確にわかりやすく伝わっているかを考える（コミュニケーション能力）。

⑤**学級で討論をする**　小グループにわかれて実施し，その後各グループで話し合った内容やプロセスを皆で共有する（コミュニケーション能力）。

⑥**ふりかえりとシェアリング**　ふりかえりのための設問を提示してグループワークでの気づきを意識化し，シェアリングを行う（自他の理解能力，コミュニケーション能力）。

このような授業実践の前には，対人関係スキル，問題解決などのライフスキルの育成に関連した各種のグループアプローチを実践しておくとよい。それにより，子どもたちは，グループで調べ学習をして発表・討論をする際の留意点を明確にすることができる。そして，本来ねらいとするキャリア教育に関する能力を高めることにつながるのである。

上述してきたグループでの調べ学習に関する手続きで，教科学習を実践することにより，各教科の学習過程のなかで，キャリア教育を並行することにもなるだろう。たとえば，社会であれば，産業・歴史・国際的な内容等をテーマにして，調べ学習・グループ発表をするとよいだろう。同時に，テーマの職業に関わっている地域の人などをゲストに招いて発表を聞いてもらい，その後に実際的なコメント等をもらったり，保護者に参観してもらい意見を聞いたりすることができれば，職業理解能力および役割把握・認識能力の育成が期待できる。

国語や英語であれば，日本の文化などをテーマにグループ発表を行うとよいだろう。その際，身近な他国の人を招いて感想や意見を聞くことができれば，日本の文化に対する意識を高めたり，他国の人の受け取り方を知ったりする機会にもなる。発表を英語でするならば，英語の実践的な能力を高める機会にもなりうる。こうした機会は，自他の理解能力やコミュニケーション能力を一層深める契機となりうる。

理科であれば，グループで実験計画を立てて実験をして，その結果のデータをもとに発表しあうなどが考えられる。また，数学では，京都教育大学付属京都小学校・中学校（2006）が統計的な分野の学習での具体例を提案しているが，数量に関するさまざまなデータを，目的に応じて収集し分類整理し，表現する手段を的確に選択し，判断や分析を行い，判断や分析をもとに合理的な予測を立てる能力を培うといった実践が考えられる。データを読み解く活動は，とりわけ情報収集・探索能力の土台をつくりあげることになるだろう。

以上，キャリア発達を支援するための，グループでの調べ学習を行う方法についてまとめた。文部科学省（2004）の指摘にあるとおり，今後，教科指導とキャリア教育との関連について常に意識し，子どもたちのキャリア発達を支援するという視点に立った指導について，学校全体で取り組むことが一層求められる。もっとも，工夫次第により，従来からの各教科学習の中で，キャリア発達に視点をあてた学習活動の実践は十分可能である。実践事例集や手引きなどが出版されており，参考になるだろう。

発達障害とソーシャルスキルトレーニング

近年，発達障害等で特別な教育的支援が必要な子どもたちに対し，ソーシャルスキルトレーニングが実践されている（植村ら，2009）。

吉田（2007）は，「発達障害とアセスメント」において，「アセスメント」を「支援のために必要な情報を知ること」と定義し，ソーシャルスキルを身につけていくうえで重要な点を，以下のように論じている。

発達障害をもつ子どもに，集団に入れない，友だちとのトラブルが多い，いじめられたり学校に行けなくなったりするなどは比較的多い問題であり，家庭においてもしつけにくさや兄弟とのトラブルの問題を抱えている場合がある。この背景には，社会的な状況を読み取る力の弱さや，相手の意図を理解したり適切にコミュニケーションを行ったりすることの難しさが一つの要因としてあると推測される。

その場合に，ソーシャルスキルのトレーニングとして，社会的な場面の描かれた絵やビデオを見せて，登場人物の考えや気持ちを述べさせたり，どのような行動が不適切でどのように行動することが望ましいかを問うたりする方法がある。子どもに社会的なルールを教えたり，人と適切にやり取りをしたりするために大切なことを伝える上で有効な方法だと言える。

しかし，絵やビデオでは相手の意図や社会的状況を適切に把握できるのに，実際の生活の中では場に合わない行動をしたり，相手を不快にしたりすることを言ってしまうような例も多い。絵やビデオなどは，あくまでも関連のある刺激を抜き出して子どもに提示しているため，必要な情報に注意を向けやすくなっている。そのため，知識として社会のルールを心得ていさえすれば，子どもは客観的に判断しながら何をすべきか容易に答えることができるのである。しかし現実の場面では，当事者である自分の感情や欲求に注意が向き，気がつかねばならない人の動きや表情などに注意が向かないことが多い。また，それまでにつくられてきた複雑な人間関係やその場に特有の暗黙のルールなどもあり，単純に「～すればよい」と言えないことも多い。

ソーシャルスキルを身につけさせていくことは大切であるが，同時に実際の場の状況を知り，それに対処していくことが重要である。こうした行動の改善には社会的な場で自分の行動を客観的に見る力が求められるため，短期間で結果が得られるものではない。周りの人たちの理解や協力を得ていくことが大切である。

発達障害をもつ子どもは，多くの時間を，学校や家庭などで過ごす。そこで彼らと関わるのは両親や家族，教師，友だちなどである。これらの人たちが支援の意味を理解し，適切な対応を行ってくれるかどうかが支援の鍵と言っても過言ではない。

しかし，それは容易なことではない。家族にとっては発達障害のある子どもをもつこと自体が試練であり，家族自体が別の問題を抱えている場合もある。また，保護者や教師もそれぞれの人間関係の中で孤立していたり，支援を実行していく力量が足りなかったりする場合もある。夫婦が互いに支えあえているか，他の家族からの助けがあるか，また教師においては他の教師からの理解や協力を得られているか，そういった周囲の状況を読み取ることも支援を円滑にすすめていくには大切なことである。

支援のプログラム自体についても，子どもたちの支援者である親や教師たちによく理解されているか，実行可能なものであるかどうかなどを検討し，無理な点があれば現実にあったものに改めていかなければならない。発達障害を持つ子どもと行動をともにすることは多くのエネルギーを必要とする。支援という課題を担って前向きに取り組んでいくためには，時には支援者に対しても支援が必要であることを，私たちは心に留めておくべきだろう。

●復習課題

（1）ライフスキルの 10 項目の構成要素が，それぞれあなたの日常生活にどのように関わっているかについて，具体例を示しながらまとめよ。

（2）ライフスキルの 10 項目の構成要素と，キャリア教育で重視されている表 11-1 の 8 つの能力との間には共通するものが多い。それらをあげて，どういった点で共通しているかについてまとめよ。

（3）もしも，3，4 人グループで課題ができるのであれば，出版されている実践事例集や定型化されたプログラムなどを活用して，簡単なワークを体験して，その活動から学んだことについてまとめよ。

12 教師の指導行動

教師とは，社会のさまざまな学問・技能・技術などを他者に教育する人物である。すなわち，学校の教師はもちろんのこと，稽古事の師匠，カルチャーセンターの講師，スポーツ教室のインストラクターなど，われわれの身近なところでは，さまざまな教師が活躍している。

さて，それぞれの教師は，対象，目的，方法に従って，その教師特有の指導行動をとることになる。すなわち誰に対して，何のために，何を教えるのかによって，指導行動に特徴が見られるのである。学校の教師においては，主に子どもを対象として，その発達段階に応じて個人的な能力を育むとともに，社会的な資質や行動を教え育てていくことを目的としている。この目的を果たすために，主として授業における教科指導を行うとともに，さまざまな機会で生徒指導や教育相談，進路指導などを適宜行うことになる。

この章では，本書の趣旨に沿って，学校の教師における指導行動に焦点を当てて，その行動を支える要因，またこうした行動がもたらす効果について概観したい。

1. 教師の指導行動に影響する心理的要因

教師の指導行動は，教師自身の心理的要因に大きく影響している。その要因には，信念に代表される認知的要因と位置づけられるものから，フラストレーションといった情緒的要因に相当するものまでが含まれる。以下には，指導行動に影響している代表的な要因について紹介したい。

(1) 指導についての信念

学校において教師は，日々の授業あるいは授業外の多様な状況で，さまざまな個性や能力をもった子どもたちを前にして，具体的な課題に向き合うことになる。こうした現状では，指導に関する一般化ならびに抽象化された科学的理論を，あらゆる状況や子どもに適用することは難しい。そこで教師は，教育に対するこれまでの経験に基礎を置いた知識，具体的な知識をもとにしながら，指導についての固有の信念を形成し，それを日々の指導行動のための拠り所にしている。梶田（1986）は，教師個人に形成された，指導についてのこうした信念を，パーソナル・ティーチング・セオリー（personal teaching theory: PTT）と概念化している。

PTT は，個々の教師によってさまざまに異なる。たとえば，石田ら（1986）は，小・中学校の教師を対象に，算数・数学の授業についての PTT を質問紙法により検討している。この調査では，たとえば「教科書は全体をまんべんなく指導する」対「教科書は重要な所を重点的に指導する」といったように，対照的な 2 タイプの指導のうちいずれを行う傾向にあるかを把握する 6 つの尺度の反応から，個々の教師の PTT をまとめている。その結果，理論的に想定しうる 64 通り（2^6 通り）までは見られなかったものの，小学校教師では 44 通り，中学校教師では 50 通りの多様な PTT が示された。このうち，小学校教師と中学校教師において出現

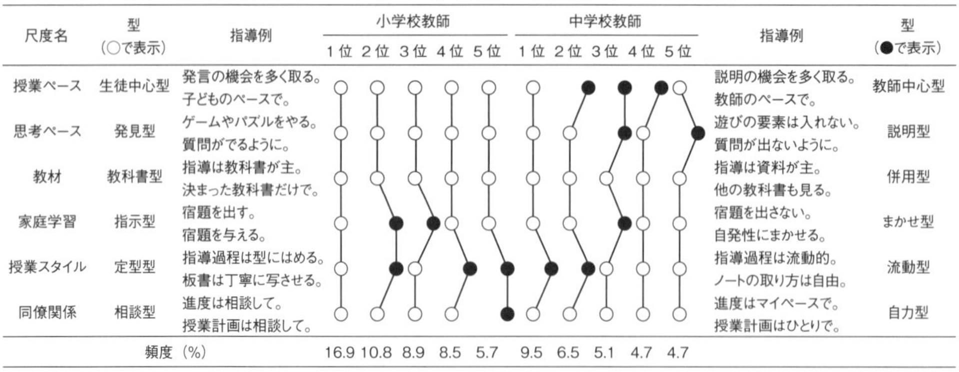
尺度名
型（○で表示）
指導例
小学校教師
中学校教師
1位 2位 3位 4位 5位
1位 2位 3位 4位 5位
指導例
型（●で表示）
授業ペース　生徒中心型　発言の機会を多く取る。子どものペースで。
説明の機会を多く取る。教師のペースで。　教師中心型
思考ペース　発見型　ゲームやパズルをやる。質問がでるように。
遊びの要素は入れない。質問が出ないように。　説明型
教材　教科書型　指導は教科書が主。決まった教科書だけで。
指導は資料が主。他の教科書も見る。　併用型
家庭学習　指示型　宿題を出す。宿題を与える。
宿題を出さない。自発性にまかせる。　まかせ型
授業スタイル　定型型　指導過程は型にはめる。板書は丁寧に写させる。
指導過程は流動的。ノートの取り方は自由。　流動型
同僚関係　相談型　進度は相談して。授業計画は相談して。
進度はマイペースで。授業計画はひとりで。　自力型
頻度（%）
16.9 10.8 8.9 8.5 5.7
9.5 6.5 5.1 4.7 4.7

図 12-1　算数・数学の PTT を把握する 6 尺度の内容および，小・中学校教師の代表的な PTT（石田・伊藤・梶田（1986）をもとに作成）

頻度の高さが 5 位までの PTT が，図 12-1 に示すとおりである。

指導についての信念は，教師にとって自らの行動の支えとなることから，具体的な指導状況において，大きく迷うことなく対処していくための重要な役割を果たしている。ただ，その信念が，時として望ましくない指導行動を導いている可能性は否定できない。たとえば，河村・國分（1996）の調査において，一般的に小学校教師は，子どもを統制，管理して指導することを必要だとする信念（ビリーフ）をもつ傾向にあることが示されている。こうした信念が著しく強い場合，それはイラショナルビリーフ（不合理な信念）と呼ばれる（第 8 章参照）。イラショナルビリーフとは，エリス（Ellis, A.）が心理療法の一種として提唱した論理療法における中心的な概念で，絶対的で独断的な「ねばならない」「すべきである」といった信念を指す。こうした信念は，自らの情緒面の混乱を引き起こしたり，神経症的行動に結びついたりすると考えられている（Ellis, 1975 ／邦訳, 1984）。河村・田上（1997）の調査では，イラショナルビリーフの程度が高い小学校教師が受け持つ学級の児童ほど，学校生活への適応のあり方を示すスクール・モラールの低いことが確認されている。

教師がもつ指導の信念は，自らの指導行動の基盤である。教師が自らの指導行動の力量を高めていくためには，自らの信念のあり方について絶えずふりかえり，必要に応じて適宜見直しを図り，より洗練された信念を形成しようとする姿勢が求められると言ってよい。

(2) 子どもに対する期待

われわれが将来に対して抱く期待は，自らの行動を方向づける要因として知られている。教師における「あの子の成績は上がるだろう」といった期待についても，教師自身の指導行動に影響を与えている。ローゼンソールとヤコブソン（Rosenthal & Jacobson, 1968）は，教師が子どもたちに対して抱く期待が，子どもたちに及ぼす効果について，実験により検証した。この実験では，オーク・スクールという小学校の 1 学年から 6 学年の学級の児童を対象に，新年度に入る前に知能テストを実施した。その後，各学級担任の教師に対して，知能テストの結果と称して，一部の児童の名前をあげて，彼らの能力は今よりも向上するだろう，という情報を与えた。しかし，そこであげられた児童の名前は，実は無作為に抽出されたものであった。

それから約 1 年後に，学級の児童たちに対し，再び同じ知能テストを実施した。彼らに実施した 2 回の知能テストの得点（知能指数）の増加のあり方を示したものが図 12-2 である。教師に対して，能力の向上について期待を抱かせるように名前をあげられた児童（実験群）の増加量は，そうでない児童（統制群）よりも高い傾向を示した。1，2 年生においては，両者に統計的な有意差を示した。教師の期待が子どもたちにもたらすこうした効果は，ギリシャ神話に登場するピグマリオン王の話になぞらえて，ピグマリオン効果と呼ばれることとなった。

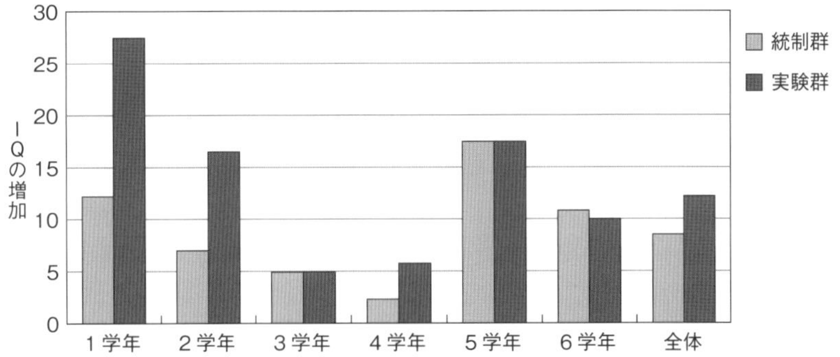

図 12-2　各学年における知能指数（IQ）の増加（Rosenthal & Jacobson, 1968 をもとに作成）

その後，ブロフィとグッド（Brophy & Good, 1974／邦訳, 1985）は，こうした現象が生じる理由について，教師の期待が，教師行動のあり方に影響しているという可能性に着目して検討した。教師は，高い期待を抱いた子どもに対して，正答に対する賞賛を多く与えたり，誤答に対しては叱責が少なかったりするなど，学習への意欲が高まることにつながる指導行動をとっていることが明らかとなったのである。

(3) 指導効果についての教師自身の期待

バンデューラ（Bandura, 1977）は，自らがある結果を生じさせるための行動をとることができるという期待を，自己効力（self-efficacy）と概念化し，自己効力のあり方が，その後の行動に影響を及ぼす要因であるとしている（第4章参照）。特に，教師が自らの指導行動によって，子どもにどの程度影響を与えることができるかという期待は，教師効力感（teacher efficacy）とも呼ばれ，指導行動への影響について，実証的に検討されてきた。

ギブソンとデンボー（Gibson & Dembo,1984）によれば，教師効力感が低い教師は，高い教師よりも，授業での発言で誤答を示した子どもから，辛抱強く正答を導いたりしなかったり，その子どもを非難したりする傾向がある。また，反社会的，非社会的な子どもと向き合う場面を前にしたときの教師効力感の高さは，自らの力でその場面の解決に向けて，積極的に指導的な関わりをすることにつながっている（Hughes et al., 1993；西口, 2007）。

(4) 教師自身のフラストレーション

子どもたちに対する教師の指導は，教育目的に即して実践することが求められる。しかしながら，教師の行動のあり方は，必ずしも指導に関する信念のような，認知的な要因のみに制御されているわけではない。腹が立ったときには怒りを示すなど，いわば人間らしく，情緒的な要因にも左右されている。たとえば，授業中におしゃべりをしている子どもや反抗的な態度を取る子どもに対して，不満や苛立ちなどのフラストレーションを強く感じる教師ほど，「叱る」などの強い統制的な行動が促され，「穏やかにふるまう」などといった受容的な側面を反映した行動や言葉かけは用いられない傾向にあることが示されている（西口, 2007）。

2. 学級における教師のリーダーシップ

学校における教師の指導行動の多くは，子どもたちが所属する学級という集団を対象としたものである。そのため，教師が，集団へどのように働きかけるかについて理解することは，指導行動の効果を明らかにすることにもつながる。子どもたちの集団に対する教師の指導行動については，リーダーシップ行動の研究から扱われてきた。

代表的なリーダーシップ行動の理論として，三隅（1984）のリーダーシップPM論が知られる。三隅（1984）は，教育，企業，行政，政治，家族などのさまざまな組織におけるリーダーシップ行動について理解する枠組みとしてリーダーシップPM論を提唱した。この理論では，リーダーシップ行動は，P機能（performance機能，目標達成機能）とM機能（maintenance機能，集団維持機能）という二つの機能に分けられる。P機能とは，集団の課題解決ないし目標達成を促進するための機能を表す。M機能は，集団の自己保存を促進するための機能を示している。そして，P機能，M機能は，図12-3のように，独立した機能であるとみなされ，各リーダーを両機能の高低から，4タイプに分類し，各タイプのリーダーのもとでの組織のあり方の理解を目指している。

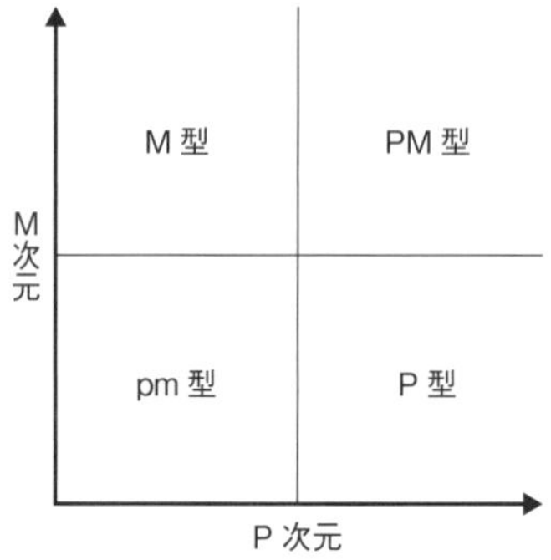

図12-3　リーダーシップPM論の4タイプ

さて，教師におけるP機能であるが，子どもたちの学習に関する課題解決ならびに目標達成に向けた指導行動，ならびに対人関係や社会規範などに関わる望ましい行動様式の習得ならびに維持を促す指導行動が関わっている。一方，M機能は，学級集団内の子どもたち同士あるいは教師自身との良好な関係形成ならびに緊張緩和の支援といった行動が関連する。これまでの研究において，教師のリーダーシップのあり方によって，子どもたちに対する影響力が異なることが確認されてきた。がいして，PM型の教師，すなわちP機能もM機能もともに発揮する教師のもとで，子どもたちへの良好な教育効果が示されてきた。たとえば，小・中学生の学校・学級での活動への適応のあり方の指標であるスクール・モラールは，PM型の担当教師のもとで最も高く，pm型の教師のもとで最も低いことが明らかになっている（三隅ら，1977；三隅・矢守，1989）。また，P型とM型との間の影響の違いについては，小学生では，教師がM型である方が，スクール・モラールの高いことが示されている（三隅ら，1977）。そして中学生では，スクール・モラールのうち，学級連帯性や学習意欲という側面はM型のもとで高く，生活態度の側面はP型のもとで高いといった傾向が確認されている（三隅・矢守，1989）。

3. 子どもたちの個性および状況を踏まえた指導行動

学校の教師は，学級集団を指導するリーダーであるとともに，一人ひとりの子どもたちと向かい合う指導者でもある。そのため，いわゆる個性を踏まえて学習や社会性についての指導を行うことも求められる。個々の子どもたちに応じた指導的対応のあり方の重要性を踏まえた概念として，適性処遇交互作用（ATI，第7章参照）をあげることができる。適性処遇交互作用の考え方によれば，個々の子どもたちの能力や性格といった属性（適性）に留意しながら，教師が指導（処遇）を実践することにより，それぞれの子どもたちへの教育効果は最大限に示されることが期待できる。

実際に教師たちは，日常の指導行動を行うにあたって，適性処遇交互作用の考え方に基づいて教育活動を行っていると考えられる。杉村・桐山（1991）は，教師に内面化された子どもたちの適性に応じた指導のしかたについての信念として，本章冒頭で紹介したPTTの考え方をもとに，パーソナルATIセオリー（personal ATI theory）という概念を提唱し，保育所・幼稚園の保育士・教諭が，異なるタイプの子どもに応じた指導行動をとりうることを確認している。

また，教師の日々の指導行動は，子どもの属性という視点のみならず，目の前の状況という視点からも展開される必要がある。実際に教師たちは，いわば状況に即した指導も行っている。たとえば「叱る」や「注意する」という行動は，身体に危険性の高いふざけあいをしているときや，子どもたちがけんかをしているときなど，子どもを統制する必要性が高いと認められる状況ほど，多くの教師たちに，より厳しいかたちで示されやすい（西口，2007）。

さて，教師が，個性や状況に応じて指導を行うということは，子どもたちにおいては，自分自身あるいは周囲のクラスメートに向けられた教師の指導の姿を目の当たりにすることを意味する。では，子どもたちは，教師のこうした行動をどのように捉えているのだろうか。

たとえば西口（2001）は，学級において教師あるいは子どもがフラストレーションを抱える場面を「問題場面」と総称し，問題場面での教師の指導行動に対する小学校高学年の子どもたちの評価を検討している。その結果，教師が統制的な指導を実践するだろうと子どもたちに予測される場面ほど，教師の統制的な行動は，子どもたちから否定的に評価されにくいことが明らかになっている。逆に，教師の統制的な指導が実践されないだろうと子どもたちに予測される場面ほど，教師からの統制的な行動は，否定的に評価されやすいことも明らかにしている。子どもたちは，教師の統制的な指導行動が適切であるかどうかについて，少なくとも自らが直面する状況に即して判断していることがわかる。

また，ある子どもに対する教師の好意的な関わりが，周囲の子どもたちからふさわしくない行動だと判断されることがあることも指摘しておきたい。具体的には，教師による「えこひいき」とみなされる行動がこれに該当する。ババッド（Babad, 1995）は，教師のお気に入り（ペット）の子どもがいる学級の問題を明らかにする上で，教師のペット現象（the teacher's pet phenomenon）という概念を示している。そして，学級で人気のない子どもが教師のお気に入りになっている場合，学級の子どもたちは，自分たちの所属する学級や教師に対して，嫌悪的であることを明らかにしている。

教師の指導が，たとえ個人や状況に即した指導という意図で適切に行われたものであっても，その意図が学級内の他の子どもたちに伝わっていない，あるいは不適切だとみなされることは十分にありうる。学校の教師には，子どもの個性や目の前の状況を見据えつつ，学級集団からの視点にも留意しながら指導を行う姿勢が求められるのである。

4. 教師の言語表現

教師による日常の指導行動のほとんどは，教師自身の言語表現を伴っている。特に，教師による言語表現は，子どもたちへ与える情報量の多さという点で，指導行動の中心的な役割を果たしている。ここでは，教師の指導行動に見られる代表的な言語表現についてまとめることにしたい。

(1) 賞賛と叱責

教師の賞賛と叱責が子どもたちにもたらす影響力については，オペラント条件づけ，ならびに動機づけという観点から説明することができる。オペラント条件づけは，スキナー

（Skinner, 1953／邦訳, 2003）によって提唱された学習の理論である。ある行動に対して外的な報酬が与えられると，その行動は強化，すなわち生起頻度は高まり，罰が与えられると，その行動は消去，つまり生起頻度は低まるという理論である（第２章参照）。教師の賞賛と叱責は，一般的にはそれぞれがオペラント条件づけにおける報酬と罰に相当することになり，子どもの行動を制御する機能を果たすのである。

また，賞賛と叱責を，動機づけの理論的枠組み（第４章参照）から捉えなおすならば，子どもたちにとっては，賞賛という報酬，ならびに叱責という罰が，外発的動機づけの源泉となって，自らの行動の頻度を高めたり低めたりしているとみなせる。さらに，賞賛という報酬については，受け手が自分の高い能力の証拠として解釈する場合，有能感（コンピテンス）を高め，内発的動機づけを高める源泉にもなり，実験によりこうした効果を示した研究も見られる（桜井, 1984）。

教師による叱責と賞賛は，上述のように，がいして子どもの行動を制御するとみなすことができる。しかし，具体的な事例を踏まえていくと，必ずしも，その影響力は単純なものではないことが，次の二点から理解できる。

まず教師からの賞賛と叱責は，子どもにとってどんな場合でもそれぞれ報酬と罰に対応するとは限らない。たとえば，子どもたちは青年期に入ると，教師という存在を絶対的な権威的存在としてみなさなくなるとともに，仲間関係との関係性を相対的に重要視するようになる。そのため，とりわけ反社会的な子どもが授業中に教師から叱責を受けたときに，これを罰として受け止めず，場合によっては授業中に学級全体を自分に注目させたことを表すサインだと捉えることもありうる。また，教師と学級との関係がうまくいってない状況では，学級で賞賛された子どもは，「えこひいき」を受けていることの証拠だというクラスメートからの判断を懸念して，かえって気まずく感じたりするようなこともあるだろう。

また，教師の賞賛や叱責が，仮に子どもの外面的な行動の制御につながったとしても，どのような表現が用いられたかによって，子どもの内面に及ぼす影響は異なるのである。特に叱責についてはさまざまな表現があり，内面への影響力はそれぞれ異なる。たとえば，教師が叱責を行うことが一般的な状況では，皮肉を交えたり，他人と比較したり，教室から排斥したりするような叱責よりも，直接的に望ましい行為の実行を要求したり，望ましくない行為を制止したりする叱責は，教師への嫌悪感が生じにくい（瀧野・多田・北尾, 1991）。また，教師が子どもたちの行動を制御する際に，「～すると……という良いことがあるよ」「～することは大切なことだよ」というように，望まれる行為が将来のより良い結果や重要性につながることを示す言語表現を用いると，子どもたちはそうした教師の働きかけを受け入れやすいことが知られている（西口, 2007）。

(2) 励　ま　し

励ましは，受け手において，元気の出るようなかたちで望ましい行為を促すといった表現であり，学習者への動機づけを高める機能があると考えられる。浜名・松本（1993）は，小学校４年生から６年生の児童とその学級担任教師を対象とした実験を行った。この実験では，教師には「児童が失敗しても，やさしく励ます」「児童にいつもあたたかく，やさしく話しかける」という受容的・共感的態度に基づく行動を，３週間にわたって特定の児童（操作児童）に実践することを求めて，教師にそうした指導を示されなかった対照児童との比較を行った。その結果，教師およびクラスメートとの関係，学習意欲において，操作児童が対照児童に比べて肯定的に変化したことを示している。

励ましにおいても，賞賛や叱責と同様，教師がどのようなかたちで表現するかによって，その影響力は異なる。桜井（1991）は，小，中，大学生を対象に，学習活動に対する教師の励ましの効果を検討している。そこでは，潜在的能力があることを理由とした励まし（「あなたは，ほんとうは頭がいいのだから，もっと努力すればよい点がとれますよ」）と，努力不足を理由とした励まし（「あなたは，努力不足なのだから，もっと努力すればよい点がとれますよ」）の効果を比較している。その結果，調査対象者の学年を問わず，潜在的能力を理由に励まされる方が，学習への動機づけを高めるのに有効で，教師に対する印象も良好であることを示している。

(3) 説　　明

教師の説明がわかりやすいことは，子どもたちにとって，学習内容の理解を深める大きな支えになる。それゆえ，教師が学習指導や社会性の育成などのさまざまな局面において，子どもたちにわかりやすい説明が行えるかどうかは，指導効果に大きく左右する。教育スキルの支援に関わる研究をしてきたペロット（Perrott, 1982）は，わかりやすい説明に求められる要因を，連続性（continuity），単純性（simplicity），明白性（explicitness）という三つの用語を用いてまとめている。

連続性は，説明内容のつながりを指す。これが成り立つためには，授業内容の要点について，相互につながりがはっきりとするように，演繹的な筋道，帰納的な筋道，歴史的な筋道などがわかるように述べなければならない。そして本筋からの脱線も，子どもたちの注意をひきつけるのに重要であるが，それがあくまで主題から外れる内容であることを明確に示す必要がある。また，文法的に不完全な，中途半端な表現で説明することは，話のつながりを欠くことになるため避ける必要がある。

単純性は，説明内容をできるだけ平易にすることを指す。まず，文法的に複雑な表現を避けることが重要である。説明で表現される一文はできるだけ短い方がよく，一文が長々と表現されて，多くの情報が含まれることは望ましくない。もし，説明に用いる文章表現が複雑になりそうならば，図表や箇条書きなどの資料を用いるとよい。そして，学習者の生活経験に沿った言葉で説明することも大切である。また仮に，専門用語を用いる必要がある場合は，その用語の意味について，定義を含めて解説する必要がある。

明白性は，説明内容をはっきりと表現することを指す。教師と子どもとは，きわめて異なる生活環境をすごしてきている。そのため，教師が「もちろん」「わかっていると思うけど」として説明しない内容でも，子どもたちには説明を要することが多い。また大きさや数について「少し」「かなり」などという用語を用いる場合，その大きさや数に対して，子どもの主観的な見積りが生じることになる。そのため，重要な説明に含まれる要素や，要素間の関係については，はっきりと言語化することが大切である。

(4) 思考の促進

教師は，説明を通じて，子どもたちに授業内容を理解させるだけでなく，その内容を契機として思考を促すことも重要である。思考を促すためには，教師は授業の中で，的確に発問を行うことが求められる。いかなる発問を行うかによって，子どもたちにどのような思考を促すかは異なる。フィッシャー（Fisher, 2005）は，学級で子どもたちの思考のスキルを育むきっかけとなる発問について，表12-1のとおりにまとめている。この表は，ブルーム（Bloom, 1956）が示した教育目標のタキソノミー（分類体系）（第7章参照）を参考に作成されており，下のカテゴリーほど，深い思考スキルを子どもたちに促す発問になる。なお，教育目標のタキソノミーとは，教育目標を細分化し，各々に対して形成的評価をしていくことにより，すべての子どもたちに指導内容を完全に習得させることができるという考え方から生まれた概念である。

また，子どもが学習課題に対して示した答えや考えに対し，教師がそれと矛盾する答えや考えを提示する発問は，子どもの思考を深めたり，当該の課題の取り組みへの動機づけを高めたりすることが知られている。こうした発問は，「ゆさぶり発問」と呼ばれる。ゆさぶり発問とは，子どもたちの考え方や解釈に対して，「でも，～といった考え方もあるのでは？」といったように，対立する見方を提示する発問である。こうした発問が，子どもの動機づけを高める理由は，子どもに認知的葛藤を引き起こすからである。認知的葛藤とは，学習者がすでにもつ知識（既有知識）と一致しない情報が提示されたり，複数の矛盾した知識や情報が提示されたりしたときに，学習者の内面でそれらが拮抗し，適切な知識や情報を選択できずにいる不安定な状態を指す。教師のゆさぶり発問によって認知的葛藤が生じた子どもは，その葛藤を解消するべく，当該課題への動機づけを高めることになるのである。

表 12-1　思考を引き出す発問の形式（Fisher, 2005 をもとに作成）

カテゴリー	発問の形式
1　知識	「知っていることを言ってください」「覚えていることを言ってください」「～を大まかに説明してください」「～を復唱してください」「～を定義してください」「～と同じものを示してください」「～は誰でしょう」「～はいつでしょう」「～はどれでしょう」「～はどこでしょう」「～は何でしょう」
2　理解	「あなたの言葉で説明してください」「～についてどう思いましたか」「それはどういう意味かを述べてください」「～を説明してください」「～を比較してください」「～を関連づけてください」
3　応用	「それをどのように活用できますか」「どのような結果になりますか」「あなたの知っていることに応用してみてください」「それを問題解決に活用してください」「～を説明のために使ってください」
4　分析	「何が要因でしょう」「どのような順番でしょう」「どういった理由でしょう」「原因は何でしょう」「何が問題なのでしょう」「どういった解決方法があるでしょう」「どういった結論が導かれるでしょう」
5　統合	「それはどのように違うのでしょう」「それ以外にどのようなことがあるでしょう」「もしも～ならどうなるでしょう」「～であると仮定して考えてください」「開発してください」「～を改善してください」「あなたのやり方でつくってみてください」
6　評価	「それをどのように判断しますか」「果たしてそれは成功するでしょうか」「果たしてそれは役に立つでしょうか」「あなたはどちらを支持しますか」「なぜあなたはそのように考えますか」

さらに，子どもたちの思考を育むことを支える重要な概念として，メタ認知をあげることができる（第3章参照）。メタ認知とは，個人の認知的な心の働きについての認知を表しており，メタ認知的知識と呼ばれる自らの認知過程についての知識と，認知過程そのものの意識的

表 12-2　メタ認知的知識の活用を促す言語表現の形式（Jarvis, 2005 をもとに作成）

メタ認知的知識	種類	例
1　自己に関する知識	能力への焦点化	「君は，このことについて考えることを楽しんでいるのね？」
	学習スタイルへの焦点化	「そのような表の中からこのことを探せば，簡単じゃない？」
	学習方略への焦点化	「この宿題をするためには，何をすればよいですか？」
	動機づけスタイルへの焦点化	「このように課題を細分化すれば，取り組みやすいのではないですか？」
2　課題に関する知識	評価基準への焦点化	「私がこの答案を採点しているとき，何を基準としているのでしょうね？」
	他の課題との比較	「前の時間にこの課題をしたとき，何か気づいた？」
	批判的思考への焦点化	「そのことについて，何か変だと思うことがあった？」
	創造的思考への焦点化	「そのことについて，何をすることができるでしょう？」
3　方略に関する知識	思考への焦点化	「しばらくじっくりと考えてみてください。」
	計画への焦点化	「私たちが，まずしなければいけないことは何かな？」
	評価への焦点化	「よし，では今やったことについてふりかえってごらん。」

なモニタリング（監視）やコントロール（制御）を含むメタ認知的活動がある。

メタ認知のうち，前者のメタ認知的知識と呼ばれるものは，主に個人知識，課題知識，方略知識という3種類のカテゴリーからなる。個人知識は，認知の特性について学習者が有する知識および信念で，知能，認知スタイル，学習方略などに関する個人の暗黙知が含まれる。課題への好み，テストへのストレスや，生活リズムに対する認識もこれに含まれる。課題知識とは，学習者が取り組んでいる課題についての知識や信念を指している。たとえば，「作文を書くことに求められる能力が，数学の問題を解く際に求められる能力と異なる」といった知識がこれにあたる。方略知識は，利用可能な方略についての認識であり，適切な方略を選ぶ能力も含まれる。こうした知識は，子どもたちが自らの深い思考を活用した学習活動をすすめていくことに役立っている。表12-2のように，こうしたメタ認知的知識の活用を子どもたちに促す言語表現があることも知られている。

5. 教師の非言語表現

教師の指導行動には，言語表現とともに，非言語的表現も内包されている。こうした表現が子どもたちに与える影響を無視することはできない。非言語的表現には，声色，声量といった聴覚的な言語表現に必ず付随するもの，表情，しぐさといった身体表現などが含まれる。たとえば，「静かにしなさい」という言語表現は，穏やかな調子でかつ笑顔で表現されるよりも，怒号とともに眉間にしわを寄せて表明される方が，教師からの統制の意図を子どもたちは感じやすいだろう。また，過去の指導行動のイメージも，現前の指導行動に対して，何らかの情報を付与していることもある。たとえば，授業中で教師が突然沈黙するということを行ったとき，その教師を知る学級の子どもたちは，過去のその教師の行動から，「授業態度の乱れに対する警告」としての意味を見出すことがある。

教師の指導行動に含まれる言語表現や非言語表現は，コミュニケーションのレベルの違うものとして位置づけることができる。スラツキとベビン（Sluzki & Beavin, 1977）によれば，一般的なコミュニケーションのレベルは，表12-3のように四つに分けられる。日常の対話では，教師の指導も含めて，これらが同時に用いられているのである。教師が，子どもたちとの良好な関係を形成しつつ，効果的な指導を展開するにあたっては，自らと子どもたちとをつなぐ，複数のコミュニケーションのレベルを留意することが求められる。

表12-3　コミュニケーションのレベル

レベル	内　容
1　聴覚的—言語的（audible-linguistic）	言語自体の意味内容。
2　聴覚的—言語外（audible-paralinguistic）	声色，音量，声の抑揚など，言語自体の意味内容以外に含まれる音声による情報。
3　非聴覚的—言語外（nonudible-paralinguistic）	身振り，手振り，表情など，音声や言語自体の意味内容以外の情報。
4　コンテクスト（contextual）	コミュニケーションが交わされる場や，コミュニケーションを行う者同士の関係性。

指導方法のレパートリーを広げる教師とは？

教育実践は，なかなか奥が深い。それというのも，ある学級集団やある子どもに対して効果のあった指導方法や技術であるからといって，別の学級集団や子どもに同じ要領で適用しても，うまくいくとは限らないからである。

そのため，教師という仕事を日々うまく果たすためには，過去の自らの実践や研修を通じてつかんだ指導のコツを大切にしながらも，定型的な指導方法にとらわれすぎない姿勢が求められるのである。すなわち教師たちは，日々の教育現場の中で，自らの過去の指導方法を参照しながら実践しつつ，その成果をふりかえりながら，次の機会にはその指導方法の微修正を行ったり，大胆に異なる指導方法を試したりしているのである。結果的に，教師たちは指導方法のレパートリーを豊富にしていくのである。

ただ，教師の指導方法のレパートリーの豊富さには個人差も見られるようである。果たしていかなる教師が，指導方法についてのレパートリーを豊富にしているのであろうか。

西口（2007）は，学校において教師あるいは子どもがフラストレーションを抱える場面を「問題場面」と呼び，そうした場面で教師が子どもに用いる言葉かけ（言語表現）のレパートリーの豊富さと，それに影響しうる要因との関連について調査している。この調査では，授業中におしゃべりをしている子どものいる場面や，授業中に先生に指名されたが何も言えずに黙ったままの子どものいる場面などの 6 場面を，小学校の教師 155 名に提示し，各場面で教師が実践しうる言葉かけについて，最大 5 種類まで回答を求めている。ならびに，言葉かけのレパートリーに影響すると考えられる要因として，各教師における，自らの実践上の力量が高まることへの期待の高さ（以下「力量向上の期待」）と，自らの現状の実践上の力量に対する満足のあり方（以下「力量への満足感」）について調べている。

調査の結果，まず，問題場面での「力量向上の期待」が高い教師ほど，その場面での言葉かけのレパートリーが豊富であることを示している。自分の力量の向上を期待している教師は，多様な教育実践から指導方法のあり方を学び続けることを動機づけられており，指導に関するレパートリーを豊富にするものと考えられる。

また，子どもに対して規範遵守を求めるような問題場面で「力量への満足感」が低い教師ほど，その場面で実践しうる言葉かけのレパートリーが豊富であることを示している。自らの力量に満足していない教師は，望ましい指導方法について試行錯誤を繰り返しながら，指導に関するレパートリーを豊富にするものと推察することができる。言い方を変えるならば，教師は自分の力量に「自己満足」しないことによってはじめて，実践的力量を磨き続けることができるという，教職の本質をうかがえる結果であると言えるだろう。

●復習課題

（1）教師が子どもに用いる言語表現については，どのような点に留意する必要があるだろうか。学級におけるさまざまな状況を踏まえながらまとめよ。

（2）教師が児童生徒と良好な関係を形成するために，どのようなリーダーシップを発揮することが必要だろうか。リーダーシップについての理論を踏まえながらまとめよ。

13 学級集団における人間関係

小学校から高校までは学級というまとまりで授業や行事などの活動をすることが多い。学級以外でも，部活動で別のクラスの友人ができたり，趣味を同じとする者どうしが集まったり，自然と人の集まりが発生する。この学級というまとまり，部活動，趣味の仲間といった，行動を共にしたり相互作用を行う人々の集まりを集団（group）と呼ぶ。

人々の集まりが集団と呼ばれるためには，①少なくとも２人以上の成員が存在する，②集団の成員間に直接的あるいは間接的なコミュニケーションが存在する，③成員間に共通のものの見方，考え方が存在する，④成員どうしの相互依存性が強まり，役割分化が見られる，⑤成員自身にその集団の成員であるという認識がある，といった性質をもつことが重要である。そして，横川（1991）は集団の特徴を表 13-1 に示した内容にまとめている。

表 13-1　集団の特徴（横川，1991）

①目標	集団成員には，何らかの共通した目標がある
②相互作用	目標達成のため，成員間にコミュニケーションがかわされ，持続的な相互作用がある
③構造	成員間に役割分化が図られ，各役割が全体として１つの組織に統合されている
④規範	成員の行動や態度についての標準的な枠組みや規範があり，成員はそれに従う
⑤一体感	成員間に所属感と仲間意識があり，成員以外の者と区別する意識がある
⑥集団への魅力	成員は集団に魅力をもち，集団に留まろうとする愛着感をもつ

1. 学級集団の形成

(1) 集団の分類

学級集団は４月に形成され，少なくとも１年間はその集団が継続するという特徴をもつ。構成員の変化はなくとも，１年の間に学級集団内の児童生徒の意識には大きな変化が生じている。また，集団はその構成理由などから分類することが可能である。

1) フォーマル・グループ（公式集団）とインフォーマル・グループ（非公式集団）

集団には学級のように公に規定された集団もあれば，昼食を一緒に食べる友人のように自然発生的な集団も存在する。このうち前者をフォーマル・グループ（formal group）あるいは公式集団，後者をインフォーマル・グループ（informal group）あるいは非公式集団と呼ぶ。フォーマル・グループは集団の成員が第三者や構成員の構成意図に基づいて規定され，集団の構成員はほぼ固定化されている。それに対してインフォーマル・グループは成員の自由意思で集団が構成され，集団の構成員は固定されておらず比較的流動的である。たとえば，高校での学級編成は選択科目や希望進路によってなされるが，その中での昼食を一緒に食べるグループは，４月の初めの頃と 12 月頃では異なっている場合があることをイメージすればよくわかるだろう。

2）サイキグループとソシオグループ

新学期でクラス替えをしたばかりの状態ではまだクラスとしてのまとまりが弱いが，文化祭や体育祭などの学校行事を経ることでクラスとしてのまとまりが出てきて，1年間が終わる頃には成員がクラスの中でそれぞれの役割を果たすようになる。同じ集団でも成員間の感情的な結びつきや集団としての機能に違いが存在するのである。4月当初はお互いをフォーマル・グループの構成員としてしか認知していなくても，クラスとしてのまとまりができてくると，そのクラスの一員であることが安心感や相互の信頼感につながる。このような心理的なつながりができている集団のことをサイキグループ（psyche-group）と呼ぶ。そして，クラスの運営をつかさどるリーダーが出現したり，構成員がそれぞれ自分の果たすべき役割をこなしたりするようになっていくと，その集団はソシオグループ（socio-group）としての機能をもつようになったと考えられる。

3）所属集団と準拠集団

中学校に進学した当初に，うまく学級内の雰囲気になじめず，同級生との距離を感じる状態が続いていたとする。逆に小学校のときの学級ではほかの子どもともうまくやっており，積極的に学級活動できていたとすれば，小学校のときはこうだったとか，小学校の頃がよかったなどと思うことが多くなる。このとき，学校生活を送るうえでの精神的な支えとなっている集団は現在の学級ではなく，小学校のときの学級であると考えられる。したがって，所属することによってより安心感が得られる集団，意思決定の基準として強い影響をもつ集団というのは小学校の学級となり，これを準拠集団（reference group）と呼ぶ。そして，個人が所属している集団のことを所属集団（membership group）と呼ぶ。所属集団はその個人が自身の意思にかかわらず現在所属している集団すべてが当てはまるが，準拠集団は個人が意思決定や行動の拠り所としている集団であるため，そのうち最も帰属意識を強く抱いている集団がその個人の準拠集団になりやすい。準拠集団は家族，友人などの近隣集団や所属集団がなることが多く，かつて所属していた集団（この場面では小学校のときの学級）や将来所属したいと望んでいる集団も個人の準拠枠形成に影響を与える場合がある。

準拠集団は比較機能と規範的機能の2つの機能をもつ。比較機能とは個人の態度決定の際にその基準枠として働くことで，規範的機能とは個人の行動を集団の規範に合わせることで逸脱行動を抑えると同時に，これに対する制裁の働きをもつことである。

4）内集団と外集団

学校で学級としてのまとまりが強くなると，“うちのクラス”“よそのクラス”という意識をもつようになる。これは集団としてのまとまりを強くするように指導を行っているからである。このように，自分たちの集団であると強く認知している集団を内集団（in-group）と呼ぶ。そして，体育祭などで他のクラスを敵とみなして内集団と区別している集団のことを外集団（out-group）と呼ぶ。体育祭での応援合戦のように，内集団ではその集団の一員であるという意識を構成員それぞれが強くもつようになる。この意識のことをわれわれ意識（we-feeling）と呼ぶ。 通常，さまざまな行事や学級活動をとおして，自分の所属する学級に対してわれわれ意識をもてるように教育される。

(2) 学級集団の発達過程

広田（1958）は小学校の学級集団の発達段階を以下の5段階に分けている。

①孤立期（探索期）（1 年生の前半）　友人関係を模索している時期にあたる。友人関係は固定的なものではなく，緩やかな結びつきのため比較的容易にその結合の相手が変化する。なお，教師との関係は，教師を絶対的権力者とした１対１であることが多い。

②水平的分化期（1-2 年生）　級友とのさまざまな相互作用を経て，徐々に相互に対等な少人数の結合を形成していく。教師の権威に対しては依然服従的である。

③垂直的分化期（2-3 年生）　相互作用が活発となり児童間に上下関係が生じ始める。この時期になると，教師は絶対的権力者ではなくなる。

④部分集団形成期（3-5 年生）　リーダーをもついくつかの部分集団が学級内に形成されるようになる。ギャング集団が形成されるのもこの時期の特徴となる。

⑤集団統合期（5-6 年生）　学級全体のリーダーが出現し部分集団が統合される。

低学年と高学年を比較すると，社会性の発達とあいまって単純な１対１の結びつきからクラス全体を巻き込んだ多様化・多層化した関係になってくることがわかる。特に，部分集団形成期から見られるギャング集団は，大人から独立した自分たちだけの世界をつくるため，団結力が強い，集団の中だけで通用する言葉や秘密をもつ，集団外の人物に対しては排他的・敵対的になる，力関係による役割分化がみられる，集団の規律やリーダーへの忠誠が求められるなどの特徴をもつ。ギャング集団が形成される時期では教師は絶対的権力者ではないため，指導に困難が生じることもある。しかし，ギャング集団を形成するということは，仲間と積極的にかかわろうとする意識の表れともとれるし，児童はこのような集団での活動を通して仲間関係に関するさまざまなスキルを身につけるため，こうした集団を一概に否定するのではなく，理解するように努めるべきであろう。

また，学級集団は年度ごとに新しい集団を形成することが多い。したがって，同じ１年の中でも４月当初と３月末とでは大きく学級集団の様子が異なり，その発達過程はおよそ以下の過程をたどる。

①探索・同一化　会話や遊びや授業風景などで，クラスの成員について探索する時期となり，形式的条件に制約された仲間ができる。最初は出席番号が近い，席が隣，帰り道が一緒など，物理的に近接している者どうしが仲間になりやすい。そして次第に趣味や意見を同じくする者どうしが仲間をつくるようになる。

②集団目標・集団規範の発生　特に低学年のクラスでは教師主導で集団の目標（学級目標）が追求されるようになる。クラスの組織がしっかりしてくると，児童生徒たち自身でつくりあげることもある。

③内集団と外集団の分極化　学級のまとまりが「われわれ意識」を高める。このわれわれ意識が高まることによって，より学級が結束して１つの集団としての行動が可能になる。

④集団雰囲気の発生　学級のまとまりがその集団の雰囲気を形成する。学級集団全体がサイキグループとなり，その学級に所属しているという意識が成員に安心感をもたらす。

⑤役割分化と凝集性の高まり　集団雰囲気が形成されると役割分化が進む。いろいろな行事や取り組みにおいて，ソシオグループとしての機能が発揮されるようになる。すなわち，それぞれが学級の一員として自身の役割を意識し，学級のためにその役割を果たすようになる。

（3）学級集団の機能

学級集団として教室の中に１つの「社会」を形成することにより，将来社会生活を営むうえでの必要な経験を積んだり，能力を養ったりすることができる。特に小学校入学以前は，家族以外の他者と，固定した集団を形成し日常生活を送る経験はあまりない。しかし，小学校入学以降，学級という固定した集団に身を置き，家族以外の他者と活動時間の多くを過ごさなければならなくなるため，すべてが自分の思いどおりに過ごすことがかなわなくなる。

まずは，集団規範の影響により自己の欲求を抑制する必要に迫られ，「我慢」の重要さを体得することになる。そして，自分の欲求を抑制し，教室集団という集団行動の中で，みんなの利益につながる行動を獲得していくようになり，学級集団で自身が果たすべき役割を見つけ，その役割を果たすようになる。

こうして学級集団内において成員間の相互的なかかわりが増加するとともに，各自の抱くさまざまな感情は必ずしも自分だけのものではないことを経験する機会も増加する。相手の抱く感情を理解して自身の中に同様の感情を再構成する，すなわち共感性の成長が促されることにより，相手の立場に立って物事を考えることが可能となるのである。

次に，学級集団に適応していくことで，さまざまな社会的欲求が充足されるようになることがあげられる。マズロー（Maslow, A. H.）の欲求階層理論（第４章参照）によると基本的欲求の第３段階は所属と愛情の欲求，第４段階は承認（自尊）の欲求となっている。所属の欲求とは，ある集団に所属し，その集団の成員に情緒的に受け入れられていると感じることで個人が安心を得ることを意味する。承認の欲求は，集団の成員から価値ある存在として認められることを意味する。いずれの欲求も他者とのかかわりあいの中で発現し，他者が存在しなければ充足しえない欲求である。最終段階である第５段階の自己実現の欲求は，これらの欲求が十分に満たされたうえで発現するという点に注目すれば，学級集団が個人の自己実現に与える影響は大きいといえる。

また，学校は社会生活を営む場であるとともに，学習の場でもある。同年代の児童生徒がほぼ同じように授業を受け，学習の達成度を評価される。自己の能力を確認したい欲求は小学校段階においても存在し，評価基準として親や教師からの評価だけでなく，他の児童生徒の達成を用いることが多い。他者の達成を評価基準とするだけでなく，自身の行動決定の拠り所とする場合も少なくない。

さらには，他者の行動を模倣して行動習得に至る場合もある。こうした新しい行動様式の習得に際して，お互いに励まし合う，直接的に教える，教えを請う，競い合うなど，児童生徒間の相互作用が活発に見られるため，一方的に影響を及ぼすのではなく，お互いに影響を及ぼし合う関係になりやすい。

2. 学級規範

集団には，そこに所属する成員の行動や意識を似たものにさせる働きがある。学級集団も例外ではなく，４月当初はそうでもないのに，一緒に学校生活を送るうちにその学級の雰囲気になじんでいき，学級全体が同じ目標のもとに行事に取り組むことも多くなる。これは，その集団がもつ雰囲気に新しく成員となった個人も影響を受けることを意味している。集団の成員が同じ環境の下で同じ活動や経験をしたり，相互作用を行ってお互いに共通認識を形成したりすることで，その集団特有の行動様式の形成につながるからである。

集団成員の行動様式や考え方が似てくることを斉一化（uniformity）と呼び，斉一化された行動様式や考え方は，その集団内の人間にとっては当然のものとなる。斉一化された情報は集団成員にとって行動基準の役目を果たすようになり，これを集団規範（social norm）と呼ぶ。そして，いったん集団規範が形成されると，集団にとっての期待された行動基準となり，成員を斉一化された行動へ促すような集団圧力（group pressure）が発生する。これは意識上で集団圧力を感じるだけでなく，行動上でも集団圧力が感じられるような働きかけを成員から受けることとなる。たとえば，ある学級で集合時間の５分前に集合する状況が続けば，５分前集合がその学級の集団規範となる。すなわち，５分前に集まると時間どおりに開始できるからよいと成員が感じるだけの状態から，時間どおりに開始するために５分前には集合していなければならないといった強制力をもつようになるのである。実際には集合時間に間に合うように行けば問題ないはずなのに，時間どおりに行くと周りから非難を受けることになる。これは集団規範として５分前集合が強く意識され，集団規範に違反した者に対して集団規範を遵守するように集団圧力がかかるためである。

学級集団においては，集団規範のことを学級規範と呼ぶことが多い。学級規範には斉一化により形成された暗黙的な規範と，「みんな仲良く」とか「忘れ物をしない」といった学級目標や学級ルールといった明文化された規範とがある。後者は斉一化されることを前提とした規範ともいえる。学級としてまとまるためにはこうした学級規範の形成は必要な要素である。

こうして形成された学級規範は，その学級に所属する児童生徒の認知にも影響を与える。渡辺（1990）は学業達成に対するクラスの学習目標をマスタリー志向とパフォーマンス志向に分類した。マスタリー志向とは学習過程そのものが価値づけられていることをあらわし，パフォーマンス志向とは，他人より勝る，社会的是認を受けるといった結果に価値づけられていることをあらわす。渡辺は，クラスの目標志向が個人の認知に与える影響について検討したところ，マスタリー志向において，学習方法，課題遂行意欲，クラスへの適応と正の因果関係が認められた。これは，学業達成への動機づけを高める認知的側面に重要な影響があることを示唆している。一方，パフォーマンス志向は，クラスの適応と負の因果関係があり，クラスの雰囲気が結果重視で競争的な傾向が強いと認知した結果であると考えられる。テストや通知表などの学習評価の見方も志向性ごとに異なり，マスタリー志向は肯定的，パフォーマンス志向は否定的な態度をとりやすいことが明らかとなった。

3. 学級内の人間関係

(1) 友人関係

小学校に入学したばかりの子どもたちは，家庭あるいは幼稚園・保育園で学んだ人間関係の基本的スキルに基づいて学校生活に入る。そして，そこでの多くの他の仲間との相互作用をとおして，これまで獲得してきたスキルの拡張や修正，さらには新たなる習得をする。学校での子どもどうしの人間関係は，学校・学級集団でのフォーマルな関係と，友人関係に代表されるインフォーマルな関係とに分けられる。フォーマルあるいはインフォーマルな人間関係は，多くの子どもたちにとって，自らの発達課題を果たす重要な場になっている。

ところで，友人関係に代表されるインフォーマルな関係は，その形成のきっかけとなる要因は多様であるが，友人として選択する相手に対する魅力という要因の影響力は大きい。これは対人魅力と呼ばれている。対人魅力の規定因として，①空間的接近・接触，②身体的魅力，③類似性，④他者からの評価があげられる。①の空間的接近・接触は，前述のとおり，家が近所であるとか，教室の席が近いであるといった空間的・物理的に近いところにいる相手を友人として選択しやすいことを意味する。児童期の友人関係は，遊び友達が中心となるため，こうした物理的に近い相手が友人となりやすい。②の身体的魅力とは，相手の内面ではなく，かわいいとかかっこいいとかいった，外見にひかれることである。身体的魅力は相手の内面について情報がない初期段階においてより発揮される。初めて会ったときに「この人と友だちになりたいなあ」と思うのは，自分にとって身体的魅力を感じる場合であることが多い。

③の類似性は，自分と似ている度合いをあらわす。似ているのは外見とは限らず，性格や考え方なども含まれる。思春期に入ると，友人は多分に選択的になり，相手の内面にも注意が向くようになる。相手の学業や知能や人格的特性の優れているところを尊敬する，気が合う，性格や趣味や意見が一致するなどの，相手を尊敬できるかどうか，相手と共感できるかどうか

というのが友人選択のうえで重要になる。

④の他者からの評価は，周りの他者からの評価が高い人物への魅力が増すことを意味する。それまで特に注目されていなかった生徒が部活動の大会で優勝すると，急に校内で注目を集めるようになり，親しくなりたいと思う生徒が増えるのは，他者からの評価が高まることによって魅力も増したからである。学級内で人気者の児童生徒に友人が多いのも同じ理由である。

対人魅力は友人関係の形成の要因となるが，形成された友人関係が継続するかどうかは，その後の相互作用に負うところが大きい。関係初期の探索・同一化の段階では空間的接近・接触，身体的魅力，他者からの評価のように，事前の相互作用を必要としない情報（周りの評判や外見など）により友人関係を形成するが，相互作用をとおして，友人関係の継続を望まなくなる場合も少なくない。これは，発達の中で交友関係の広がりを見せるとともに顕著となる。相互作用の結果として，しだいに相手の内面に注目して，自分と合うか合わないかといった類似性をもとに判断するようになるのである。

(2) 人間関係の測定

1) 観　　察

日常的に子どもとかかわりながら，一人ひとりの子どもの様子を確認していく方法である。交友関係も含めて子どもの様子について気づいたことを記録していくだけでよく，こうして作成された行動記録は，日常的な指導だけでなく，指導要録の行動の記録の作成にも活用することができる。

観察を行うためには特別な道具も技術も必要とはしないが，観察を行う際の姿勢として子どもの変化に気づくことが重要となる。良い変化（一緒に勉強するようになるなど）に気づけばそれを褒めたり認めたりといった行動にうつす。逆に，悪い変化（そろって遅刻が増える，授業に集中できていないなど）に気づけば，その原因について考えるとともに適切な指導を行うようにする。特に，不登校やいじめの兆候となるような行動の変化（休み時間に一人でいるようになったなど）に対しては，早期対処することで事態の深刻化を抑制できるため，普段からこうした変化に敏感になるよう努めるべきであろう。

2) ソシオメトリック・テスト

ソシオメトリック・テストはモレノ（Moreno, J. L.）によって提唱された，学級内での交友関係を測定する手法である。手順は，まず自分が好ましいと思っている級友を記述させる。このとき「席替えで隣になりたい人」や「遠足で一緒の班になりたい人」など，記述しやすい設問で好ましい人物を尋ねることが多い。次に，選択・被選択関係を表（ソシオ・マトリックス）にまとめ，それをもとに標的ソシオグラム（図 13-1b）を作成する。標的ソシオグラムを

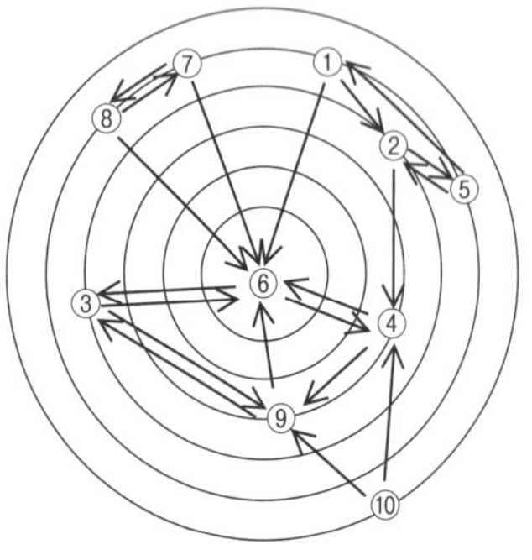

図 13-1a　標的ソシオグラム（同心円あり）

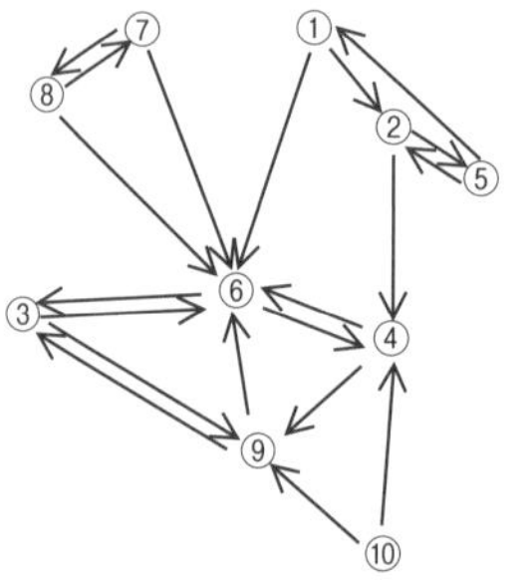

図 13-1b　標的ソシオグラム

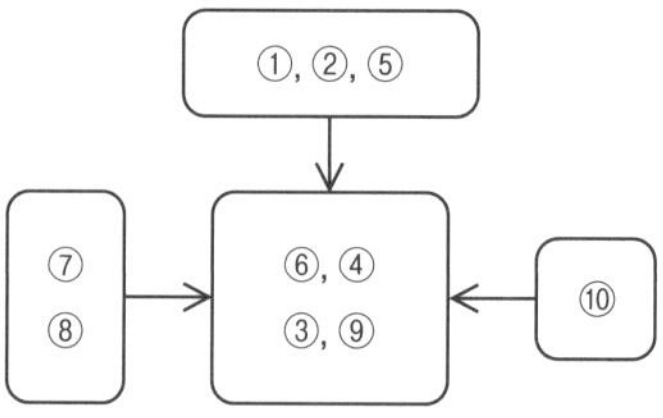

図 13-1c　ソシオメトリック・コンデンセイション法による単純化

作成する前段階として，最も他の子どもから選択された子ども（⑥）を中心に配置し，順次被選択人数の多い順（④⑨②③の順）に外の輪に配置していく。そして選択・被選択関係を矢印で表す（図 13-1a）。そして，同心円を外すことで標的ソシオグラムが完成する。最も他の子どもから選択された子ども（⑥）は人気児であり，誰からも選択されなかった子ども（⑩）は孤立児であることがわかる。

ソシオグラムは対象の数が増えると複雑さが増す。そのため，ソシオメトリック構造における相互選択関係を基準にして成分を構成し，順次凝縮していくソシオメトリック・コンデンセイション法を用いて，学級内の人間関係を把握しやすくする場合がある。たとえば，図 13-1b の標的ソシオグラムを単純化すると，およそ 4 つの集団（(⑦・⑧)，(①・②・⑤)，(③・④・⑥・⑨)，(⑩)）に分かれていることが見て取れる（図 13-1c）。ソシオメトリック構造は，統合性（統合－分断：構造を全体として見たときの連なりの度合い），集中性（高集中－低集中：構造内における中心と周辺の分化の度合い），階層性（有階層－無階層：組織体において階層がどの程度存在するか）に注目して考察することが多い。図 13-1c では人気児（⑥）を含む集団を中心とした高集中構造となっている。

3）ゲス・フー・テスト

学級内の児童生徒に，「この学級内で最も○○な人は誰か」という質問を与えて，その特徴に当てはまる人を記述させ，その回答の集計によって学級内での相互の対人認知・評価を確認する方法である。○○の中には，性格・態度（親切，元気がよいなど），行動（片付けをする，発表をよく行うなど），能力（運動ができる，勉強ができるなど）などに関する用語が入る。教師による評価とはまた異なった観点から児童生徒どうしの対人認知を測定することができるため，学級内の人間関係の把握に有効な判断材料となる。

しかし，実施の際には，否定的な用語の扱いに気をつける必要がある。これはソシオメトリック・テストにも同様なことが言える。特定の個人に対して潜在的な否定的対人感情をもつ子どもに，それを明文化させるような質問を行うことによって，その否定的対人感情が顕在化する場合がある。また，その結果を開示した場合に，否定的な評価を受けた子どもに対して精神的な苦痛を与える可能性も考慮しなければならない。したがって，実施する機会を設ける場合には，否定的な表現の質問は避けることが望ましい。

(3) 競争と協同

児童生徒の相互作用に共通の目標が設定された場合，相互関係がよりはっきりしてくる。お互いに力を出し合ってその目標を達成しようとすれば，その関係は「協同関係」と称される。反対に一方がその目標を達成した場合，もう一方が目標を達成することができなくなるようになると，その関係は「競争関係」と称される。たとえば，合唱コンクールのように全員が協力して取り組まなければ好成績を得られない場合では，学級内の対人関係は協同関係となる。それに対して，弁論大会のように学級の代表を 1 人に決めなければならないとき，代表になりたい生徒が複数いればその生徒間の関係は競争関係となる。このように協同関係や競争関係は，目標を媒介とした対人関係であり，その目標を達成する過程においてさまざまな相互作用がもたらされる。

一般に競争状況においては，集団間や集団成員間において相手に対する好ましい認知の形成は阻害されることが言われている（Deutsch, 1949）。シェリフら（Sherif et al., 1961）は集団間競争の実験において，競争中の集団内に，①権力的リーダーシップが登場する，②競争相手に対して知覚の歪みが生じる，③競争相手に対して敵意を抱くようになる，といった現象が起こることを示した。また，競争条件と協同条件において攻撃行動の発生頻度が異なり，競争条件においてより攻撃行動が見られることが示されている（Anderson & Morrow, 1995）。

ライバルとはどのような存在なのか？

学校での勉強だけではなく，スポーツや恋愛などでも，競い合っている 2 人に対してライバルと呼ぶことがある。このように，一般的にライバルと表現される関係の場合，お互いにライバルとして相手を意識していると考えられている。

しかし，ライバルをもつ者を対象とした研究では，お互いにライバルとして意識している関係は半数に過ぎない。相手に対するライバル認知で調査をすると，一方的に相手をライバルとして認知している者も半数いるのである。したがって，ライバル関係は，相互的にあるいは一方的に相手をライバルとして認知し，相手を目標として努力したり，相手と競い合ったりする関係として定義される（太田, 2007）。

お互いにライバルとして認知している者と一方的に相手をライバルとして認知している者では，ライバルとして認知した相手の能力に関して違いがみられる。お互いにライバルとして認知している場合は，能力は対等であり，お互いに相手よりも上に行こうと切磋琢磨している。それに対して，一方的にライバルとして認知する場合は，ライバルとして認知される相手の方が能力が上であることが圧倒的に多い。

事実，ライバル認知・ライバル関係の捉え方のいずれにおいても，相手を目標にし，お互いを高めあうといった協同関係としてもライバル関係が認知されることや，競争的認知（相手に勝ちたい）と協同的認知（相手と一緒に頑張りたい）は独立した概念であることが示されている。そこで太田（2008a, b）は，対人的な相互作用への志向性を基準とし，協同志向性と競争志向性を独立した次元として設定した（図 13-2）。そして，対人関係を 4 つの型（協同関係，競争関係，個人志向，ライバル関係）に分類し実証的に検討した。相手を「ライバル」としてのみ認知している場合，競争志向性のみが高まるが，同じ対象を「ライバル」「友人」の両方として認知している場合，競争・協同のいずれの志向性も高まることが明らかとなった。また，「友人」としてのみ意識している場合では，競争志向性は低く，協同志向性は個人差が大きいという傾向を示した。同じ相手を「友人」としても「ライバル」としても認知する場合がこの対人関係モデルにおけるライバル関係に該当する。そして，「ライバル」としてのみ認知する関係が競争関係，「友人」としてのみ認知する関係が協同関係となり，どちらの志向性も低い場合は，他者とのかかわりを望まない個人志向となる。

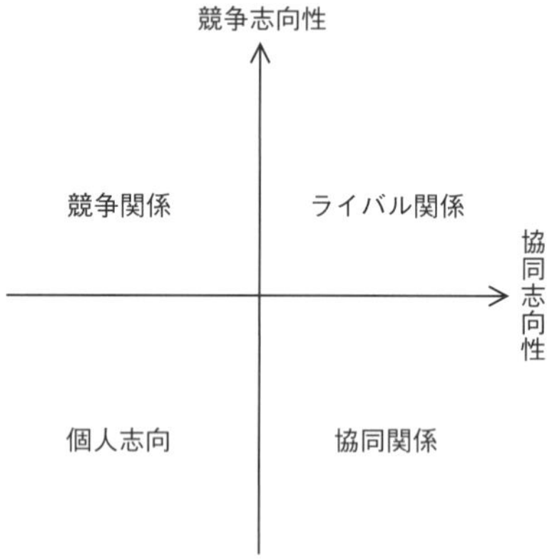

図 13-2　目標志向に基づいた対人関係の分類

このように，ライバル関係は「ただ相手に勝ちたい」と思う競争の対象としてのみならず，「相手と一緒に頑張りたい」といった協同の対象としても強く意識される関係であると考えられる。相手を強く意識して刺激し合っているからこそ動機づけや達成に大きな影響をもたらす存在となりえるのである。

4. ピア・サポート

(1) ピア・サポートとは

総務庁青少年対策本部が実施した「低年齢少年の価値観等に関する調査」(総務庁青少年対策本部, 2000) によると，5人に1人が「人といると疲れる」と回答し，さらに3人に1人が「自分が満足していれば人がなんと言おうと気にならない」と回答しており，他者とのかかわりを拒否する意識がみられる。その反面，「人の気持ちが判る人間になりたい」「人の役に立つ人間になりたい」といった他者とのかかわりを望む意識についても9割以上の者が回答している。一見矛盾しているようであるが，他者とのかかわりを拒否する意識は現実として存在する一方で，他者とのかかわりを望む意識は願望であり，潜在的にそうなりたいという意識をもっていることが，この調査結果からうかがえる。

しかし，自分の悩みごとを相談する相手として最も多くあげられるのは，小学生では「親」，次いで「友人」であるのに対し，中学生以降では「友人」が1番になる。これは，青年期に入り同年代の友人との親密な関係を築くことによるものである。他人とうまくかかわれるようになりたいと思っているという現実の中で，自分の内面をさらけ出すことができる相手が友人であることは，友人とのかかわりあい方が未熟であることを意味しているとも考えられる。

こうした現状を背景として，近年ピア・サポートを生徒指導や総合的な学習の活動に取り入れる学校が増加している。ピア・サポートのピア (peer) とは同年代の仲間，同輩をあらわし，サポート (support) は支援，援助をあらわす。すなわち，ピサ・サポートとは，同年代の仲間から受ける援助を意味する。広義のピア・サポートでは，友人から受けるすべてのサポートを指すが，ここでは，支援の方法を学んだ人々が，困っている仲間を支援する幅広い活動としてのピア・サポートについて解説する。

(2) ピア・サポートの意義

平成14年 (2002年) から実施された新学習指導要領では，「生きる力」の育成が目標に掲げられており，他者とかかわりあうことができない子ども，他者とのかかわりあいを拒否する子どもに対する支援の必要性を打ち出している。そのため，ピア・サポートでは，他者との関係を通じて自分の存在を価値あるものと受けとめられる感覚を養うことを目指している。

ピア・サポートは，悩みごとを友だちに相談することが最も多いという事実に基づくため，援助を受けることに対する抵抗が教師のそれと比較して少ないという利点がある。さらにピア・サポートの実施にはコミュニケーション・スキルが必要不可欠であり，活動を通して子どもたちが他の人を思いやることを学ぶため，積極的に他者とかかわりあい，支援していく姿勢の形成をもたらす。その結果，子どもたちが他の児童生徒を助ける人的資源となり，思いやりあふれる学校環境をつくりだすことにつながっていく。教師にとっても，個人指導の補助となるだけでなく，子どもの問題に関する対処，いじめ問題に対する対処など，子どもだけで解決することが望ましい問題に対して深く介入をしなくても済むようになる。

ピア・サポートに取り組む子どもは，ピア・サポーターと呼ばれる。ピア・サポーターにとって，支援スキルを身につけることにより，自己と他者の理解，コミュニケーション・スキル，問題解決能力の向上がはかられる。実際に支援を必要とする人の力になるという経験を通して，自尊心の改善にもつながる。そして，グループのリーダーとして働くだけでなく，校内へのピア・サポート活動の浸透への働きかけや，新入生に対するガイダンスも積極的に行うことができるようになる。

また，ピア・サポーターの役割は相談活動だけに留まらない。孤立した子どもに対して特別な友だちとして接するなかで，年齢相応の適切な行動の模範を示すことがある。孤立している子どもに，誰かが関心を寄せてくれていること，自分にも存在価値があることを感じさせるという働きもある。他にも，対人関係の支援だけでなくチューター（学習支援者）として支援することもある。支援スキルをもつチューターに対して，被援助者は「大切に扱われている」という実感をもつことができる。

ピア・サポーターは，ピア・サポートの活動をとおして，チームでの仲間づくりと，顧問・スクールカウンセラー・心の相談員といった大人との連携，ピア・サポートの組織的な連携をはかる経験を積む。ピア・サポートという社会的な活動に責任をもって臨むという経験は，それに携わった児童生徒の成長を促すという点ではかけがえのないものとなる。

しかし，大人とまったく同じことができるようになるわけではない。特にいじめ問題などにおいて，子どもどうしで解決できる段階の状況であれば子ども自身に対処を任せるという選択肢もあるが，事態が深刻であればあるほど大人が介入しなければ，当事者だけでなく，それにかかわったピア・サポーターも精神的な外傷を負うことを懸念する必要がある。すなわち，子どもだけで解決できることとできないことの線引きを明確にして，解決できないものに関しては大人に引き継ぐことを約束させておかなければならない。

(3) ピア・サポートのトレーニングの実施

ピア・サポートのスキルは，すべての児童生徒に身につけることが望ましいスキルである。しかし，活動としてピア・サポートを実施する場合には，ピア・サポート活動に対する動機づけの高さが必要となる。そのため，活動を取り入れる初期段階ではピア・サポートに関心のある子どもを募ってトレーニングを実施することが多い。そして，長期休暇や課外活動の時間，選択科目の1つとしてなど，ある程度まとまった時間を費やしてトレーニングが実施されることになる。

ピア・サポートのトレーニングでは，傾聴，コミュニケーション・スキル，問題解決，意思決定，対立マネージメントなど，必要とされる支援スキルのトレーニングが実施される。プログラムは，①仲間づくりを促進するプログラム，②ウォーミングアップ，③ピア・サポーター養成のプログラムに大別される。①はトレーニングの初期に行い，ピア・サポーターの仲間づくりを促進するために実施され，②はプログラムへの不安や恐れを減らすために実施される。したがって，ピア・サポーターに必要な技能や態度の訓練をするのは③のピア・サポーター養成のプログラムとなる。トレーニングの中心となるプログラムは③であるが，いきなり実施しても効果が薄い。まずは，①や②を実施して参加者の緊張や不安を解きほぐして，安心してプログラムの取り組める環境を作ることが大切である。

こうしたプログラム実施には，大人とはまた異なった対処をする必要がある。たとえば聞き方のノウハウなどにおいて，手順よりも成功事例を重視したマニュアルを提示する方がよい。また，それぞれのトレーニング・プログラムはエクササイズと呼ばれる演習・実習形式となっているため，実施するだけではゲームを実施したのと同じことになる。ゲーム感覚のままで終わらせるのではなく，必ず振り返りを行い，その活動にどのような意味があるのかについて学び取らせるといった姿勢で臨む必要がある。そして，演習の仕方も，講義と演習をうまくつなげ，話で聞いたことを自分で実行してうまくいくことを体験させることにより，実体験を伴ったスキルとなるように促していくことが大切である。

●復習課題

（1）学級内で孤立している子どもや排斥されている子どもを発見するための方法について，実施する際の注意点も併せてまとめよ。

（2）自分の学級を内集団，他の学級を外集団として明確に区別した際に発生する問題点とそれに対する指導内容について自分の考えをまとめよ。

14 教育評価

「教育評価」といわれるとどのようなものをイメージするだろうか。われわれは小学校，中学校，高等学校，そして現在に至るまで常に評価されているため，「評価」と聞くと，あまりポジティブなイメージをもたないかもしれない。これは「評価」を「学習者が受けなければならないテスト」と捉えているからだろう。しかし，「教育評価」は，個人が評価の対象となるだけではなく，学校組織や教材などもその評価の対象として含まれる。

ここでは「教育評価」を，「教育場面においてなされる評価」であると広く定義し，評価の目的と種類，実施する時期，方法論，結果の解釈について概説する。特に，第4節では，教育現場でなされる絶対評価と相対評価を扱い，両者の長所と短所に焦点を当てる。また，評価をするために最もよく用いられる方法であるテストに関しても扱う。

1. 評価の目的と種類

評価は何のためになされるのだろうか。学習者を比較（序列化）するため，学習者の学習状況を知るため，効果的な授業がなされているかを知るためなど，その目的はさまざまである。評価の目的は大きく（1）学習者個人を対象とした評価と，(2) 学習者以外を対象とした評価に分けられるだろう。

(1) 学習者個人を対象とした評価

学習者個人を評価する際の目的には，①学習者を比較すること，②学習者の学習状況を知ることの二つが考えられる。前者は，Ａさんとｂさんでは A さんの方が優れていることを示したり，入学試験のように学習者を序列化したりすることが主な目的となる。つまり，複数の学習者が存在して初めて可能になる。一方，後者は，学習者が学習内容をどの程度理解できているかを知ることが主目的であり，学習内容の 80％は理解できているということや，学習内容のどの部分は理解できており，どの部分ができていないかなどの情報が得られる。そのため，後者では，必ずしも複数の学習者を必要としない。なお，複数の学習者が存在する必要があるか，ないかという視点は，第4節で扱う相対評価と絶対評価の話題につながるものである。

(2) 学習者以外を対象とした評価

学習者以外の対象とは，学校，授業・教員，カリキュラムなどである。たとえば学校に対する評価としては，進学実績や入学試験の際の合格ラインの偏差値が考えられる。その他にも，学校に対する満足度，教員の数，カリキュラムの充実度，図書施設の充実度など，数多くの評価指標が考えられる。

授業や教員に対する評価には，先述した，学習者個人に対する評価の結果が用いられる場合がある。たとえば，田中（2005）では，授業の構成要素は，①教育目標（どのような学力—

何を教え，いかなる能力—を形成するのか)，②教材・教具（どういう素材を使うか)，③教授行為・学習形態（子どもたちにどのように働きかけるか)，④教育評価（子どもたちの学力の実態から教えと学びはこれでよいか）の四つであり，①教育目標を踏まえてなされた，④教育評価の結果をもとに，②教材・教具や，③教授行為・学習形態を検討することが授業評価の目的であると述べられている。これらは学習者個人に対する評価の結果を用いて，授業を評価していることになる。

その他にも，授業や教員に対する評価では，授業の難易度や進度が適切であるか，板書や資料の配付が適切であるかなどが評価の指標としてあげられる。このような点については，必ずしも学習者個人に対する評価だけには反映されないため，授業・教員のどこが良かったか(悪かったか)，効果的であったか（効果的でなかったか）という視点で検討を行うことも重要となる。

カリキュラムに対する評価は多岐にわたる。たとえば，教科におけるカリキュラム評価では，学習する順序，学習内容の配分などが適切であるかどうかが評価される。ここでは，学習指導要領に示されているようなカリキュラムの評価から，各教員の教材研究までさまざまなレベルで評価がなされている。

第1節では，「教育評価」を，①学習者個人を対象とした評価，②学習者以外を対象とした場合に分けて，教育場面においてどのような評価がなされているのかを概観した。いずれの場合も「良かった—悪かった」という1次元のみで行うことは不適切である。また，テストの成績が良かったからといって，問題はない，改善すべき点はない，ということにはつながらない。すなわち，評価の結果が点数で表される場合には，誤った解釈に陥らないよう留意する必要がある。

2. 評価の時期

第1節では，各種の評価とその目的について扱った。それでは，その評価はいつするべきだろうか。本節では，学習者個人を対象とした評価を目的とする場合に限定し，評価の時期について扱う。なお学習者個人以外の評価を目的とする場合においても評価を行う時期は重要である。ブルーム（Bloom B. S.）は，評価を機能・目的をもとに「診断的評価」「形成的評価」「総括的評価」に分類しており，これが評価の時期を考えるうえで有用である（図 14-1 参照)。

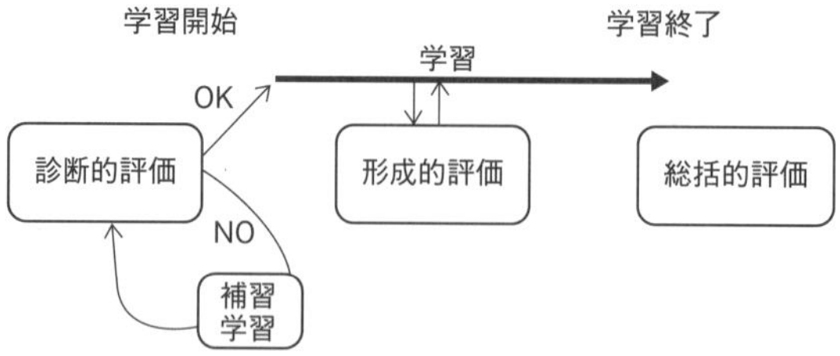

図 14-1　診断的評価・形成的評価・総括的評価の流れの例

(1) 診断的評価

診断的評価とは，これから学習しようとしている学習内容の前提となる知識やスキルが備わっているかどうかを検討するために，授業・学習の開始時（入学時，学年の開始時も含む）に行われる評価である。第1章で扱った，レディネスが備わっているかどうかを検討することが診断的評価にあたる。そして，診断的評価を行い，レディネスが不足しているとわかった場合には，改めて不足している学習内容を学習させるといった対処が可能となる。ガニエ

(Gagné, R. M.) の累積学習論なども参考になるだろう。

(2) 形成的評価

形成的評価とは，学習者が学習内容を着実に修得できているか，つまずいているところはないかなどを確認するために学習途中で行われる評価である。たとえば，授業の途中でなされる小テストや確認テストがこれに相当する。教師はこの結果をもとに，授業進度を調整したり，学習内容を補ったりすることが可能になる。

(3) 総括的評価

総括的評価とは，最も一般的なものであり，期末テストや学期末テストがこれにあたる。この評価は，学習内容を着実に修得できているかどうかを知ることが目的であり，ある学習（単元）が終了した時点や学期・学年の終了時に評価が行われるものである。

診断的評価，形成的評価，総括的評価いずれの場合も，学習者自身が自らの学習状況を知るのが第一の目的あり，評価の結果（テスト結果）が（評価を受けた）学習者にフィードバックされることが重要である。ただし，現実には総括的評価は学習者を比較する目的で用いられている。

3. 評価の方法

本節では，前節まで扱った評価を行うための方法について概説する。

(1) 量的評価と質的評価

評価にはさまざまな方法があり，評価の指標によって量的評価と質的評価に分類される。量と質とは，簡単に言えば評価の結果が数値で表されるのか，そうでないのかという違いである。たとえば，一般に行われているテストの 100 点満点中 80 点といった，テストの点数は“量”的指標ということになる。量的評価を行った場合は，平均点を求めることができ，第 4 節で扱う標準得点を求めるなど学習者の位置を知ることも可能となる。

一方，質的評価とは必ずしも数値化することができない。たとえば，学習者がどのような点で成長したかについての評価や学習者の努力に対する評価をする際には，量的評価よりも質的評価が優れている。小学校，中学校の通知票の所見欄に記述される担任教諭からの言葉もこれに相当する。この評価は，量的評価に比べて客観性に乏しいが，“量”的な点数に反映されないものを評価の対象にすることが可能である。

(2) 教師作成テストと標準化された学力テスト

第 1 節で述べた，学習者個人を対象とした評価を目的として多く利用されているのがテストである。学校で行われるテストには，教師作成テストと標準学力テストがある。また入学試験もテストの一つであり，テストの点数により評価がなされる。これらのテスト得点は量的指標として扱われる。

教師作成テストとは，教師が自ら問題を作成し，構成を行ったテストであり，教師が学習者に求める学力を測定するために用いられる。このテストは学習した内容を確実に反映させられること，作成にコストがかからないことが長所である。特に第 1 節で述べた学習者の学習状況を知ることを目的とする場合，第 2 節で述べた診断的評価や形成的評価に適していると考えられる。その教師が重視する点を反映して学習者を評価することが可能だが，同じ学習内容に関して評価する場合であっても教師 A と教師 B が作成する教師作成テストは異なることになる。そのため，教師Aと教師Bが作成したテストをそれぞれ受けた学習者間の結果を比較することはできない。したがって，全国や県内，市内というより大きな集団で自分の学力がどの程度であるかを知ることはできない（第4節の相対評価を参照）。

一方，標準学力テストは，その作成において「標準化」という手続きがとられたテストを指す。より大きな集団内で個々の学習者の学力がどの程度であるかを知ることができるが，実施に至るまでにはさまざまなコストがかかる。なお，標準化については第4節で扱う。

(3) ポートフォリオ評価

田中（2005）は，ポートフォリオ評価とは，学習において自分はどのようなことに努力しているか，どこがどのように成長したか，何を達成したかなどについての証拠となるものを，目的，目標，規準と基準に照らして，系統的・継続的に収集したものと定義している。具体的には，学習者が学習の中で作成したもの，つまり学習の記録を取捨選択しファイルしたものがポートフォリオになる。たとえば，授業中に作成したノートや，感想文，確認テストといったものもポートフォリオの素材となる。学習者自身が作成するため，学習者の自己評価が含まれると同時に，それに対する教師の指導や評価の記録も含まれる。

この評価方法は，テストの点数には表すことができない質的評価に適しているが，その作成や評価自体に時間を有すること，評価が主観的になるという特徴もある。

4. 絶対評価と相対評価

絶対評価と相対評価は，教育現場では，その活用のあり方について長年議論がなされてきた経緯がある。近年，順位づけを行わない合唱コンクールや運動会などが増えてきているように，相対評価は排除され，絶対評価が主流になっている。絶対評価と相対評価の違いを理解するために必要な統計学の知識についてまとめた後に，それぞれを説明する。

(1) テストの平均と標準偏差

相対評価を理解するためには，平均と標準偏差について理解しておく必要がある。

例として，1組と2組の各10人，計20人のテストの点数が表14-1に示されている。1組，2組の平均点は何点だろうか。平均とは，データの合計をデータ数で割ったものであり，

$$\bar{X} = \frac{1}{n}\sum_{i=1}^{n} x_i$$

で求められる。なお，$\bar{X}$は平均，nはデータ数を表す。

表14-1　各組10人のテストの結果（例）

	1	2	3	4	5	6	7	8	9	10
1組	65	60	50	60	65	60	55	60	65	60
2組	65	75	90	30	40	100	20	60	40	80

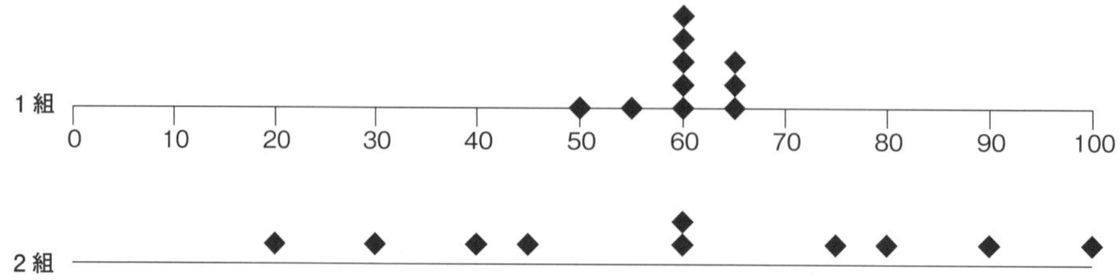

図14-2　1組，2組のテスト得点の分布

1組，2組ともに平均点は60.0点になる。ここで，1組と2組を比較した場合，平均点は60点であるが，1組と2組の成績は同じであると判断してもよいのだろうか。数直線を書くと明らかに異なることがわかる（図14-2）。

ここでもう一つ例をあげる。あなたが教師だった場合に，以下のAさんとBさんではどちらをよりほめるだろうか。

Aさん：平均点が60点，ほとんどの人が60点に集中していたテストで80点をとった
Bさん：平均点が60点，20点の人もいれば100点の人もいるような点数にばらつきがあるテストで80点をとった

おそらく多くの人が感覚的にAさんと答えるだろう。AさんとBさんでその評価に違いが生じる原因はクラス内の点数のばらつきの程度の違いにある。統計学では，このデータのばらつきを表す指標として標準偏差（standard deviation: SD）が用いられることが多い。標準偏差は，

$$S_x = \sqrt{\frac{1}{n}\sum_{i=1}^{n}\left(x_i - \bar{x}\right)^2}$$

で求める。S_xは標準偏差，$\bar{x}$は平均，nはデータ数を表す。表14-1の例では，1組，2組の平均点は同じであったが，図14-2を見ると（明らかに）点数のばらつき方が異なる。1組と2組の標準偏差を求めるとそれぞれ，4.47，25.40となり，ばらつきの大きい2組の方が大きな値となっている。

(2) 相対評価

相対評価とは，学習者が，ある集団内においてどの位置にいるかを示す評価である。図14-3は日本人の17歳男性の身長の分布である（厚生労働省：平成19年度）。平均は171cm，標準偏差は5.8cmである。この図を見ると身長170cmぐらいの人が最も多いことがわかる。そして，身長190cmの人は非常に少なく，身長の高さで上位0.5%以内に入っていることが読み取れる。この「上位0.5%に入っている」という評価の視点が相対評価の本質である。もし，アメリカ人の集団で同様に身長の分布を調べたら，190cmの人は上位何%に入るのだろうか。アメリカ人の集団の方が身長の高い人が多いので，たとえ190cmであっても上位10%ぐらい

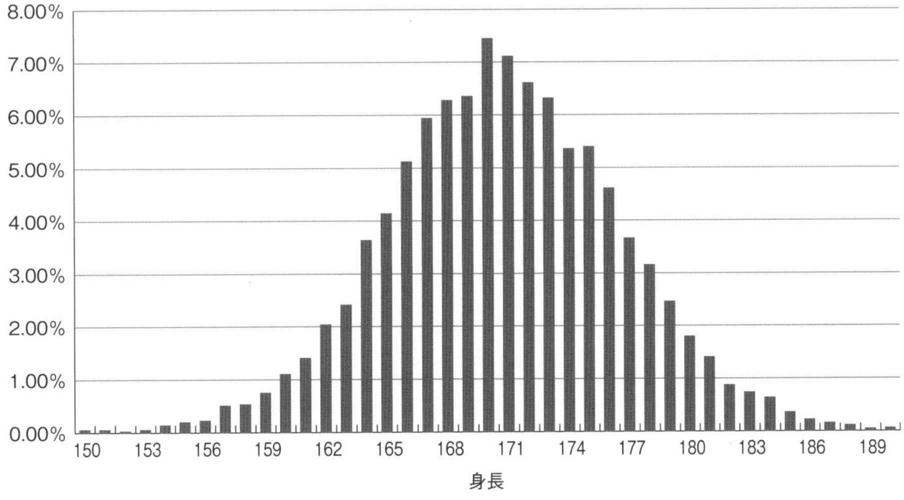

図14-3 17歳男性の身長の分布

になるかもしれない。ここでは身長を例にしたが学力をはじめとして人の特性の多くが図のような釣鐘型の分布を示すことがわかっている（実例であるため若干歪みがある）。釣り鐘状かつ左右対称の分布を正規分布と呼ぶ。

この分布は身長の分布で，平均も標準偏差も単位は cm で表されているが，体重の場合は kg で表される。測定された値（身長や体重）によって，単位が異なると比較を行うことができない。そこで，標準化という作業をすることでこの単位の問題を解決することができる。標準化とは，データの平均を 0，標準偏差を 1 に変換することである。標準化された得点は標準得点（z）と呼ばれ，

$$z = \frac{x_i - \bar{x}}{s_x}$$

で求められる。表 14-2 に，表 14-1 で示したテスト結果の例において，クラスごとに標準化した値を示した。たとえば，1 組の 1 番目の人の得点は，65 点，1 組の平均は 60 点，標準偏差は 4.47 点なので，

$$\frac{65 - 60}{4.47} = 1.118$$

となる。

表 14-2　テスト得点の標準得点（例）

	1	2	3	4	5	6	7	8	9	10
1 組	1.118	0.000	− 2.236	0.000	1.118	0.000	− 1.118	0.000	1.118	0.000
2 組	0.197	0.591	1.181	− 1.181	− 0.787	1.575	− 1.575	0.000	− 0.787	0.787

標準化をすると便利なことがある。変換前のデータが正規分布であれば，標準化後のデータは標準正規分布という形になる（図 14-4）。標準正規分布の場合，たとえば標準得点が 2 以上であれば全体の上位約 2.3%，0 から 1 の範囲には全体の 34.1%が入るということが統計的にわかっている（何%になるのかは，各種統計の本の最後に表としてまとめられていることが多い）。ここでのポイントは“全体の”つまり，“集団内での”という点にある。したがって，標準得点を求めることで，集団内における個人の位置を示すことが可能となり，相対評価をしていることになる。

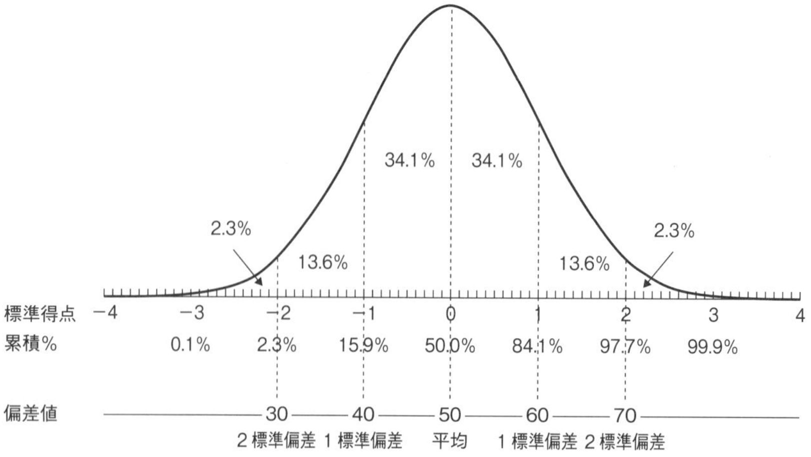

図 14-4　標準正規分布

表14-2に戻り，1組の1番の人の標準得点と同様に，2組の1番の人の標準得点を求めると0.197となる。同じ65点であっても，1組に属しているか（1.118），2組に属しているか（0.197）によって標準得点が大きく違うのである。これが，先述したAさんとBさんのどちらをよりほめるかという議論の解決に役に立つ。改めてAさんが受けたテストの標準偏差を10，Bさんが受けたテストの標準偏差を20と仮定して標準得点を計算すると

Aさん：平均点が60点，標準偏差が10なので標準得点は2.0

Bさん：平均点が60点，標準偏差が20なので標準得点は1.0

つまり，Aさんの方がその集団（組）においてより上位にいるため，Aさんをよりほめるべきということになる。

標準得点というと難しいかもしれないが，実はこれは偏差値としてなじみ深いものである。偏差値は標準得点に10をかけて，50を足した値で，偏差値＝標準得点 $(z) \times 10 + 50$ で求められる。偏差値50は平均，60は上位15%ほどということがわかる。表14-2をもとに偏差値を計算すると表14-3のようになる。

表14-3 テスト得点の偏差値（例）

	1	2	3	4	5	6	7	8	9	10
1組	61.18	50.00	27.64	50.00	61.18	50.00	38.82	50.00	61.18	50.00
2組	51.97	55.91	61.81	38.19	42.13	65.75	34.25	50.00	42.13	57.87

標準得点・偏差値のメリットは，学習者個人の集団内での位置がわかること，データの単位やテストの種類が異なっても数値の比較が可能になることがあげられる。一方，標準得点・偏差値のデメリットは集団の属性に左右される。つまり個人の評価が全体に左右されるという点である。標準得点・偏差値を解釈する際にはこのデメリットを十分に理解しておく必要がある。

標準得点・偏差値が集団に左右されることが理解できれば，「志望校に合格するために偏差値を5上げなさい」というのは非常に難しいことであるのがわかる。つまり，図14-5のように，自分1人が勉強して学力が伸びたとしても，周りの人の学力も伸びた場合には，全体の中での学習者個人の位置は変わらず，偏差値を上げることはできないのである。このことは，子どもたちにおいては努力したのに結果的には偏差値が上がらない，という現実がありうることを意味しており，教育的には考慮すべき点がある。

相対評価は，偏差値に限ったものではなく，他にも通知表の1～5という評価を相対評価で行うと図14-6のように評価が決められる。つまり，各評定を得られる人数が決まっているのである。

相対評価には上述したようなデメリットがあるために批判がおき，現在の絶対評価偏重の流れが生まれたと考えられる。

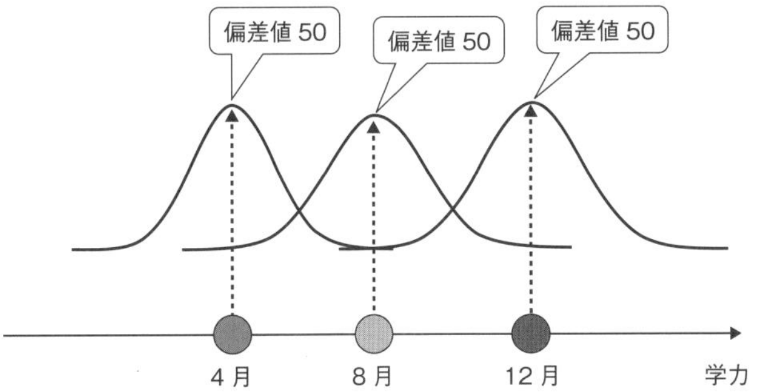

図14-5 学力の伸びと偏差値の関係

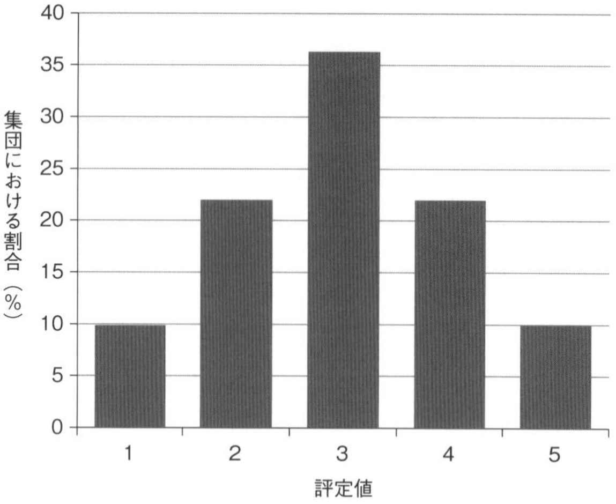

図 14-6　相対評価で 5 段階評価を行った場合の例

標準得点の使い道

D さんは中学生で体力テストを受けた。立ち幅跳びの成績は 200cm，ハンドボール投げの成績は 30m であった。D さんは立ち幅跳びとハンドボール投げのどちらが得意だろうか。

立ち幅跳びとハンドボール投げは異なる競技であり，測定単位も cm と m で異なる。この問いに答えるためには標準得点を計算すればよい。中学生の立ち幅跳びの平均は 181cm，標準偏差は 24cm，ハンドボール投げの平均は 19m，標準偏差は 5m とする。

D さんの立ち幅跳びの標準得点は

$$\frac{200-181}{24}=0.792$$

となり，ハンドボール投げの標準得点は

$$\frac{30-19}{5}=2.2$$

となる。つまり，D さんはハンドボール投げが得意ということになる。標準得点はこのような場合にも有用である。

(3) 絶 対 評 価

現在は，相対評価に対して，絶対評価が主流になっている。絶対評価は，歴史的には絶対者（教師）が評価していたことに由来し，当時は教師の主観が評価を大きく左右していたとされている。

現在，学校の通知表等で行われている絶対評価は，“目標に準拠した評価” とされており，何らかの評価基準を設定してそれに到達しているかどうかが評価されている。5 段階評価の場合，評価基準に到達できていれば 5，やや到達していなければ 4 というように評価がなされている。絶対評価は評価基準をどのように設定するかに左右されるため，全員が達成できる基準であれば全員 5 という場合もありうるし，1 や 2 という評価を受ける人はなく全員が 3 以上ということもありうる。ここに相対評価との大きな相違点がある。

絶対評価は，学校以外でも各種検定試験や資格試験の合否判定に用いられている。ある知識やスキルが一定の水準を超えていた場合に合格となる。受験者の10%にしか合格者は出さないという試験の場合は相対評価をしていることになる。

絶対評価のメリットは，先述のように相対評価では個人の学力が伸びても，集団全体も同様に伸びた場合に評価が上がらないが，絶対評価であれば個人の学力の伸びを評価することも可能になるという点にある。一方，デメリットは，評価基準の設定の妥当性や集団内での位置がわからないことがあげられる。図14-7は，神奈川県教育委員会の資料である。学校によってその割合が一定していないことがわかるだろう。

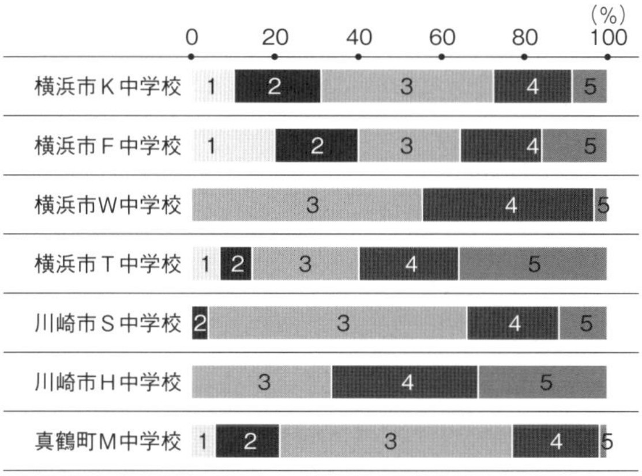

図14-7 絶対評価の通知票のつけ方（神奈川県の公立中学校2006年度の実例―国語）
（出所：神奈川県教育委員会「学校評価に関する調査（中学校別）」）

本節では相対評価，絶対評価について扱ったが，たとえば，診断的評価，形成的評価に相対評価を用いる必要はないだろう。一方，評価の目的に関連して言えば学習者を比較するためという，入学試験のような目的がある場合に絶対評価はそぐわない。つまり，絶対評価と相対評価はどちらが優れている，劣っているというものではなく，それぞれのメリット，デメリットを理解したうえで評価の目的に合わせて利用することが必要だと言える。

5. 評価の道具（テスト）に求められるもの

学習者の学習状況を把握するための道具であるテストには信頼性と妥当性が求められている。教師作成テストでこれらの詳細な検討がなされることはないが，標準学力テストやTOEFLといった大規模なテストにおいては必ず信頼性と妥当性が検討されている。

(1) 信 頼 性

テストの信頼性とは，テストの測定精度，測定誤差の大きさをあらわすものと考えればよい。どのような測定にも誤差が存在し，問題はその誤差を許容できるかできないかである。ここでは古典的テスト理論の文脈でいわれる信頼性について簡単に説明を行う。

目の前の体重計に乗って55.5kgという値がでたとする。直後にもう一度改めて体重計に乗ったところ54.0kgという値が示されたとする。この場合，どのように感じるだろうか。多くの人がこの体重計はおかしい，壊れているのではないかと考え，別の体重計を用いるだろう。体重は，体重計に乗り降りする間に1.5kgも変化するとは考えられにくい。このように，測定しているものが変化していないのであれば何度測定しても同じ値を示すことは重要である。仮に，この測定の2回目の結果が55.4kgであれば，壊れているとは考えないだろう。それはわれわれが体重計には100g程度の誤差があってもよいと考えているからである。

体重計が体重を測定するための道具であるのと同様に，テストも学力を測定するための道具である。学力テストにおいて1回目は85点，2回目は83点のように2回の結果が異なっていたとしても，この2点は許容できる誤差なのだろうか。もし，許容できないとすれば，体重計のように壊れている，適切に測定できていないと判断することになり，そのテストは利用できないことになる。

テストの信頼性に関しては，心理統計学の分野で用いられる指標を用いて信頼性の検討を行うことが一般的である。

(2) 妥　当　性

妥当性とは，そのテストが真に測定したいものを測定できているかどうかを示すものである。われわれは学習者の学力という目には見えないものを，その学習者の学力が反映されると考えられるテスト問題を提示して，その解答から学力を捉えようとしている。つまり，学力という目に見えないものに，いろいろな方向から光を当てて浮かび上がらせようとしているのである（光がテスト問題に相当する）。

たとえば英語のテストが図14-8のように文整序問題，文法問題，長文読解1，長文読解2，リスニング問題で構成されていたとする。これらの問題において正解が多ければ英語力が高く，少なければ低いということになる。先述した学力に光を当てて浮かび上がらせるという観点で見た場合，この五つの楕円がカバーする範囲がこのテストが測定している英語力ということになる。もし，このテストがリスニング問題を含まない構成であった場合には，楕円は四つになり，そのテストで測定される英語力（得点）にリスニングの力は反映されない。つまり，測定している英語力の範囲が小さくなっていることがわかるだろう。

妥当性の検討に関しては，信頼性の検討のように統計学的な指標を求めて検討するだけでは不十分であり，専門家が見て妥当であるかどうかを判断したり，別のテストとの関係を検討して判断したりすることが求められる。テストを作成する際には，測定したいもの（学力・力）はどのようなものなのかを念頭においておくことが不可欠である。

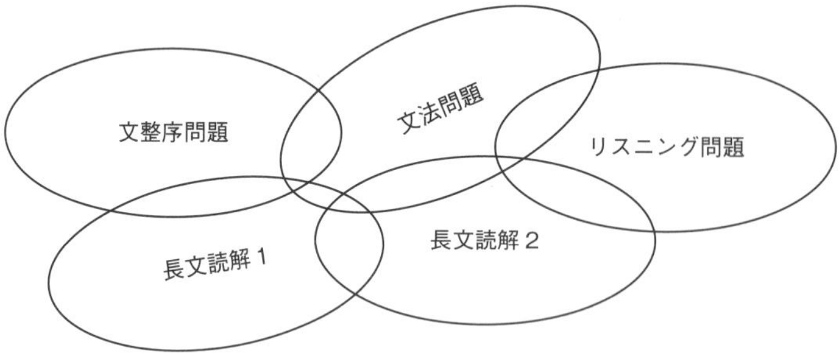

図14-8　英語のテストの問題構成

6. 学力の変化を捉える

学力の変化を捉えることは非常に難しい。たとえば，英語の中間テストで70点だったCさんが，期末テストで80点をとった場合に必ずしも英語の力が上がったとは言えない。それは，中間テストと期末テストでは問題が異なることが当然であり，難易度も異なるからである。期末テストが中間テストに比べて簡単だったとすれば，英語の力が変化していなかったとしてももっと高い点を取れたかもしれない。

この例は個人内での変化の話だが，集団としての学力の変化も同様である。学力低下が言われて久しいが，これを証明することは容易ではない。

テストも評価されている

「テストは平均点が 60 点になるように作られている」ということを聞いたことはないだろうか。大学入試センター試験をはじめ，大規模なテストにおいては必ずテスト問題に関する評価を行っている。テスト問題を評価する際の最も単純な指標は，正答率である。これは，解答者中何名が正答したかという割合である。

さて，はじめに次の問いについて考えて欲しい。A の問題の正答率は 99%，B の問題の正答率は 30%であった。どちらが良い問題と言えるだろうか。

この問いに対する答えは「どちらとも言えない」というのが正しい。その理由はテストの目的によって異なるからである。絶対評価に用いる問題だとすれば，問題 A は誰でも修得しておくべき内容の出題であり，評価の良い指標となりうる。しかし相対評価に用いるとすれば良い指標とは言えない。なぜなら，99%が正答できてしまう内容であれば，学習者間の比較ができないからである。同様に全員が誤答をするような問題も良い問題とは言えない。

一方，問題 B はこの問題ができるかどうかで学習者を識別できるため，相対評価の際には良い問題と言えるだろう。絶対評価の場合には，ほとんどの人が評価基準には到達できていないということを示すものとなる。

どのような問題を作るかは，そもそも何を測定するつもりなのか（テストの妥当性），そしてその結果を何に使うのか（評価の目的）を踏まえて決定する必要がある。

●復習課題

（1）予習課題の（1）であげた評価を，a. 相対評価 vs. 絶対評価，b. 診断的評価 vs. 形成的評価 vs. 総括的評価，c. 質的評価 vs. 量的評価の視点で分類せよ。

（2）相対評価と絶対評価のメリットとデメリット，その違いを説明せよ。

引用文献

〈序章〉

Alexander, P. A., & Winne, P. H. (Eds.) (2006). *Handbook of educational psychology* (2nd ed.)Mahwah, NJ: Lawrence Erlbaum Associates.

Berliner, D. C. (2006). Educational psychology: Searching for essence throughout a century of influence. In P. A. Alexander, & P. H. Winne (Eds.), *Handbook of educational psychology* (2nd ed.)Mahwah, NJ: Lawrence Erlbaum Associates.

Jackson, P. W. (1981). The promise of educational psychology. In F. H. Farley, & N. J. Gordon (Eds.), *Psychology and education: The state of the union.* Berkeley, CA: McCutchan.

Mayer, R. E. (2003). E. L. Thorndike's enduring contributions to educational psychology. In B. J. Zimmerman, & D. H. Schunk (Eds.), *Educational psychology: A century of contributions.* Mahwah, NJ: Lawrence Erlbaum Associates.

日本教育心理学会(編) (2009). 教育心理学年報　第48集 (2008年度)

〈第1章〉

東　洋 (1969). 知的行動とその発達　桂　広介ほか (監修)　認識と思考　児童心理学講座4　金子書房　pp.1-22.

Bigelow, B. J. (1977). Children's friendship expectations: A cognitive-developmental study. *Child Development*, **48**, 246-253.

Erikson, E. H. (1950). *Childhood and society.* New York: W. W. Norton. (仁科弥生 (訳) (1977). 幼児期と社会　みすず書房)

Erikson, E. H. (1959). *Identity: Youth and crisis.* New York: W. W. Norton. (岩瀬庸理 (訳) (1982). アイデンティティ改訂―青年と危機　金沢文庫)

Gesell, A., & Thompson, H. (1929). Learning and growth in identical infant twins: An experimental study by the method of co-twin control. *Genetic psychology monographs*, **6**, 1-124.

Havighurst, R. J. (1953). *Human development and education.* New York: David McKay. (荘司雅子 (訳) (1995). 人間の発達課題と教育　玉川大学出版部)

Hollingworth, L. S. (1928). *The psychology of the adolescent.* New York: D. Appelton and Company.

Jensen, A. R. (1967). The culturally disadvantaged: Psychological and educational aspects. *Educational Research*, **10**(1), 4-20

菅野　仁 (2008). 友だち幻想―人と人の"つながり"を考える　筑摩書房

Lorenz, K. (1949). *Er redete mit dem Vieh, den Vögeln und den Fischen.* Deutscher Taschenbuch. (日高敏隆 (訳) (1975). ソロモンの指輪―動物行動学入門　早川書房)

野呂　正 (1983). 思考の発達　野呂　正 (編著) 幼児心理学　朝倉書店

落合良行 (1993). あなたに親友がいるか?　友人関係　落合良行・伊藤裕子・齊藤誠一　ベーシック現代心理学　青年心理学　有斐閣　pp.153-169.

岡田　努 (1995). 現代大学生の友人関係と自己像・友人像に関する考察　教育心理学研究, **43**, 354-363.

岡田　努 (1999). 現代大学生の認知された友人関係と自己意識の関連について　教育心理学研究, **47**, 432-439.

大野　久 (1995). 青年期の自己意識と生き方　講座生涯発達心理学―4　自己への問い直し　青年期　金子書房　pp.89-124.

Parten, M. B. (1932). Social participation among pre-school children. *Journal of Abnormal and Social Psychology*, **27**, 243-269.

Piaget, J. (1932). *The moral judgment of the child.* London: Kegan Paul. (大伴　茂 (訳) (1957). 児童道徳判断の発達　黎明書房)

Piaget, J. (1970). Piaget's theory. In P. H. Mussen (Ed.), *Carmichael's manual of child psychology* (3rd ed.): Vol.1. New York: John Wiley & Sons. (中垣　啓 (訳) (2007). ピアジェに学ぶ認知発達の科学　北大路書房)

Piaget, J., & Inhelder, B. (1948). *La représentation de l'espace chez l'enfant.* Paris: Presses Universitaires

de France.
Stern, W. (1935). *Allgemeine Psychologie auf personalitischer Grundlage*. Dordrecht, The Netherlands: Nijoff.
高木正孝 (1950). 遺伝と環境　脳研究, **8**, 84-89.
Vygotsky, L. S. (1956). *Thought and language*. The MIT Press. (柴田義松 (訳) (1962). 思考と言語　明治図書)

〈第2章〉

Bandura, A., Loss, D., & Ross, S. A. (1963). Imitation of film-mediated aggressive models. *Journal of Abnormal and Social Psychology*, **66**, 3-11.
Pavlov, I. P. (G. V. Anrep, Trans.) (1927). *Conditioned reflexes: An investigation of the physiological activity of the cerebral cortex*. Oxford University Press.
三省堂 (2007). 大辞林第3版　三省堂
Skinner, B. F. (1938). *The behavior of organisms: An experimental analysis*. New York: Appleton-Century-Crofts.
Thorndike, E. R. (1898). Animal intelligence: An experimental study of the associative process in animals. *Psychological Review Monograph Supplements*, **8**, 1-109.
Watson, J. B., & Rayner, R. (1920). Conditioned emotional reactions. *Journal of Experimental Psychology*, **3**, 1-14.
依田　新 (1977). 新・教育心理学事典新版　金子書房

〈第3章〉

Atkinson, R. C., & Shiffrin, R. M. (1971). The control of short-term memory. *Scientific American*, **225**, 82-90.
Brophy, B., Biswas, G., Katzlberger, T., Bransford, J., & Schwartz, D. (1999). *Teachable agents: Combining insights from learning theory and computer science*. International Conference on AI in Education, Le Mans, France.
Collins, A. M., & Loftus, E. F. (1975). A spreading activation theory of semantic processing. *Psychological Review*, **82**, 407-428.
Craik, F. I. M., & Lockhart, R. S. (1972). Levels of processing: A framework for memory research. *Journal of Verbal Learning and Verbal Behavior*, **11**, 671-684.
波多野誼余夫・稲垣佳世子 (1983). 文化と認知　坂本　昂(編)　現代基礎心理学 第7巻 思考・知能・言語　東京大学出版会　pp.191-210.
Kail, R. (1990). *The development of memory in children*. W. H. Freeman and Company. (高橋雅延・清水寛之(訳) (1993). 子どもの記憶　サイエンス社)
北尾倫彦 (1991). 問題解決学習と授業　学習指導の心理学―教え方の理論と技術 第4章　有斐閣　pp.87-112.
Krug, D., Davis, T. B., & Glover, J. A. (1990). Massed versus distributed repeated reading: A case of forgetting helping recall? *Journal of Educational Psychology*, **82**, 366-371.
丸野俊一 (1989). メタ認知研究の展望　九州大学教育学部紀要, **34** (1), 1-25.
水野りか (2002). 分散効果の知見に基づく効果的, 効率的で, やる気の出る反復学習方式の考案と検証　教育心理学研究, **50**, 175-184.
中島　実 (2001). 帰納的推論―仮説検証の心理を探る　森　敏昭(編著)　おもしろ思考のラボラトリー　北大路書房　pp.57-76.
岡本真彦 (1992). 算数文章題の解決におけるメタ認知の検討　教育心理学研究, **40**, 81-88.
大浦容子 (1996). 熟達化　波多野誼余夫(編)　認知心理学5 学習と発達 第1章　東京大学出版会　pp.11-36.
大浦容子 (2002). 熟達者と初心者のちがい　稲垣佳世子・鈴木宏昭・亀田達也(編)　認知過程研究―知識の獲得とその利用―　放送大学教育振興会　pp.44-53.
Palincsar, A. S., & Brown, A. L. (1984). Reciprocal teaching of comprehension-fostering and comprehension-monitoring activities. *Cognition and Instruction*, **1**, 117-175.
三宮真智子 (1996). 思考におけるメタ認知と注意　市川伸一(編)　認知心理学4　思考 第7章　東京大学出版会　pp.157-180.
三宮真智子 (2006). 定型的熟達と適応的熟達　森　敏昭・秋田喜代美 (編)　教育心理学キーワード　有斐閣　pp.102-103.

Scardamalia, M., Bereiter, C., & Lamon, M. (1994). The CSILE project: Trying to bring the classroom into World 3. In K. McGilly (Ed.), *Classroom lessons; Integrating cognitive theory and classroom practice*. Cambridge, MA: the MIT Press. pp.201-228.
Swanson, H. L. (1990). Influence of metacognitive knowledge and aptitude on problem solving. *Journal of Educational Psychology*, **82**, 306-314.

〈第４章〉

Abramson, L. Y., Seligman, M. E. P., & Teasdale, J. (1978). Learned helplessness in humans: Critique and reformuration. *Journal of Abnormal Psychology*, **87**, 49-74.
安藤史高・布施光代・小平英志 (2008). 授業に対する動機づけが児童の積極的授業参加行動に及ぼす影響―自己決定理論に基づいて―　教育心理学研究, **56**, 160-170.
Atkinson, J. W. (1974). Strength of motivation and efficiency of performance. In J. W. Atkinson, & J. O. Ranor (Eds.), *Motivation and achievement*. New York: Winston & Sons.
Bandura, A. (1977). Self-efficacy: Toward a unifying theory of behavioral change. *Psychological Review*, **84**, 191-215.
Deci, E. L., & Ryan, R. M. (1985). *Intrinsic motivation and self-determination*. New York: Plenum Press.
Dweck, C. S. (1986). Motivation processes affecting learning. *American Psychologist*, **41**, 1040-1048.
布施光代・小平英志・安藤史高 (2006). 児童の積極的授業参加行動の検討―動機づけとの関連および学年・性による差異―　教育心理学研究, **54**, 534-545.
Maslow, A. H. (1970). *Motivation and personality* (2nd ed.) New York: Harper & Row.
Seligman, M. E. P., & Maier, S. F. (1967). Failure to escape traumatic shock. *Journal of Experimental Psychology*, **74**, 1-9.
Ryan R. M., & Deci, E. L. (2000). Self-determination theory and the facilitation of intrinsic motivation, social development, and well-being. *American Psychologist*, **55**, 68-78.
Weiner, B. (1972). *Theories of motivation*. Rand McNally.
Weiner, B. (1979). A theory of motivation for some classroom experiences. *Journal of Educational Psychology*, **71**, 3-25.

〈第５章〉

Allport, G. W. (1937). *Personality: A psychological interpretation*. New York: Holt. (詫摩武俊・青木孝悦・近藤由紀子・堀　正(訳) (1982). パーソナリティ：心理学的解釈　新曜社)
Cattell, R. B. (1965). *The scientific analysis of personality*. Baltimore, MD: Penguin. (斎藤耕二他(訳) (1981). パーソナリティの心理学：パーソナリティの理論と科学的研究　金子書房)
速水敏彦 (2006). 他者を見下す若者たち　講談社
速水敏彦・小平英志 (2006). 仮想的有能感と学習観および動機づけとの関連　パーソナリティ研究, **14**, 171-180.
Freud, A. (1936). *Das Ich und die Abwehrmechanismen*. Wien:Internationaler Psychoanalytischer Verlag. (外林大作(訳) (1985). 自我と防衛　誠信書房)
川瀬正裕・松本真理子・松本英夫 (2006). 心とかかわる臨床心理［第２版］　ナカニシヤ出版
小平英志・青木直子・松岡弥玲・速水敏彦 (2008). 高校生における仮想的有能感と学業に関するコミュニケーション　心理学研究, **79**, 257-262.
小平英志 (2009). 子どもの個性の理解 (パーソナリティ)　高村和代・安藤史高・小平英志　保育のためのやさしい教育心理学 第７章　ナカニシヤ出版　p.84.
楠本恭久 (2008). パーソナリティの理解　藤田主一・楠本恭久 (編著)　教職を目指す人のための教育心理学 第７章　福村出版
Lazarus, R. S. (1963). *Personality and adjustment*. Englewood Cliffs, NJ: Prentice-Hall. (帆足喜与子(訳) (1966). 個性と適応　現代心理学入門４　岩波書店)
三宅　進 (2004). 防衛機制 (defense mechanism)　臨床心理学キーワーズ　ナカニシヤ出版　p.122.
坂元　章 (1995). 血液型ステレオタイプによる選択的な情報使用―女子大学生に対する２つの実験　実験社会心理学研究, **35**, 35-48.
下田節夫 (1979). 防衛のメカニズムの諸相　臨床心理学の基礎知識　有斐閣　pp.14-15.
辻　平治郎 (1998). ５因子性格検査の理論と実際　こころをはかる５つのものさし　北大路書房
若林明雄 (2009). パーソナリティとは何か　培風館

山岡重行 (2009). 血液型性格判断の差別性と虚妄性　日本パーソナリティ心理学会第 18 回大会自主シンポジウム配布資料

〈第 6 章〉

Ausubel, D. P. (1960). The use of advance organizers in the learning and retention of meaningful verbal material. *Journal of Educational Psychology*, **51** (5), 267-272.
Bruner, J. S. (1961). The act of discovery. *Harvard Educational Review*, **31**, 21-32.
市川千秋 (1987). 自由バスを取り入れた授業の進め方　明治図書
市川寛明・石山秀和 (2006). 図説・江戸の学び　河出書房新社
市川伸一 (2004). 学ぶ意欲とスキルを育てる　小学館
板倉聖宣 (1974). 仮説実験授業　仮説社
板倉聖宣 (1996). 仮説実験授業の考え方　仮説社
Johnson, D. W., Johnson, R. T., & Holubec, E. J. (1993). *Circles of learning: Cooperation in the classroom*. Interaction Book. (杉江修治ほか (訳) (1998). 学習の輪　アメリカの協同学習入門　二弊社)
Johnson, D. W., & Johnson, R.T. (2009). An educational psychology success story: Social interdependence theory and cooperative learning. *Educationl Reseacher*, **38** (5), 365-379.
Klahr, D., & Nigam, M. (2004). The equivalence of learning paths in early science instruction: Effects of direct instruction and discovery learning. *Psychological Science*, **15**, 661- 667.
Mayer, R. E. (2004). Should there be a three-strike rule against pure discovery learning? The case for guided methods of instruction. *American Psychologist*, **59** (1), 14-19.
中井克佳 (2007). 自由バズ学習の理論と実際　市川千秋 (監修)　宇田　光・山口豊一・西口利文 (編)　授業改革の方法　学校心理学入門シリーズ②　ナカニシヤ出版　pp.65-80.
Sharan, Y., & Sharan, S. (1992). *Expanding cooperative learning through group investigation*. Colchester, VT: Teachers College Press. (石田裕久ほか (訳) (2001). 「協同」による総合学習の設計　北大路書房)
鹿内信善 (2007). 主体的な学びの授業　杉江修治 (編) 教育心理学　学文社　pp.144-155.
塩田芳久・阿部　隆 (1962). バズ学習方式―落伍者をつくらぬ教育　黎明書房
塩田芳久 (1989). 授業活性化の「バズ学習」入門　明治図書
杉江修治 (1985). 「集団指導の原理と方法」　神谷育司・梶田正巳・杉江修治 (編)　テキスト教育心理学　福村出版　pp. 105-112.
杉江修治 (1999). バズ学習の研究　風間書房
杉江修治 (訳) (2001). 協同と競争　シャラン&シャラン　石田裕久ほか (訳) 「協同」による総合学習の設計　北大路書房　pp.19-20. (Sharan, Y., & Sharan, S. (1992). *Expanding cooperative learning through group investigation*. Colchester, VT: Teachers College Press.)
宇田　光 (1994). 「アメリカの協同学習法の概観とその日本のバズ学習法との比較」―バーバラ・シュワーブ先生講演　松阪政経研究, **12** (1), 309-318.
宇田　光 (2005). 大学講義の改革―BRD (当日レポート方式) の提案　北大路書房
宇田　光 (2007). 「大学の授業改善と当日ブリーフレポート方式」　市川千秋 (監修)　宇田　光・山口豊一・西口利文 (編)　授業改革の方法　学校心理学入門シリーズ 2　ナカニシヤ出版　pp.139-156.
横山尚幸 (1999). 高校 1 年生の原子論者あらわる　板倉聖宣 (編)　楽しい授業プラン歴史　仮説社　pp. 83-101.

〈第 7 章〉

Barkley, E. F., Cross, K. P., & Major, C. H. (2005). *Collaborative learning techniques: A handbook for collage faculty*. New York: John Wiley & Sons. (安永　悟 (編訳) (2009). 協同学習の技法―大学教育の手引き　ナカニシヤ出版)
Bloom, B. S. (1976). *Human characteristics and school learning*. New York: McGraw-Hill. (梶田叡一・松田彌生 (訳) (1980). 個人特性と学校学習―新しい基礎理論　第一法規)
Carroll, J. B. (1963). A model of school learning. *Teachers College Record*, **64**, 723-733.
Cronbach, L. J. (1957). The two disciplines of scientific psychology. *American Psychologist*, **12**, 671-684.
市川伸一 (編) (1993). 学習を支える認知カウンセリング―心理学と教育の新たな接点　ブレーン出版
市川伸一 (編) (1998). 認知カウンセリングから見た学習方法の相談と指導　ブレーン出版
倉八順子 (1994). コミュニカティブ・アプローチにおける規則教授が学習成果及び学習意欲に及ぼす効果　教育心理学研究, **42** (1), 48-58.
金豪権 (著)　梶田叡一 (監訳) (1976). 完全習得学習の原理　文化開発社

文部科学省 (2004). 小学校学習指導要領 (平成 10 年 12 月) (改訂版)
西口利文 (2003). 少人数授業の学習指導過程の特徴　杉江修治(編著)　子どもの学びを育てる少人数授業―犬山市の提案―　明治図書　pp.145-157.
西口利文 (2007). 個に応じる少人数授業の指導の分析　市川千秋(監修)　宇田光・山口豊一・西口利文(編集)　学校心理学入門シリーズ②　授業改革の方法　ナカニシヤ出版　pp.23-46.
Skinner, B. F. (1958). Teaching machines. *Science*, **128**, 969-977.
Snow, R. E., Tiffin, J., & Seibert, W. F. (1965). Individual differences and instructional film effects. *Journal of Educational Psychology*, **56**, 315-326.
寺尾　敦 (1998). 教訓帰納の有効性に関する実証的研究　市川伸一(編著)　認知カウンセリングから見た学習方法の相談と指導　ブレーン出版　pp.160-185.
Zimmerman, B. J., & Schunk, D. H. (Eds.) (2001). *Self-regulated learning and academic achievement: Theoretical perspectives* (2nd ed.) Mahwah, NJ: Lawrence Erlbaum Associates. (塚野州一(編訳) (2006). 自己調整学習の理論　北大路書房)

〈第 8 章〉
Axline, V. M. (1947). *Play therapy: The inner dynamics of childhood.* Boston, MA: Houghton. (小林治夫(訳) (1972). 遊戯療法　岩崎学術出版社)
Ayllon, T., & Azrin, N. H. (1968). *The token economy: A motivational system for therapy and rehabilitation.* New York: Appleton-Century-Crofts.
Bandura, A. (1971). *Social learning theory.* Morristown, NJ: General Learning Press. (原野広太郎(監訳) (1979). 社会的学習理論―人間理解と教育の基礎　金子書房)
Beck, A. T. (1976). *Cognitive therapy and the emotional disorders.* New York: International Universities Press. (大野　裕(訳) (1990). 認知療法―精神療法の新しい発展　岩崎学術出版社)
Bertalanffy, L. V. (1968). *General system theory: Foundations, development, applications.* New York: G. Braziller. (長野　敬・太田邦昌(訳) (1973). 一般システム理論―その基礎，発展，応用　みすず書房)
Ellis, A. (1962). *Reason and emotion in psychotherapy.* New York: Lyle Stuart.
Eysenck, H. J. (1959). Learning theory and behavior therapy. *Journal of Mental Science*, **105**, 61-75.
Frankl, V. E.(1947). *Ein Psycholog erlebt das Konzentrationslager.* Wien : Verlag für Jugend und Volk. (霜山徳爾(訳) (1956). 夜と霧―ドイツ強制収容所の体験記録 みすず書房)
Frankl, V. E. (1952). *Aerztliche Seelsorge.* Wien: Verlag für Jugend und Volk. (霜山徳爾(訳) (1961). 死と愛―実存分析入門　みすず書房)
Freud, A. (1926). *The psycho-analytical treatment of children: Technical lectures and essays.* New York: International Universities Press.
Freud, S. (1917/1964). *Introductory lectures on psychoanalysis. The standard edition of the complete psychological works of Sigmund Freud* (Vol.2.) London: Hogarth Press. (懸田克躬・高橋義孝(訳) (1971). 精神分析入門(フロイト著作集 1) 人文書院)
藤澤大介・大野　裕 (2005). 認知療法　乾　吉佑・氏原　寛・亀口憲治・成田善弘・東山紘久・山中康裕(編)　心理療法ハンドブック　創元社　pp.124-133.
福井　至 (2008). 図解による学習理論と認知行動療法　培風館
Gendlin, E. (1961). Experiencing: A variable in the process of therapeutic change. *American Journal of Psychotherapy*, **15**, 233-245.
弘中正美 (2002). 遊戯療法と子どもの心的世界　金剛出版
東山紘久 (2005). ロジャーズ派　乾　吉佑・氏原　寛・亀口憲治・成田善弘・東山紘久・山中康裕(編)　心理療法ハンドブック　創元社　pp.40-48.
石隈利紀・伊藤伸二 (2005). やわらかに生きる―論理療法と吃音に学ぶ　金子書房
一丸藤太郎 (1998). 精神分析的心理療法の現在　鑪 幹八郎(監修)　一丸藤太郎・名島潤慈・山本　力(編著)　精神分析的心理療法の手引き　誠信書房　pp.1-15.
Jung, C. G. (1923). *Psychological types, or, The psychology of individuation.* London: Routledge & Kegan Paul.
亀口憲治 (1997). 現代家族への臨床的接近　ミネルヴァ書房
亀口憲治 (2005). 家族療法的カウンセリング　駿河台出版社
蔭山英順 (1995). 児童の心理療法　田畑　治(編)　臨床心理学―その発展と課題の広がり　放送大学教育振興会　pp.98-107.

鎌原雅彦 (1999). 認知療法　鎌原雅彦・竹綱誠一郎　やさしい教育心理学　有斐閣　pp.267-275.
河合隼雄 (1967). ユング心理学入門　培風館
河村茂雄・國分康孝 (1996). 小学校における教師特有のビリーフについての調査研究　カウンセリング研究, **29**, 44-54.
木村晴子 (1985). 箱庭療法: 基礎的研究と実践　創元社
Klein, M.(1932). *The psycho-analysis of children.* London: Hogarth Press.(衣笠隆幸(訳) (1979). メラニー・クライン著作集 2　児童の精神分析　誠信書房)
今野義孝 (2005). 認知行動療法　乾　吉佑・氏原　寛・亀口憲治・成田善弘・東山紘久・山中康裕(編)　心理療法ハンドブック　創元社　pp.134-141.
越川房子 (1999). 実存心理学　中島義明・安藤清志・子安増生・坂野雄二・繁枡算男・立花政夫・箱田裕司(編)　心理学辞典　有斐閣　p.350.
Maslow, M. H. (1954). *Motivation and personality.* New York: Harper & Row. (小口忠彦(監訳) (1972). 人間性の心理学　産業能率短期大学出版部)
松見淳子 (2007).　行動療法, そして認知行動療法　下山晴彦(編)　認知行動療法—理論から実践的応用まで　金剛出版　pp.20-37.
宮野秀市・貝谷久宣・坂野雄二 (2002). 簡易型VR エクスポージャーの試み：雷恐怖症の一症例　行動療法研究, **26**, 97-106.
名島潤慈 (1998). 夢の臨床的技法　鑪幹八郎 (監修)　一丸藤太郎・名島潤慈・山本　力(編著)　精神分析的心理療法の手引き　誠信書房　pp.212-229.
成田善弘 (2005). 精神分析—フロイトとその後継者たち　乾　吉佑・氏原　寛・亀口憲治・成田善弘・東山紘久・山中康裕(編)　心理療法ハンドブック　創元社　pp.49-62.
野島一彦 (1999). ロジァーズ学派　氏原　寛・成田善弘(共編)　臨床心理学①カウンセリングと精神療法　培風館　pp.48-58.
大野　裕 (1999). 認知療法　氏原　寛・成田善弘(共編)　臨床心理学①カウンセリングと精神療法　培風館　pp.176-185.
Rogers, C. R. (1951). *Client-centered therapy.* Boston, MA: Houghton Mifflin.
Rogers, C. R. (1957). The necessary and sufficient conditions of therapeutic personality change. *Journal of Consulting Psychology,* **21**, 95-103.
Rogers, C. R. (1961). *On becoming a person: A therapist's view of psychotherapy.* London: Constable.
田畑　治 (1995). 来談者中心療法/パーソン・センタード・アプローチ　田畑　治(編)　臨床心理学—その発展と課題の広がり　放送大学教育振興会　pp.108-117.
竹綱誠一郎 (1999). 行動療法　鎌原雅彦・竹綱誠一郎　やさしい教育心理学　有斐閣　pp.259-266.
鶴田和美 (1995). 精神分析的方法　臨床心理学—その発展と課題の広がり　放送大学教育振興会　pp.89-97.
内山喜久雄 (1988). 行動療法　日本文化科学社
氏原　寛 (2005). ユング派　乾　吉佑・氏原　寛・亀口憲治・成田善弘・東山紘久・山中康裕(編)　心理療法ハンドブック　創元社　pp.67-75.
Wiener, N. (1951). *Cybernetics; Or, control and communication in the animal and the machine.* New York: Wiley. (鎮目恭夫(訳) (2002). サイバネティックスはいかにして生まれたか　みすず書房)
Williamson, E. G., & Foley, J. D. (1949). *Counseling and discipline.* New York: McGraw-Hill.
Wolpe, J. (1958). *Psychotherapy by reciprocal inhibition.* Stanford: Stanford University Press. (金久卓也(訳) (1977). 逆制止による心理療法　誠信書房)
山上敏子 (2005). 行動療法　乾　吉佑・氏原　寛・亀口憲治・成田善弘・東山紘久・山中康裕(編)　心理療法ハンドブック　創元社　pp.76-86.
山中康裕 (2003). 表現療法　ミネルヴァ書房
安村直己 (1992). 家族療法　氏原　寛・小川捷之・東山紘久・村瀬孝雄・山中康裕(編)　心理臨床大事典　培風館　pp.338-343.
横山　博 (1999). ユング派—1. チューリッヒ派　氏原　寛・成田善弘(共編)　臨床心理学①カウンセリングと精神療法　培風館　pp.99-115.
吉川　悟 (1993). 家族療法—システムズアプローチの〈ものの見方〉　ミネルヴァ書房

〈第 9 章〉

坂西友秀 (1995). いじめが被害者に及ぼす長期的な影響および被害者の自己認知と他の被害者認知の差　社会心理学研究, **11**, 105-115.

Caspi, A., Roberts, B. W., & Shiner, R. L. (2005). Personality development: Stability and change. *Annual Review of Psychology*, **56**, 453-484.
現代教育研究会(代表：森田洋司) (2001). 不登校に対する実態調査(平成5年度不登校生徒追跡調査報告書) 文部科学省
Gordon, T. (1974). *Teacher effectiveness training*. New York: Wyden. (奥沢良雄・市川千秋・近藤千恵(共訳) (1985). T. E. T. 教師学　小学館)
市川千秋・榊原秀雄・榊原朝子・藤岡良寿 (1995). いじめ解決プログラムに関する研究―2段階肯定的メッセージ法の効果―　三重大学教育実践研究指導センター紀要, **15**, 1-9.
石隈利紀・山口豊一・田村節子(編著) (2005). チーム援助で子どもとの関わりが変わる―学校心理学にもとづく実践事例集―　ほんの森出版
香取早苗 (1999). 過去のいじめ体験による心的影響と心の傷の回復方法に関する研究　カウンセリング研究, **32**, 1-13.
加藤十八 (2000). アメリカの事例から学ぶ学校再生の決めて―ゼロトレランスが学校を建て直した　学事出版
小林正幸 (2003). 不登校児の理解と援助―問題解決と予防のコツ―　金剛出版
小林正幸 (2005). 不登校はなぜ起きるのか―問題解決と予防の手がかり―　東京学芸大学出版会
國分康孝・國分久子(総編集) (2004). 構成的グループエンカウンター事典　図書文化
Lines, D. (2008). *The bullies: Understanding bullies and bullying*. Philadelphia, PA: Jessica Kingsley Publishers.
文部科学省 (2008). 平成19年度「児童生徒の問題行動等生徒指導上の諸問題に関する調査」
文部科学省 (2009a). 平成21年度「学校基本調査の手引」
文部科学省 (2009b). 平成20年度「児童生徒の問題行動等生徒指導上の諸問題に関する調査」
森田洋司 (1994). いじめ，いじめられ―教室では，いま―　森田洋司・清水賢二(編)　新訂版 いじめ―教室の病い―　金子書房　pp.39-98.
森田洋司・滝　充・秦　政春・星野周弘・若井彌一(編著) (1999). 日本のいじめ―予防・対応に生かすデータ集―　金子書房
内藤朝雄 (2007). <いじめ学> の時代　柏書房
中井克佳 (1998). 構成的グループ・エンカウンターに関する研究―短期集中プログラムの効果―　学校カウンセリング研究, **1**, 1-8.
西口利文 (2008). インターネット社会における生徒指導　市川千秋(監修)　宇田　光・八並光俊・西口利文(編集)　学校心理学入門シリーズ③　臨床生徒指導理論編　ナカニシヤ出版　pp.81-93.
Olweus, D., & Limber, S. P. (2007). *Olweys bulling prevention program: Teacher guide*. Center City, MN: Hazelden.
酒井　厚・菅原ますみ・木島伸彦・菅原健介・眞榮城和美・詫摩武俊・天羽幸子 (2007). 児童期・青年期前期における学校での反社会的行動と自己志向性―短期縦断データを用いた相互影響分析　パーソナリティ研究, **16**, 66-79.
佐藤正二・相川　充(編) (2005). 実践！ソーシャルスキル教育　図書文化
総務庁青少年対策本部 (1999). 非行原因に関する総合的研究調査(第3回)

〈第10章〉

American Psychiatric Association(2000). *Quick reference to the diagnostic criteria from DSM-IV-TR*. (高橋三郎・大野　裕・染矢俊幸(訳) (2003). DSM-Ⅳ-TR 精神疾患の分類と診断の手引　医学書院
文部科学省 (2007).「特別支援教育の推進について(通知)」
中村忠雄・須田正信 (2007). はじめての特別支援教育―これだけは知っておきたい基礎知識　明治図書出版
Wing, L. (1996). *The autistic spectrum: A guide for parents and professionals*. London: Constable. (久保紘章・清水康夫(訳) (1998). 自閉症スペクトル―親と専門家のためのガイドブック　東京書籍)
杉山登志郎 (2007). 発達障害の子どもたち　講談社現代新書
辻井正次 (2007). 特別支援教育ではじまる楽しい学校生活の創り方―軽度発達障害の子どもたちのために　河出書房新社
吉橋由香・宮地泰士・神谷美里・永田雅子・辻井正次 (2008). 高機能広汎性発達障害児を対象とした「怒りのコントロール」プログラム作成の試み　小児の精神と神経, **48**(1), 59-69.

〈第11章〉

相川　充 (1999). ソーシャルスキル教育とは何か　國分康孝(監修)　小林正幸・相川　充(編)　ソーシャルスキ

ル教育で子どもが変わる　小学校　図書文化　pp.11-30.
Division of Mental Health, World Health Organization (WHO) (1994). *Life skills education in schools.* World Health Organization. (川畑徹朗・西岡伸紀・高石昌弘・石川哲也（監訳）　JKYB研究会（訳）WHO(編) (1997). WHO・ライフスキル教育プログラム　大修館書店)
小林正幸 (1999). 学校での取り入れ方　國分康孝(監修)　小林正幸・相川　充(編)　ソーシャルスキル教育で子どもが変わる　小学校　図書文化　pp.31-46.
小林正幸 (2005). 先生のためのやさしいソーシャルスキル教育　ほんの森出版
國分康孝(監修)　小林正幸・相川　充(編) (1999). ソーシャルスキル教育で子どもが変わる　小学校　図書文化
國分康孝・國分久子(総編集)　片野智治(編集代表)　朝日朋子・大友秀人・岡田　弘・鹿嶋真弓・河村茂雄・品田笑子・田島　聡・藤川　章・吉田隆江(編集) (2004). 構成的グループエンカウンター事典　図書文化
国立教育政策研究所生徒指導研究センター (2002). 児童生徒の職業観・勤労観を育む教育の推進について(調査研究報告書)
国立教育政策研究所生徒指導研究センター (2003). すべての子どもたちの職業観・勤労観を育むために―児童生徒の成長に応じた学習プログラムの枠組み―
京都教育大学付属京都小学校・中学校 (2006). これならできる「キャリア教育」　明治図書
文部科学省(中央教育審議会) (1999). 初等中等教育と高等教育との接続の改善について(答申)
文部科学省(キャリア教育の推進に関する総合的調査研究協力者会議) (2004). キャリア教育の推進に関する総合的調査研究協力者会議報告書―児童生徒一人一人の勤労観，職業観を育てるために―の骨子
植村里香・岩坂英巳・宮崎瑠璃子 (2009). 友達とのかかわりが苦手な子どもに対するソーシャルスキルトレーニング (SST)の試み―奈良教育大学特別支援教育研究センターでの実践より―　奈良教育大学　教育実践総合センター研究紀要, **18**, 211-216.
吉田美恵子 (2007). 発達障害とアセスメント　臨床心理学第7巻第2号　金剛出版　pp.262-267.

〈第12章〉
Babad, E. (1995). The “teacher's pet” phenomenon, students' perceptions of teachers' differential behavior, and students' morale. *Journal of Educational Psychology*, **87**, 361-374.
Bandura, A. (1977). Self-efficacy: Toward a unifying theory of behavioral change. *Psychological Review*, **84**, 191-215.
Bloom, B. S. (1956). *Taxonomy of educational objectives: Handbook 1 (Cognitive domain)*. London: Longman.
Brophy, J. E., & Good, T. L. (1974). *Teacher-student relationships: Causes and consequences.* New York: Holt, Rinehart and Winston. (浜名外喜男・蘭　千壽・天根哲治(訳) (1985). 教師と生徒の人間関係―新しい教育指導の原点―　北大路書房)
Ellis, A. (1975). *How to live with a neurotic: At home and at work.* New York: Crown Publishers. (國分康孝(監訳) (1984). 神経症者とつきあうには―家庭・学校・職場における論理療法―　川島書店)
Fisher, R. (2005). *Teaching children to think* (2nd ed.) Cheltenham, UK: Nelson Thornes.
Gibson, S., & Dembo, M. H. (1984). Teacher efficacy: A construct validation. *Journal of Educational Psychology*, **76**, 569-582.
浜名外喜男・松本昌弘 (1993). 学級における教師行動の変化が児童の学級適応に与える影響　実験社会心理学研究, **33**(2), 101-110.
Hughes, J. N., Barker, D., Kemenoff, S., & Hart, M. (1993). Problem ownership, causal attributions, and self-efficacy as predictors of teachers' referral decisions. *Journal of Educational and Psychological Consultation*, **4**, 369-384.
石田勢津子・伊藤　篤・梶田正巳 (1986). 小・中学校教師の指導行動の分析―算数・数学における教師の「個人レベルの指導論」　教育心理学研究, **34**, 230-238.
Jarvis, M. (2005). *The psychology of effective learning and teaching.* Cheltenham, UK: Nelson Thornes.
梶田正巳 (1986). 授業を支える学習指導論―PLATT―　金子書房
河村茂雄・國分康孝 (1996). 小学校における教師特有のビリーフについての調査研究　カウンセリング研究, **29**, 44-54.
河村茂雄・田上不二夫 (1997). 教師の教育実践に関するビリーフの強迫性と児童のスクール・モラールとの関係　教育心理学研究, **45**, 213-219.
三隅二不二・吉崎静夫・篠原しのぶ (1977). 教師のリーダーシップ行動測定尺度の作成とその妥当性の研究

教育心理学研究, **25**, 157-166.
三隅二不二 (1984). リーダーシップ行動の科学　改訂版　有斐閣
三隅二不二・矢守克也 (1989). 中学校における学級担任教師のリーダーシップ行動測定尺度の作成とその妥当性に関する研究　教育心理学研究, **37**, 46-54.
西口利文 (2001). 問題場面に対処する教師行動についての研究—児童の行動評価からの分析—　カウンセリング研究, **34**, 115-126.
西口利文 (2007). 問題対処の教師行動　学文社
Perrott, E. (1982). *Effective teaching: A practical guide to improving your teaching.* London: Longman.
Rosenthal, R., & Jacobson, L. (1968). *Pygmalion in the classroom: Teacher expectation and pupils' intellectual development.* New York: Holt, Rinehart and Winston.
桜井茂男 (1984). 内発的動機づけに及ぼす言語的報酬と物質的報酬の影響の比較　教育心理学研究, **32**, 286-295.
桜井茂男 (1991). 子どもの動機づけに及ぼす教師の激励の効果　心理学研究, **62**, 31-38.
Skinner, B. F. (1953). *Science and human behavior.* New York: Mcmillan Free Press. (河合伊六他(訳) (2003). 科学と人間行動　二瓶社)
Sluzki, C. E., & Beavin, J. (1977). Symmetry and complementarity: An operational definition and a typology of dyads. In P. Watzlawich, & J. Weakland (Eds.), *The interactional view: Studies at the Mental Research Institute Palo Alto 1965-74.* New York: W. W. Norton. pp.71-87.
杉村伸一郎・桐山雅子 (1991). 子どもの特性に応じた保育指導—Personal ATI Theory の実証的研究—　教育心理学研究, **39**, 31-39.
瀧野揚三・多田明子・北尾倫彦 (1991). 教師の叱責の型と児童の心理的反応の関係　大阪教育大学紀要第V部門, **40**, 1-8.

〈第 13 章〉

Anderson, C. A., & Morrow, M. (1995). Competitive aggression without interaction: Effects of competitive versus cooperative instructions on aggressive behavior in video game. *Personality and Social Psychology Bulletin*, **21**, 1020-1030.
Deutsch, M. (1949). A theory of co-operation and competition. *Human Relations*, **2**, 129-152.
広田君美 (1958). 学級構造　波多野完治・沢田慶輔(監)　現代教育心理学大系 8 —学究社会の心理—　中山書店　pp.38-42.
太田伸幸 (2007). ライバル関係の心理学　ナカニシヤ出版
太田伸幸 (2008a). ライバルの対人関係次元上の位置づけに関する研究 (1)　日本グループ・ダイナミックス学会第 55 回大会発表論文集, 114-115.
太田伸幸 (2008b). ライバルの対人関係次元上の位置づけに関する研究 (2)　日本社会心理学会第 49 回大会発表論文集, 454-455.
Sherif, M., Harvey, O. J., White, B. J., Hood, W. R., & Sherif, C. (1961). *Intergroup conflict and cooperation: the robber's cave experiment.* University Books Exchange.
総務庁青少年対策本部 (2000). 低年齢少年の価値観等に関する調査
(http://www8.cao.go.jp/youth/kenkyu/teinenrei/pdf/0-1.html)
渡辺弥生 (1990). クラスの学習目標の認知が生徒の学業達成に及ぼす影響について　教育心理学研究, **38**, 198-204.
横川和章 (1991). 集団内の人間関係とリーダーシップ　吉森　譲(編著)　人間関係の心理学ハンディブック　北大路書房　pp.61-71.

〈第 14 章〉

田中耕治(編) (2005). よくわかる教育評価　ミネルヴァ書房

事項索引

◆ 欧文

adaptive expertise（適応的熟達者） *40*
aha experience（アハー経験） *34*
amotivatioin（非動機づけ） *49*
aptitude treatment interaction : ATI（適性処遇交互作用） *78*
Big Five *57*→ パーソナリティ，特性論
BRD（当日ブリーフレポート） *71*→ 学習指導
bullying（いじめ） *107*
CAI : computer associated instruction（コンピュータ支援教育） *73, 81*
CSILE（computer supported intentional learning environment） *43*→ メタ認知
cyber bulling（ネットいじめ） *108*
defense mechanism（防衛機制） *58*
DSM-Ⅳ-TR *116*
e-learning *81*
external regulation（外的調整） *49*
FFPQ *60*→ 質問紙法
formal group（フォーマル・グループ） *147*
group pressure（集団圧力） *150*
group（集団） *147*
guided discovery learning（「誘導」発見学習） *69*
ICD-10 *116*
identified patient : IP（患者とみなされた人） *98*→ 家族療法
identified regulation（同一化的調整） *49*
ill-defined problem（よく定義されていない問題） *39*
informal group（インフォーマル・グループ） *147*
in-group（内集団） *148*
integrated regulation（統合的調整） *49*
introjected regulation（取り入れ的調整） *49*
knowledge of result : KR（結果の知識） *29*
learned helplessness : LH（学習性無力感） *52*
mastery learning（完全習得学習） *81*
membership group（所属集団） *148*
MMPI *60*→ 質問紙法
MPI（モーズレイ性格検査） *60*→ 質問紙法
non-attendant（不登校） *105*
out-group（外集団） *148*
personal ATI theory（パーソナル ATI セオリー） *141*
personal teaching theory : PTT（パーソナル・ティーチング・セオリー） *137*
personality（性格，パーソナリティ） *53, 54*
PF スタディ *62*→ 投影法
Post-Traumatic Stress Disorder : PTSD（心的外傷後ストレス障害） *109*
problem ownership（問題所有） *110*
programmed learning, programmed instruction : PI（プログラム学習） *80*
psyche-group（サイキグループ） *148*
pure discovery learning（「純粋」発見学習） *69*
reciprocal teaching（相互教授） *43*
reference group（準拠集団） *148*
routine expertise（定型的熟達者） *40*
school refusal（登校拒否） *105*
self-determination theory（自己決定理論） *49*
self-efficacy（自己効力） *139*
self-regulated learning（自己調整学習） *82*
sentence completion test : SCT（文章完成法） *62*
16PF（16 Personality Factor Questionnaire） *56*
SMART（scientific and mathematical arenas for refining thinking） *43*→ メタ認知
social norm（集団規範） *150*
socio-group（ソシオグループ） *148*
spacing effect（分散効果） *37*
standard deviation : SD（標準偏差） *163*
structured group encounter : SGE（構成的グループエンカウンター） *129*
TAT（Thematic Apperception Test） *62*→ 投影法
teacher efficacy（教師効力感） *139*
TEG *60*→ 質問紙法
temperament（気質） *54*
the teacher's pet phenomenon（教師のペット現象） *141*
trait theory（特性論） *55*
truancy（怠学） *105*
typology, type theory（類型論） *55*
uniformity（斉一化） *150*
we-feeling（われわれ意識） *148*
well-defined problem（よく定義された問題） *39*
working memory（作動記憶） *35*
YG *60*→ 質問紙法

◆ あ行

◆ か行

◆　さ行

◆ な行

◆ は行

◆ ま行

◆ や行

人名索引

◆ か行

◆ さ行

◆ た行

◆ な行

◆ は行

◆ ま行

◆ や行

◆ ら行

◆ わ行

執筆者紹介（執筆順　*編者）

西口利文*（にしぐち としふみ）はじめに，序，第7章2,3,4節，第9章，第12章
　大阪産業大学全学教育機構教職教育センター教授
髙村和代*（たかむら かずよ）第1章
　岐阜聖徳学園大学教育学部教授
﨑濱秀行（さきはま ひでゆき）第2章
　阪南大学経済学部教授
川上綾子（かわかみ あやこ）第3章
　鳴門教育大学大学院学校教育研究科教授
安藤史高（あんどう ふみたか）第4章
　岐阜聖徳学園大学教育学部教授
小平英志（こだいら ひでし）第5章
　日本福祉大学心理学部教授
宇田　光（うだ ひかる）第6章
　南山大学教職センター教授
中西良文（なかにし よしふみ）第7章1,5節
　三重大学教育学部教授
鈴木郁子（すずき いくこ）第8章
　元浜松学院大学現代コミュニケーション学部准教授
吉橋由香（よしはし ゆか）第10章
　ならい心療内科心理士
富田美穂（とみた みほ）第11章
　東京福祉大学心理学部専任講師
太田伸幸（おおた のぶゆき）第13章
　中部大学現代教育学部准教授
脇田貴文（わきた たかふみ）第14章
　関西大学社会学部教授

教育心理学

2010年6月20日　初版第1刷発行　定価はカヴァーに表示してあります
2023年9月20日　初版第13刷発行

編　者　西口利文
　　　　髙村和代
発行者　中西　良
発行所　株式会社ナカニシヤ出版
〒606-8161　京都市左京区一乗寺木ノ本町15番地
Telephone　075-723-0111
Facsimile　075-723-0095
郵便振替　01030-0-13128
Website　http://www.nakanishiya.co.jp/
Email　iihon-ippai@nakanishiya.co.jp

印刷・製本＝ファインワークス／装幀＝白沢　正

Printed in Japan.
ISBN 978-4-7795-0477-8